圖解系列

圖解
符號學

黃鼎元／著

五南圖書出版公司 印行

前言

　　符號學是近年來越來越受重視的一門學科，其具有跨領域及整合性的特色，並可在不同領域內受到應用。面對此一重要的學科，坊間雖有許多關於符號學的著作，但大致上分為兩大類（或可以說是兩個極端）：一種是純應用的，列舉大量符號作為例證，但對於原理較少提及；另一類則是純理論的，解釋眾多專業理論術語，卻離讀者生活相較甚遠。透過理論對一特定對象加以解釋者，多半是以論文形式出版：前半部說明符號學的基本理論，後半部應用這樣的內容對理論加以應用——但是論文並非讀者一般喜聞樂見的閱讀形式。

　　為此，這本書的目的是被當作進入符號學理論的入門：前三章我們以簡潔的方式解釋符號學的基本理論及發展歷史；後四章則對此加以應用，並特別介紹符號倫理學這個目前正在醞釀，有關符號學發展的一個方向。基於這個目的，本書的結構設計如下：

符號學的基礎	符號學的應用	符號學的未來
第一章　符號學的基礎概念	第四章　宗教符號學	
第二章　符號學發展史	第五章　社會符號學	第七章　符號倫理學
第三章　符號、邏輯與意義	第六章　空間符號學	

　　雖然作者依據上述結構撰寫本書，但是有些主題橫跨多個不同符號學領域：例如Michel Foucault著名的著作《監視與懲罰》，既涉及社會符號學，又與空間符號學有關；Mircea Eliade這位宗教學者的研究既是宗教符號學又是與空間符號學重疊。在這樣的情況下，讀者可能會在不同章節發現相類似的討論——差別在於較為深入或僅是概略提到而已。

　　為能幫助讀者理解或應用理論，在各章節內我們安排的形式為：左頁的文字是以理論為主，而右頁盡可能希望以實際的範例，或是以圖表的方式，幫助讀者理解左頁理論的應用及內容。這些案例可能是某些與此議題相關的

符號，或是某本著作，也可能是哲學家所提出的原則。這樣的安排其實是要說明，符號的應用與理解都有其背後的理論基礎。

　　即便只是作為符號學的入門書，這本書還是有以下的限制，敬請讀者見諒：

1. 這本書並非理解符號學的百科全書，所以不論在編排或取材上都有所限制。尤其符號學常常是應用的部分雖然有趣但過於隨意，理論的部分嚴謹卻不易入手。或許讀者可以透過這本書，瞭解簡單但實用的符號學理論基礎。

2. 各章節的安排上，包括內容的取捨，都與作者能力有限彼此相關：例如作者有限自身能力與專業，並未在書內加入傳播符號學這一重要領域。而每一章的內容為何要放置這些主題，為何其他主題沒有被放在這章主題中，都與編排上的邏輯順序有關。

3. 重要符號學家的名字，文中出現時都以英文為主：因為許多重要的符號學家，其中文譯名尚未統一。例如法國學者Paul Ricoeur，既有譯為呂格爾，又有譯為利科。為避免讀者因受譯名干擾影響，文中一律以英文表示其原名。

　　本書的完成在實務上是因在輔仁大學人生哲學，及哲學概論課程中的討論與應用所啓發，出版方面則有賴五南出版社黃惠娟小姐及同仁們的協助，在此特別致謝。最後也願出版的喜悅和自己所愛的家人朋友分享。願榮耀歸與神。

2022.02.20

本書目錄

前言

第 3 章　符號、邏輯與意義

第 **6** 章　空間符號學

第 **1** 章

符號學的基本概念

●●●●●●●●●●●●●●●●●●●●●●●●● ● 章節體系架構 ▼

UNIT **1.1**
符號學是什麼？

符號學是日益受到注意的學科，其受重視是一部分是因網路世界或影視作品漸受重視——雖然（影視作品中）部分關於符號學的表現手法過於戲劇化，致使符號學被賦予如同魔法的色彩。然而正規的符號學研究並非如戲劇內所演出的誇張，而是透過實際對符號與指號作用的研究，理解究竟意義為何的學科。

一、符號學的起源

符號學起源與醫學上對特定疾病、身體狀態以及因疾病所產生之生理徵兆的研究有關。西方醫學創始人Hippocrates（460-377 BC）在解釋醫師工作時認為，醫師的工作在於釐清症狀與所代表之病徵，例如起疹子可能是皮膚過敏，喉嚨痛可能是因為感冒。為此，希波克拉底斯建立一個以徵狀為主訴之醫學分支的符號系統，並認為醫療診斷就是一種符號系統：因為一個症狀雖然是基於生理狀態產出的結果，但這個徵狀實際上所指並非單純其自身，更是與此徵狀相關的內在狀態或狀況。這個想法在數世紀後，由醫師Galen of Pergamum（139-199）引入實際醫學治療行為內。（Sebeok，2001）

從這樣的起源來看，符號學的起源與以下內容相關：

1.特徵與分類。

2.這些特徵與分類之間如何產生意義關聯。

基於這樣的背景，我們可以理解為何傳統對符號的定義是「用一物代替一物」（*aliquid stat pro aliquo*），也可以理解為何C. S. Peirce會提出符號三角形中所謂指涉項的符號三元架構。不過最早提出「符號學」此一學科概念的為英國哲學家John Locke，他使用semiotike一詞稱呼此一研究符號運用的學科（參見2.7）。

二、符號學的意義

符號學雖然研究符號與指號作用，但嚴格來說應被視為是一種意義學的學科，因為符號僅是指稱對象的某物，其真正問題在於意義承載作用中的指號作用，即為何能以某個符號承載一意義後指稱某一對象。符號對意義的承載有其歷史原因，或是被賦予意義的可能：十字架本來作為刑具之一種，為羅馬帝國處死犯人的工具；但基督宗教相信，神的兒子替人受死且承擔罪孽是在猶太人逾越節的時刻，逾越節作為象徵符號指稱透過牲畜犧牲流血代替人承擔刑罰，所以神的兒子被釘死在十字架上流血作為象徵符號代表祂的一次獻上能成為永遠的獻上。十字架在這種宗教意義的轉換中從刑具轉變為如同聖物一般的存在。當十字架作為代替某物之那一物時，其承載的意義便遠大於單純作為刑具＼聖物的那種存在指稱。但是我們在對符號的理解上仍需注意以下三點，而這三點也是我們在本書接下去的部分會深入討論的內容：

1.符號學帶有詮釋循環圈。

2.符號學能討論人性本質：人就是人作為符號動物自我表現與認知的使用符號因為人乃透過符號理解世界，賦予世界意義，並成為這個世界中的一部分。

3.討論符號需要有根據與框架：分別是語言學面向、認識論面向、存有論面向（林信華，1999：2）

符號學的意義

> 對符號的基本經驗內容包括
> 1. 人擁有各種對符號應用的經驗，但不一定能夠反省自己的這些經驗
> 2. 沒有事物不可以被認為是符號，但並非所有事物都是符號

在此學科被提出後
專門討論此一學科之學者提出對符號學的定義如下

學者	對符號學的理解
Ferdinand de Saussure，2019	符號學是研究符號的學說。
C. S. Peirce，1977	記號理論或符號學是對指稱、再現、指涉與意義的描述。
Ernst Cassirer，1963	人是使用符號的動物。
Umberto Eco，1984	符號學研究所有符號的學說
Thomas A. Sebeok，2002	符號學既是一門科學，其伴隨自身所擁有發現與重複所得之語料庫，也是一種學習任何產出記號之技術。
趙毅衡（2012）	從對符號的理解出發，符號學是研究意義活動的學說。

歸納上述定義我們可以強調三項重點

1. 首先使用符號的主體是人，其他動物＼植物＼存在者（或假設有外星生物的存在）雖可能有屬於其自身所產出之符號學，但與作為主體的人所使用的符號學確有落差；但另一方面如果符號學強調研究符號與意義間的關係，那麼對所有存有者而言符號學卻又是相同研究符號的系統方法。這並非意味人以外的存在者沒有符號或指號作用，而是在人的身上特別明顯突出。
2. 其次是符號，符號學研究對象即為符號本體，但在研究符號之過程又因不同領域產生研究不同類別符號的門類符號學。不論何種領域或研究符號的哪一部分，其都是以研究符號本體為基礎的系統性方法。這又可回返說明符號學做為系統性方法的統一特性，即研究符號與意義間關係的學科。
3. 第三是對符號與意義間關係的研究，一如上述所提，符號學不只是研究符號，而是研究符號與所代表意義間的關係。符號學研究符號，但符號代表著意義，所以符號學如同研究為何某一符號可承載特定意義而代表另一項事物。此點若特別以皮爾斯所提出的符號學三元分析來看會將特別突出詮釋項的重要性。

根據上述內容
本書區分為兩大部分

第一部分基礎理論	第二部分符號學應用專題
符號學的基礎概念 符號學發展歷史 符號學與意義	宗教符號學 社會符號學 空間符號研究 符號倫理學

UNIT 1.2
幾種對於符號學的不恰當想法

圖解符號學

我們在前面對何為符號學提出定義與理解，不過這可能與讀者理解的符號學略有出入。以下我們列舉幾個常見對於符號學的不恰當理解。

一、符號學不是讀心術

有些人認為，讀了符號學之後就能跟電視劇或小說一樣，可以讀懂他人心思。這種想法可能受到美國影集《別對我說謊》（*Lie to Me*）影響。劇中男主角Cal Lightman是一位心理學家，可以透過訪談對象的微表情推敲得知對方的心理實際狀態。小說家丹布朗（Dan Brown）筆下的羅柏・蘭登教授（Robert Langdon）在哈佛大學教授宗教與藝術的象徵符號，他總能在蛛絲馬跡裡找到與符號相關的線索，從而突破案情膠著所在。這樣的描述只有部分正確：正確的部分是因為符號學在實際應用上確實能幫助我們突破盲點，對一些特定符號或記號指稱的對象有更進一步的掌握。但這些角色被描述成太過超凡有如神助，彷彿有了符號學就可以通曉全世界的祕密一般，此處卻是對符號學不恰當的描述。

二、符號學不是特定領域的專長

關於符號學另外的不恰當想法，則是與某些領域彼此重疊——特別是心理學領域。心理學與符號學確實在許多方面有所重疊，心理學有大量使用符號的需求，並透過嚴謹的科學研究及過程，歸納人類行為的規律。以DSM-V手冊（《精神疾病診斷與統計手冊》第五版）為例，其透過

對反應行為為基礎，根據不同行為符號推斷患者可能患有的疾病。雖然該手冊本身有所爭議，但透過行為作為符號的一種進行判斷，卻符合符號學一詞最開始的那種字詞意義，即透過明確徵兆將病情分類的過程。但心理學所觀察及歸納所得的結論卻不等於就是符號學。心理學使用符號學是透過實驗與觀察，歸納出人類行為的特定模式（亦即廣義的符號）；符號學所研究的是符號究竟如何承載意義，並將我們面對的物理世界轉化為意義世界（這部分我們將在1.14-15中討論）。

三、符號學並非特定規範的產出

另外一種與符號學相關的錯誤想法則是將符號學的結果與特定規範結合。這個不恰當的想法與前者結合後成為我們所熟悉的某些景況：其中一種我們所常見者，常以「說謊的人有以下七個特徵」或「那個人愛你嗎？如果有以下五個特徵代表他愛你」這樣的標題或文章出現。這類文章容易以心理學實驗或某些現實層面觀察為立論基礎，強調在特定規範（也就是特定行為符號）與特定標籤（例如上述說謊、戀愛）間的關聯性。或者是只要跟著某位老師學習，就能短時間內追求到另一半甚至簡單發生親密關係。這些特定規範或行為符號並非全部不恰當，因為我們確實可透過歸納獲得大多數人在特定行為下產出之準則；不過問題在於，這些特定規範沒有我們在符號學所提及的文脈或場域。符號學討論符號運作時，需探究其文脈所在，才能產出意義的內容。

對於符號學的不恰當想法

符號學研究符號究竟如何承載意義
將我們面對的物理世界轉化為意義世界

在此意義下
仍有一些不恰當觀點

不恰當想法	生活實際內容	問題何在
以為符號學是讀心術	誤以為「如果我會符號學，我就可以知道那個人對我有什麼想法」。	1. 正確的部分是符號學在實際應用上確實能幫助我們突破盲點。 2. 不恰當在於過度誇大符號學作用，以為有了符號學就可以通曉全世界的祕密。
以為符號學是特定規範的產出	例如「說謊的人有以下七個特徵」或「那個人愛你嗎？如果有以下五個特徵代表他愛你」	1. 特定規範或行為符號並非全部不恰當，因為我們確實可透過歸納獲得大多數人在特定行為下產出之準則。 2. 問題在於，這些特定規範沒有我們在符號學所提及的文脈或場域。
以為符號學是某個特定領域的專長	誤以為「這就是心理學所說的XX實驗」。	以和心理學領域比較為例： 1. 心理學有大量使用符號的需求，並透過嚴謹的科學研究及過程，歸納人類行為的規律。 2. 但是心理學所觀察及歸納所得的結論卻不等於就是符號學，因為是透過實驗與觀察，歸納出人類行為的特定模式＝廣義的符號）。

以心理學為例，DSM-V手冊可被視是一種對人類行為分類的符碼指南。但該手冊應當由（受過專業訓練）的醫學專家使用，因為缺乏臨床經驗的情況下，有可能產出錯誤的判斷或不當應用。此點可視為其與符號學間的差異。

作為比較

雖然我們在左頁提到，「符號學不是特定領域的專長」，但部分領域卻對理解符號學會更為有利，其中之一為哲學。因為哲學的重要領域之一即為討論價值與意義，且符號學所使用重要術語常可透過哲學思維理解。

UNIT 1.3
符號學在討論上的困難？

圖解符號學

符號學雖然與我們的生活有密切關聯，但在實際討論上卻也存在一些障礙。本節列舉五項對一般讀者較爲常見的困難。

1. 符號不只有「符號」與「記號」：當我們提到符號時，我們容易想到的是那些可以看得見的、聽得到的記號及事物。但是符號不只那些感官可直接把握的對象，對不可見但存在於我們心中的觀念也可被稱爲符號。這是因爲對於符號的定義與理解方式不同產生的結果。

2. 符號與文脈的關聯：所有符號在理解上都需要考慮所在的文脈，也就符號所在的環境或與前後文的關係。陳明珠指出，符號學方法的運用通常不是單一方法論的操作，而是需要與其它方法論、理論基礎或不同領域相互分析研究的工作。符號學的工作因此需要不斷的反省，不能只是專研在符號意義的探究，也需要研究符號與社會文化間交錯的關係。因爲符號是被人使用著的，人是使用符號的主體；符號的使用本身也是與社會文化緊密相扣的社會行爲。若是把符號分析限縮在對意義的研究上，會容易忽略符號運作的社會事實。（陳明珠，2008）

3. 主觀詮釋的危險：因爲符號不能脫離文脈，所以我們會發現一些對於符號的解讀常帶著脫離文脈進行理解的狀況。在理解符號時，雖然確實會加上個人主觀理解的意義內容，但不代表這種解讀就是完全個人主觀的。所有的符號（或記號、語言、符碼、手勢、動作等等），都是在社會脈絡下被理解，也是在社會脈絡下被賦予意義。這種主觀詮釋的類型，可以名人「硬拗」爲例。當一些名人犯了錯，受到檢討指責時，他們可能會用我們覺得古怪好笑的理由爲自己解釋。我們之所以覺得這類說法荒謬，與對符號那脫離社會文脈的主觀詮釋有關。這並非說主觀詮釋或對個人的意義不能存在，而是在理解時需反思意義內容的來源及在文脈中的解讀。

4. 專業術語的困難：當我們接觸符號學，並接觸到理論後，許多人會被專業術語混淆。除了符號學自己所具備的專門術語，符號學也使用與語言學或哲學等領域的專業術語。如果有專家學者使用符號學解釋自己所屬的專業領域，那麼我們還需要面對到跨領域的專業內容。這些專業術語讓符號學變得不再像一般僞心理測驗那樣有趣，但對於理解符號學卻是必要的工作。

5. 沒有不屬於符號範疇的對象：符號學可以被應用在不同領域並加以解釋該領域的狀況。事實上，在討論符號學的領域時，似乎沒有什麼領域是與符號學無關的，而任何一個領域加上符號學三個字，似乎代表技術的突破或原理的把握。這導致符號學的討論與生活周遭所有關聯。這與人作爲一種符號動物有關：我們就是使用符號的主體，所以符號會與我們生活所經歷的一切有關。

符號學研究與應用的廣泛

大部分符號學論文或書籍的基本結構會有兩個部分

| 符號學的基礎理論 | 將基礎理論應用於某個領域
加以解釋與應用 |

有的論文或書籍專門討論這個部分。通常在論文或書籍中會提到的理論，大概不能不提的一定有Saussureu以及Peirce。另外會依據論文或書籍性質，增加不同學者的理論作為討論依據。

根據右邊的理論基礎，對專業領域內不同主張加以解釋，並提出實際應用的說明。此點可證明符號學既為人所使用之理論依據，能夠被應用在各種不同專業領域內成為工具。

以下是專門闡述符號學在各領域應用之學術成果中，向我們展示符號學可被應用的範圍有多廣。下表一共五個範疇，37個被應用的領域。

理論符號學	符號敘述學、符號詩學、主體哲學與符號學 奇幻符號學、馬克思主義與符號學 現象學符號學、精神分析符號學 哲學闡釋學與符號學、存在符號學、語言符號學 認知符號學、倫理符號學、性別符號學
中國符號學	漢字符號學、《周易》符號學、名墨符號學 孔孟符號學、老莊符號學、《文心雕龍》符號學 歷代詩話符號學、唯識學與符號學、術數符號學 「江湖世界」與符號學
產業符號學	傳播符號學、廣告符號學 遊戲符號學、品牌符號學
文化與社會符號學	體育符號學、時裝符號學、名人符號學 民族符號學、幸福感與符號學
文學藝術符號學	電影符號學、詩歌理論符號學 圖像符號學、流行歌曲符號學、網絡文學符號學

上表乃根據唐小林、祝東主編，《符號學諸領域》（2012）目錄所整理

理論部分我們將在1.4-1.7的四節中將提出四個對於符號最基本的理解理論
並在1.8之後繼續說明符號學常見的重要基本概念

1個要素	取代的意義載體	認為符號為「以一物取代另一物」，是一般認知符號最基本的論點。
2個要素	能指與所指	為Saussureu著名的理論，以紙的兩面比喻能指所指的一體兩面，來說明符號的使用。
3個要素	符號學三角形	Peirce對符號的理解方式，以記號、對象與詮釋項作為理解方式。
4個要素	符號學四邊形	由Algirdas Julien Greimas所提出對符號的理解方式，該方式包括兩個矛盾概念與兩個蘊含在矛盾概念下的項目。

UNIT **1.4**
符號解讀理論㈠：取代的意義載體

對符號解讀最爲直觀的理解，爲「用一物代替一物」（aliquid stat pro aliquo）的說法，也就是將符號理解爲取代原物的另外一個物件。

一、符號作為取代的載體

我們在一開始提到，符號學起源與醫學對生理病徵的研究有關，並引用Hippocrates及醫師Galen的作爲，指出一個病徵可以對應於一個生理狀態，所以醫療診斷是一種符號系統，幫助醫事人員掌握病患的狀態。這種以一個病徵代表一個生理狀態的指稱，就是以符號作爲取代意義載體的實際應用，因爲我們可以在特徵與分類之間建立意義的關聯，使得這一特徵不是單純一個無法被辨識的特徵，而是可以被理解與認識的對象。

上述文字正可表達「不存在沒有意義的符號」此一觀念，任何符號都承載著意義，甚至一個符號可以承載許多意義。但在日常生活中基於社會共識，我們習慣賦予單一符號一個可被眾人認識的基礎意義。紅燈表示禁止通行或是不可以繼續前進，左手無名指戴著戒指表示此人已經結婚，都是這種一個符號代表一個意義的範例。所以任何符號存在在那裡，就表示具有一個特定的意義由這個符號承載，我們不一定可以接收到意義卻不代表那個符號是沒有意義的。

雖然符號可能有社會共識上的理解，但對任何單一個人來說也可能對符號進行意義上的轉變，或因爲背景賦予這個符號特定的意義。一盒餅乾其實就只是一盒餅乾，但可能因爲吃的人在特定情境下吃了這盒餅乾（例如是父母固定會買的、是跟戀人第一次約會時吃的，諸如此類），以致這盒餅乾被賦予比原本更多的意義（例如看到這盒餅乾總會想起父母或戀人）。因爲此一對象與意義的賦予者產生關連，所以被這個人等同於某物。

二、理解上的受限

雖然以一物代替一物是對符號理解最容易的認識，但這種觀點也讓對符號的理解受限。若符號僅是以一物取代另一物，那麼這個被取代的過程仍然需要文本——雖然社會共識可以是一種文本，但是在取代過程中仍會因文本問題產生理解的差異。

1. 文本的需要：以一物取代一物的指稱在理解上雖然直接，但因爲沒有文本作爲理解背景，所以理解上可能與實際意義有差。網路上常因「某人作了一個動作X，凡是有X這種動作的人都代表Y這種思維，所以某人有這種思維」而產生對此人的正負面評價，即爲去除文本後的結果。網路上對形狀符號的理解常以列舉方式說明（可參右頁），就是因缺乏文本所以需要盡可能說明可能的意義。

2. 理解的主觀差異：缺乏文本要對符號產生理解，會因爲理解者的主觀差異產生與事實不同的認知。例如有些人認爲，狗搖尾巴（符號）代表狗很快樂（意義）；事實上，狗搖尾巴不一定是因爲狗快樂，而是因爲狗有情緒所以才搖尾巴，我們還需要透過狗的其他部分來確定犬隻情緒反應。上面所提關於個人符號意義的賦予其實也相同，我們也可從這裡理解「踩他人地雷／底線」在符號學上的意義。

作為取代載體意義的舉例

對符號理解最基礎的說法是「以一物取代另一物」，以下列舉常見符號與意義之例證。

符號	代表的意義
形狀：常被賦予特定意義，意義因應不同文本具有呈現的內容與指稱。	
圓形	1. 被賦予團圓的意義，或是圓滿的內容，例如太極。 2. 具有保護力量的作用，設定已被保護者為中心的界線。
正方形	1. 穩固的力量，平等或安全。 2. 古代宗教建築最核心通常是（立體）正方形。
三角形	1. 穩定的象徵。所以倒過來具有禁制的表達，如交通號誌。 2. 對於無限力量的表達。
愛心型	對於愛的表現，可能起源於人類心臟的符號化。完整的愛心可以表達愛，從中破碎則表達失戀或心碎。
漢字：漢字本身作為演進的表意符號，本身是一個文本，且堆疊在一起或被置於某個文本下，甚至是在不在場的情況下，均可表達意義。	
位置狀態	以「春」或「福」為例，其本身就承載某些意義。過年期間若將兩字倒掛，可表達「倒了＝到了」的意義。
不在場狀態	中文的缺字可表達不同意義，例如「禮義廉　」中沒有恥這個字，諷刺他人無恥。
數字：數字會基於使用者賦予特定意義使其產生變化。	
發音	不過中文或日文的4都與「死」的音相近，所以部分說話者會避免提到或改變發音，如日文的4既可發し又可發よん。臺灣部分醫療院所或旅館也會避免出現4樓。
特定日期	數字可用以計算日期，特定日期的數字也被賦予不祥的意義，例如數字13，還有13號星期五，皆與基督宗教耶穌基督被賣時的場景（在場13人）或日期有關。
手勢：用手指比出動作，或對於手的某些裝飾，是此處「以一物代替一物」最為容易理解的範例。	
比大拇指	通常表達完成或很棒的意義。
豎起中指	通常表達髒話或對他人的污辱。

上述範例本身帶有的問題

1. 所有此類意義的符號在表達上必然預設文本／文脈的使用。
2. 每個人對符號的理解既建立在意識形態下，又被賦予個人的意義。例如臺北捷運站的「鳥人」藝術品，於2010年放置於該處，至2021年撤展時所引起討論。
3. 任何單一符號的意義沒有窮盡，有可能被賦予新的意義與內容。

UNIT 1.5
符號解讀理論㈡：能指與所指

在理解符號的理論中，Saussure的能指／所指（signifier／signified）是最廣為人知的基礎理論，也是他四組主要觀念的其中之一（另外三組我們將在後文說明）。能指／所指是一個符號的一體兩面，如同錢幣或紙張的兩面一樣密不可分。

一、Saussure對語言的概念

Saussure的能指／所指概念要從他對語言的理解做為出發。Saussure認為，語言系統是一種儲存在每個人腦子裡的社會產物，所以是一種具有結構性的符號系統，也是一種集體式的社會規約。這個系統可用來溝通，並表達為人類說話時的言語活動（langage），且該活動有著一體兩面的內容：語言（langue）與言語（parole）。語言，是這個系統，具有既定的制度與規範，但同時也具有自由變動的特性。言語的制度與規範是其社會性的展現，其規則來自約定成俗的說話內容，具有穩定的特性，可被視為一套完整的符號系統。言語是我們說話時實際的活動表現，是說出來的話及其表達，所以言語是屬於個人的。以語言舉例，英文是語言，說出來的英文句子則是言語。Saussure認為他研究的是語言系統作為一種符號結構的呈現，因為這種結構是人文事實，是社會制度，我們可以使用這套系統來表達觀念。（Saussure，2003：36-38）不過這套系統中語言／言語是互為因果相互依存的關係，語言系統依賴言語活動進行。一如學者所言：「語言既是言語的工具，亦是言語的產物；言語也是語言的產物，又

形成語言系統。語言系統雖支配著言語活動，然言語活動也影響語言系統的演變。由此觀點可見符號系統（語言）與符號使用（言語）之間的關係，人作為符號的使用者，因為集體使用而形成符號系統的建制，同時也影響符號系統的演變。」（陳明珠，2008）

二、能指與所指

按Saussure所言，能指／所指都不是客觀的物理事實，也不是個人心理中的某物。不論能指／所指，兩者都是獨立外在世界的心智存在，但這種存在只能在符號結構內存在。為此，Saussure認為符號學做為一門科學，是形式的而非實質的科學。如果再進一步，可將兩者如此區分：（趙毅衡，2012：117-121）

1. 能指是「聲音——形象」，所以能指是某種聲音留下在我們心中的印跡，是聲音給我們的印象。
2. 所指則是概念，是社會性的集體概念。

Saussure關於能指／所指的概念雖然對符號學影響巨大，但也並非所有人都同意這套解讀理論的每一部分。例如雖然Saussure認為符號與社會彼此關聯，但R. Hodge & G. Kress還是認為Saussure弄混了符號活動與社會間的關係，像是在語言符號任意性（arbitrary）——語言符號的首要原則間。因為即便語詞的聲音也可能具有被改變的可能，雖然句法模式等往往是被Saussure認為有理據的（motivated）。（Hodge＼Kress，2012：22）

能指 / 所指的特例：臺鐵國音電碼

> Saussure對符號的理解，大至完整語言系統，小至單一符號系統都可加以應用。兩者雖是一體兩面，但因能指範圍較所指更廣，所以我們所見任何符號在其能指的意義下都可被應用於某種所指，例如臺鐵國音電碼。

1. 國音電碼：臺鐵依據注音符號建構起特殊的傳遞方式。日治時期，電報碼以日語假名為基礎。為讓受日本教育的員工能輕易上手，加上引入的電報機無法打出中文字，所以臺鐵編制國音電碼以處理電報。
2. 雖目前已廢止，但在車輛上還是可以看到。其中注音符號＝能指（聲音），指稱的地點火車輛＝所指（概念）：

國音電碼	指稱對象舉例
地點類	基隆＝ㄐㄌ；臺北＝ㄊㄞ；臺中＝ㄊㄓ 高雄＝ㄍㄠ；花蓮＝ㄌㄧㄢ；臺東＝ㄊㄞㄉ ＊花蓮中的一橫因過往電報為直式，所以為一橫。後來改為橫式後並未改為「一」。
車輛類	主要用在貨車上，例如： 守車＝ㄍㄣ＝有車蓋（ㄍ）＋手軔（ㄣ）車 蓬車＝ㄍ，因其有車蓋（ㄍ）；鐵（ㄝ）蓬車＝ㄝ 冷（ㄌ）藏車＝ㄌ；通（ㄥ）風車＝ㄥ 家（ㄐ）畜車＝ㄐ；豬（ㄓ）車＝ㄓ 敞車＝ㄨ，因為無（ㄨ）車；平（ㄆ）車＝ㄆ 煤斗（ㄡ）車＝ㄡ；石斗車＝ㄕㄊ，因為裝載石（ㄕ）頭（ㄊ） ＊臺鐵車身上會有「英文與數字車輛編號＋國音電碼」，兩者可相通對照。
順位類	10順＝ㄒ；15順＝ㄓ；20順＝ㄏ 25順＝ㄆ；30順＝ㄞ；35順＝ㄍ 40順＝ㄣ；45順＝ㄇ；50順＝ㄛ （背誦口訣：興中華、憑愛國、拼命做）
其他註記	並非所有車輛都有，註記例如：ㄚ＝較大或有特殊裝置。

參鄧志忠，《鐵道迷的第一本書》，2018：106-109。

舉例：部分臺鐵車輛，在車身上會有下列記號

35Cㄍㄍㄚ 21082	25BHㄕㄊㄆ 2021
35C＝35順蓬車 ㄍ蓬車，ㄍ35順級，ㄚ較大 形式21000，第82輛	25BH＝25順石斗車 ㄕㄊ＝石頭，ㄆ＝25順級 形式2000，第21輛

由國音電碼的範例，我們可以注意到以下事情：

1. 單一系統內的能指 / 所指是相對應的，且為一體兩面的表達。
2. 以注音符號為例，其能指範圍比所指範圍大。上述國音電碼即為如此例證。能指範圍比所指更大可被理解為一個符號的意義不易窮盡，且符號的意義範圍比其實際應用的範圍更大。

符號解讀理論㈢：符號學三角形

符號學三角形在符號理解的理論方面相當廣爲人知。提到符號學三角形，我們容易聯想到Peirce所提出「記號──對象──詮釋項」的概念。但眞正提出符號學三角形的，據信應該是C. K. Ogden與I. A. Richards於1923年所出版《意義的意義：語言對思想的影響和象徵科學的研究》（*The Meaning of Meaning: A Study of the Influence of Language upon Thought and of the Science of Symbolism*）中提出。

一、奧登／理查三角型

符號學三角形，又被稱爲「奧登／理查三角型」（Ogden/Richards triangle）。我們在上面提到「據信」是由他們兩位提出，是因爲在他們兩位之前，其實已有哲學家提出過類似的概念。例如亞里斯多德（Aristotle）在《論解釋》（*On Interpretation*）中提出了（口語及文字）符號、對象與意義間的關係，只是他沒有將這三者連結在一起，且到了中世紀對亞里斯多理論的應用轉向了共相之爭的問題（亞里斯多德的討論我們將在2.2提到）。此外，Peirce也提出過類似的概念，並提出詮釋項對於記號──對象間的重要性：此重要性被Deely稱爲三元理解，並被認爲是對符號理解非常重要的內容。符號學三角形之所以被等同於Ogden & Richards的名字，跟他們在書中繪出此三角形以理解符號與指稱作用間的關係有關。在1923年的著作中，Ogden＼Richards繪出符號學三角形，並對之加以解釋。（Ogden＼Richards，1923：10-12）不過他們在三角形三個角所寫下的項

目與後事的詮釋略微不同：他們提出的是符號（symbol）、指稱的思維（thought of reference）與指稱（reference）。

二、符號學三角形的豐富內容

Ogden & Richards認爲，一個語詞──對象能夠被聯繫，與兩者所在的文脈有關。人類使用符號作爲交流的工具，致使思維與指涉間能夠產生聯繫。「符號──指稱的思維──指稱」的關係，表達人類對外在世界認識的能力。我們的認識透過這些文脈及其中的語詞符號，形成有意義的上下文。而如果我們要理解一個語詞的意義，就需要透過有意義甚至個人經驗體會到的上下文才能認識。

由於符號學三角形帶有豐富的內容，並且淺顯易懂，所以後世出現幾種改變的類型。日本學者大橋昭一在討論符號學三角形時，認爲Peirce──Ogden＼Richards對符號理解的三個項目基本上等同。他提到，在表象與指稱對象間的關係雖然是推論的，且原圖上是以虛線而非實線表示，但實際上此關係應該是確定性的。（大橋昭一，2015：61）根據符號學三角形，大橋昭一指出，John Searl在1970年代提出的「Searl理論」即根據符號學三角形推演出來──我們在下一節會提到Searl的理論。此外，他也提到組織符號學（organizational semiotics）相同有學者使用符號學三角形理解此一領域。例如R. Stamper將三個頂點分別以代現物（representamen）、定義（definition）與對象（object）標示。（大橋昭一，2018：59）

Ogden / Richards三角型的構成

根據Ogden＼Richards（1923：11），符號學三角形的建構如下：

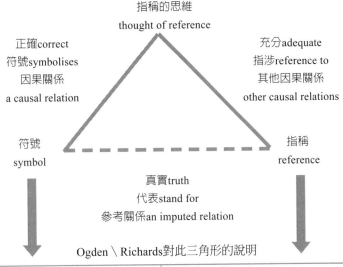

指稱的思維
thought of reference

正確correct
符號symbolises
因果關係
a causal relation

充分adequate
指涉reference to
其他因果關係
other causal relations

符號
symbol

指稱
reference

真實truth
代表stand for
參考關係an imputed relation

Ogden＼Richards對此三角形的說明

符號與其指稱的對象間只有間接關係，這種間接關係是指某人以此符號代表一個對象，除此之外就沒有別項關聯。符號和所指對象是一種推論所得的結果，以間接方式透過三角形頂點的兩個邊產生連結關係。

但在符號與思維上，兩者的關係因為使用者所以是直接且正確的。

思想與指稱間的關係是：或多或少是直接想到的，像是物體表象的顏色；也可以是間接的，例如我們提到「拿破崙」的時候。在思想與指稱之間通常帶有很長的符號因果鍊，致使對此一對象的指稱會受到影響。例如「拿破崙」一詞的因果連結可以是：「名詞——歷史學家——歷史紀錄——當年親眼目睹他的人——指稱（拿破崙）」。

在該書12頁的註釋中，Ogden＼Richards另外提到以下關於符號與對象間關係的注意事項：

1. 如果使用的符號多少直接類似於所指對象，例如是一個一個擬聲詞或一個手勢，那麼在符號與指稱間的關係就被簡化而得到所需要的結果。從這點可以讓我們注意到為何手語（或比手勢）在某些場合能獲得最大意義表達的效率。

2. Ogden＼Richards請我們特別注意，在符號與指稱間的虛線：他們強調這個三角形其實是沒有底的。但也正因為沒有這個底，所以對語言及其意義／對象上的指稱可以獲得更為彈性的說明。

問題：符號與指稱間到底有沒有明確關係？

Ogden＼Richards從語言學的角度理解時，為能說明代現物與語詞在文脈中的內容，會以推論關係作爲無明確關係的說明，一如牙牙學語的孩子會以某個他所認知的符號語詞指稱一個對象。但學習到社會共識下的語言（Saussure義）後，符號＝語詞與其指稱間的關係就是確定的。

UNIT **1.7**
符號解讀理論㈣：符號學四邊形

第四個理論我們將說明由A. J. Greimas所提出的四邊形理論，說明該理論所建構的基本背景。

一、Greimas四邊形理論

根據Greimas所言，若根據黑格爾辯證法的只要這個世界上的事物處於兩極對立的矛盾關係中，就可以根據矛盾加以說明與定位，並且是建構在基於對矛盾的理解上。Greimas根據這樣的基礎提出符號學分析的符號四邊形（或符號矩陣，semiotic square）。此四邊形視主體——客體間的關係如下：在主體認知的過程中，客體在社會中是一個循環被理解的過程。一個發送者將之傳遞給主體後再由主體加以傳遞而出，主體在認知此一客體的過程中既是傳遞者又是接收者。為此，符號學被Greimas區分為三個層次：語言層次、敘事層次、深層或抽象的層次。我們對於意義的理解是在深層或抽象的層次內，因為意義並非在對象中被創造出來的，不論語言或敘事都必須在最後一個層次才能被接受。這樣的理論受到正反雙方不同的評價：從正方來說，Greimas的理論日後被引用到行動者網路理論（Actor–network theory）內，並說明社會作為一不斷變動網絡的意義；但反對者認為Greimas的符號學理論不可能被證明或得到支持。（大橋昭一，2018）不過Greimas本人倒是透過實際應用說明該四邊形的實質意義。例如收錄在他《符號學與社會科學》（*Sémiotique et sciences sociales*）中的論文〈對一種法律話語的分析——關於公司和公司集團的商法〉就透過此一四邊形來說明公司與法律間的關聯性。

二、立論基礎

Greimas的符號四邊形被李幼蒸認為，其想建立符號學的後設符號學以作為文化意義分析的方法論。（李幼蒸，1997：144-152）李幼蒸指出，Greimas在《符號學和社會科學》的基礎論點為，社會科學不應該被視為一種靜態的封閉系統，反而應該被認為是完整的行為過程，此類行為過程可以產出關於話語的運作機制，並因而限制住話語性質。

為此，語言系統話語化過程的機制，能從潛態變為實際，從話語的存在變為語言的行為。其中有兩種運作模式：

1. 選擇運作：主體在語意場合中進行系統組織。
2. 調配運作：推進話語實現化過程中將內容按組合方式組合。

陳述作用使主體另外形成述真性話語的述真作用，透過方式包括引導、組織和持有的。由於指稱話語之運作不以外在指稱（外在於語言的現實）為目標，所以符號學的真值判斷在於一種話語內的非經驗現象：不過不排除話語溝通環境的制約。在此意義下，話語主體行為除主體外，也涉及對客體的指稱。這意謂科學話語中的主體在其前提和目標兩方面都被話語符號學機制所決定。而社會科學話語的指稱不論在內在或外在都比自然科學複雜，尤其表現在文獻考據以及歷史語言學中：因為還涉及人文價值的一般觀念。

Greimas四邊形

Greimas提出的四邊形最原初的概念如下：

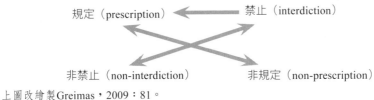

規定（prescription）　←　禁止（interdiction）

非禁止（non-interdiction）　　非規定（non-prescription）

上圖改繪製Greimas，2009：81。

大橋昭一根據Greimas，提出更進一步的Greimas四邊形內容如下：

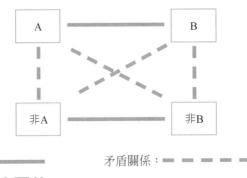

```
A ━━━━━ B

非A ───── 非B
```

其中

反對關係：━━━━━　　　　　　矛盾關係：━ ━ ━ ━

蘊含關係：▬ ▬ ▬ ▬ ▬

根據大橋昭一，2018所繪

大橋昭一另外也提出，Johe Searl提出我們對符號的認識過程，並可以透過四邊形加以表達：（大橋昭一，2018：61）

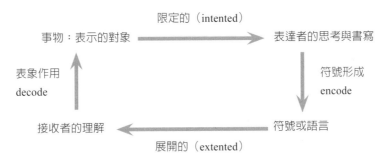

限定的（intented）

事物：表示的對象　　　　　　　　表達者的思考與書寫

表象作用　　　　　　　　　　　　符號形成
decode　　　　　　　　　　　　　encode

接收者的理解　←　符號或語言

展開的（extented）

關於Johe Searl的四邊形理論，我們需要注意以下幾件事：

1. 關於Searl的四邊形，可能是大橋昭一根據資料撰寫而產出的理解。Searl有沒有這樣的四邊形其實值得討論的。

2. Searl最有名的其實是他中文房間論證（chineseroom arguement），該論證討論電腦究竟有無可能產出意識或對意義的理解。（黃鼎元，2021：226-229）

UNIT 1.8
組合與聚合

我們在1.5提到能指／所指時曾說，Saussure有四組主要的觀念。除了能指／所指，另外三組爲組合／聚合、共時／歷時、言語／語言。我們將在接下來三節逐步說明。

我們首先來理解組合與聚合的概念。Saussure認爲，要能產生意義關係有兩種基本情況：句段關係和聯想關係。句段關係（syntagmatic）是一種組合關係，指在既定的序列中受規則制約的符號組合。聯想關係（paradigmatic）則指有著某些共同點的符號在人們記憶裡構成的集合。後來我們稱句段關係爲組合，聯想關係爲聚合。組合／聚合關係又被稱爲雙軸關係，是任何符號分析上都可見到的關係。不過關於橫組合／縱聚合，日後有不同學者提出修改的意見，例如Roman Jackbson稱橫組合爲「結合軸」，縱聚合爲「選擇軸」。趙毅衡認爲這是非常清晰的說明，只可惜未被學界重視。（趙毅衡，2012：205）

Jackbson的理解之所以清晰，與Saussure對組合／聚合的理解有關。組合關係之所以被稱爲橫組合，與歐美語系的書寫方向有關。歐美語言的書寫以橫式爲主，由左至右書寫，並透過不同文法語詞的組合完成一個句子。至於聚合關係可被理解爲在此一語句中爲何要使用一個詞而不使用另外一個詞。因此，聚合軸的組成，是符號文本的每個成分背後所有可比較，從而有可能被選擇或可被代替的各種成分。聚合軸上的成分，不僅是符號文本發出者本來可能選擇的成分，也是符號接受者理解文本時必須明白，那些未顯示的成分。聚合軸上的因素，是作爲文本的隱藏成分存在的。這些因素可被認爲是一種可能性的存在，我們因此可以認爲，組合是聚合的投影。而聚合因素，並不是發出者或接收者的猜測，而是文本組成的方式。與此同時，聚合是文本建構的方式，一旦文本構成，就退入幕後，因此是隱藏的；組合就是文本構成方式，因此組合是顯示的。可以說，聚合是組合的根據，組合是聚合的投影。（趙毅衡，2012：205-207）這也是爲什麼組合／聚合又被稱爲橫組合／縱聚合的緣故：因爲這與書寫習慣有關。

關於組合／聚合關係，許多學者在舉例說明時喜歡以餐點爲例，因爲此類例證簡單易懂。最常見的一種舉例方式爲：菜單爲橫組合，點菜過程是縱聚合，上來的菜爲文本。其中點菜的過程有各種選擇性，符合於縱聚合所說的各種各樣選擇可能——我們在右頁列舉速食店點餐程式就可說明組合／聚合的實際運作。

上述Jackbson將組合／聚合關係做了更進一步推廣：他在《語言的兩個方面與失語症的兩個類型》（*Two Aspects of Language and Two Types of Aphasic Disturbances*）中提出了他著名對此關係的應用。（Jackbson，1971）在那裡，Jackbson認爲人的大腦可區分爲兩個主要的部分，也就是對應於我們這裡所謂的組合及聚合作用，或者可稱爲符號及語言作用。若要使用符號進行表意內容，需要兩部分的配合進行。基於不同的人會用不同方式加以表達，或者偏組合方式，或者偏聚合方式，並從此產出不同的表達方式。

雙軸關係

橫組合與縱聚合關係可以被稱爲雙軸關係；此點與語言表達方式有關。雙軸關係的基礎可以被這樣理解：

1. 對比關係：又稱聯想關係，或我們這裡所稱的聚合關係，聚合關係指能夠互相代替的元素間的對比，能產生出區別與可替換的形式。
2. 構成序列單位間的關係：一元素的價值不但取決於他與那些可能替換他的元素間之對比，而且取決於序列中這個元素的前後各項。此關係被稱爲組合關係。

 作爲實例
我們在此先以速食點餐提出以下表格

橫組合	主餐	附餐	飲料	加購
縱聚合	漢堡 （不同種類）	薯條	碳酸飲料	點心
	炸雞	沙拉	茶類	雞塊
	雞塊	炸雞	咖啡	冰淇淋
	↓	↓	↓	不加購
縱聚合内的 橫組合	主餐客製化	上述選項 加大或加購	上述選項 加大或客製化	——

這是我們所熟悉與常見速食店點餐的內容方式。針對上述以點餐方式作爲範例，以下進一步說明橫組合及縱聚合之作用：

1. 橫組合段爲一個餐點構成的形式，縱聚合段爲一個餐點構成的內容。其結構上與一些餐廳的點法是相同的，只是順序 / 點餐程式改爲：「前菜——主餐——附餐——飲料」這一類的模式，或是更爲複雜而多樣的模式。
2. 從上述表格可以發現透過橫組合 / 縱聚合的排列，能產生各種各樣的組合可能性。
3. 理解表格中的箭頭，即「縱聚合内的橫組合」表示這個項目自己成爲一種新的橫組合。例如主餐客製化這一項，當主餐點了漢堡後，漢堡這一項目成爲新的橫組合，並可透過客製化產生新的縱聚合：包括醬料的增減，材料的增減等。所以箭頭項其實可以將書向左轉90度，讓箭頭表達橫組合段的方向。
4. 表格中「——」表示打破規則的組合方式，例如以薯條加入玉米濃湯，或以蘋果派沾冰淇淋吃等食用方式。其仍然屬於第3點所提的概念。
5. 上述表格不只出現在速食點，許多餐飲業者（包括中式餐點，特別是早餐店）都有這種組合方式。所以根據上述2所言，爲避免選擇上的困難，「幾號餐」的概念是店家先將橫組合 / 縱聚合排列完成後提供顧客進行選擇的產物。

Saussure認爲，語言系統可以放置在橫組合 / 縱聚合的關係下加以解釋。因爲語言是一個完整系統，其中的元素透過相互關係而被確定，但其基本結構是相同的。爲此，Saussure被認爲是結構主義語言學的代表。

UNIT 1.9
歷時性與共時性

圖解符號學

Saussure另一組重要的概念為歷時性／共時性。這兩組概念與下一節將提到的語言任意性有關。簡言之，歷時性的概念與語言的歷史演變有關，而共時性則不考慮時間因素，研究特定狀態下的語言狀態。

按照Culler（1996：26-37）所言，Saussure認識到語言的固有歷史性，因而區分語言系統與語言演化的必要性。符號應具有一個基本核心，其不受時間影響且能經得住變化，並足以通過時間所賦予那些暫時性的外表改變。問題是，真正的符號本身應該不具備必然性質，所以逃脫時間因素。因此能指與所指不論其本質或天然因素方面，都不具可抵擋歷史或時間的基本核心：正因為語言具有任意性，所以總會受到歷史影響，而「能指＋所指」的結合應被視為是歷史發展的結果，只是一種暫時性的使用狀態。如果符號是任意與暫時的，我們就需要也可以對其進行非歷史性的分析，如果符號沒有保持不變的基本核心，就必然是一種關係實體，需透過與其他符號的關係來確定這個符號的存在，且這種關係存在於一定的時間內。（Saussure，2019：80）。

Saussure將共時與歷時分開，可視為為了研究方面所提出的假設：以日文為例，30年前的用法與現在的用法有差，但懂日文的人都懂（頂多覺得聽起來奇怪，例如死語），可是其他人就無法理解日文。因為對語言進行歷史描述本身就是一種假設。然而，雖然歷時與共時的地位不同，但歷時性卻是從共時性而來。從歷史的角度來看，每個語言／符號在演進過程中都同時存在新舊兩種形式，或許聲音及聯想

意義不同但功能相同，如果兩種意義都可被理解且不產生實質意義上的區別，那麼從語言來看兩種形式具有共時的同一性。

若從共時性的角度來看，歷時性的同一性是一種歪曲，因為被聯繫起來的符號只有具體關係上的性質而非具有共同性質。雖然有學者認為應提出泛時性、共時性與歷時性是糾纏的，但Saussure認為若要清楚進行語言分析，將一切混合的現象明確區分才可能達成一致。既然沒有一個能指比另一個更合適於所指，聲音變化就值系統以外。這也意味歷時與共時是不同範疇。真正產生變化的是具體呈現系統的個別元素，因為系統要適應歷史的變化。

陳明珠（2008）指出由於符號意義不是個別存在的，它需要從上下文脈組合的概念來形成意義的確定，並從中取得它的價值。因此除了符號基本單位由意符、意指連結而成之外，符號的組合分析成為符號學方法另一個重要的操作面向。任何文本都有所謂組合的關係，將各種不同的單位元素構連在一起，形成意義，這種組合而成的關係即稱為毗鄰軸的分析，亦即橫組合的分析。即便是這種組合／聚合的關係，其實也可以在共時性／歷時性的脈絡下被理解。這些聯想關係的元素是在人們的記憶裡，當進行言語活動時，人們會個別從所知的一組相似意指的意符中選擇其一，來與其他意符組合成句段。但是這種組合本身還是受到時間及歷史因素的影響。語言及符號之所以會在歷時性與共時性的概念中被使用，可以被理解為人這種生物所具歷史性的表現方式。

歷時性與共時性的範例

鋼彈（ガンダム，GUNDAM），臺灣稱為「機動戰士鋼彈」，其他中文譯名包括「高達」或「敢達」，是不少人的兒時回憶。其為日本動畫導演富野由悠季自1979年以來所製作作品的稱呼，其內容包括電視與電影動畫及小說、遊戲、模型等周邊商品。「鋼彈」做為一種語詞符號，指向那個特殊的戰鬥用機器人設定。我們在此以鋼彈作為一種特定的符號，來說明歷時性與共時性的實際應用：

關於「鋼彈」作品序列，在此先說明：由於系列作品具有龐大架空歷史及宇宙觀，產出作品數量驚人，且在年代轉換上有著從1979以來被發現到的初期設定問題，加上爾後架空編年史上至少十個以上的不同世紀，所以我們在此僅列出宇宙世紀（Universal Century，簡稱U.C.）裡不完整一小部分，以做「鋼彈」符號作品內歷時性 / 共時性的說明。

作品名稱	對應架空歷史年代	上映日期
機動戰士鋼彈	UC0079.9-0080.1	1979
機動戰士鋼彈08MS小隊	UC0079.8-0079.11	1996
0080：口袋裡的戰爭	UC0079.12月底	1989
0083：星塵回憶錄	UC0083.11	1991
Z鋼彈	UC0087	1985
鋼彈ZZ	UC0088	1986
逆襲的夏亞	UC0093	1988
機動戰士鋼彈UC	UC0096	2010
閃光的哈薩威	UC0105	2021
機動戰士鋼彈F91	UC0123	1991

 以上述文本作為歷時性 / 共時性分析背景

歷時性	共時性
鋼彈作為一種戰鬥用武器的發展歷程，從駕駛員的素質與操作，武器進程與發展，其作為戰鬥載具的符號在上述11部作品中具有不斷改良與前進。可以視為在歷史發展過程中不斷前進的武器發展史。	每一部作品中交戰雙方圍繞著「鋼彈」這種武器所發生的故事。駕駛員駕駛鋼彈發生的故事是作品中主線的一條故事線。在此，鋼彈是每一部作品中的代表符號。
延伸出來對鋼彈武器性能的研究，包括某些設備的開發、使用或衍生型號，就此而言衍生出架空的軍事武器歷史。	延伸出來對作品內架空時代背景與政治環境的討論。就此而言鋼彈的存在與那個時代背景有密切關係。

1. 在以鋼彈系列為文本的分析中，鋼彈作為可說明符號的歷時性與共時性：呈現方式既為架空編年史又為單一作品內的象徵性武器。
2. 鋼彈作為符號可被驗證符號與意義賦予間的關係：此系列並非一開始就設定了後續的所有內容，而是發展過程中，經由重新理解而逐步開展的過程。
3. 在此鋼彈作為符號是以符號載體的意義加以檢視。

UNIT 1.10
語言與言語及其任意性

我們繼續往下說明Saussure對於符號／語言的下一組對立觀念。我們所使用的語言及言語，在Saussure的意義中各有其對於所謂語言體系的指稱。但在一開始，Saussure首先認為語言具有任意性。

一、語言的任意性

根據Culler所言，Saussure認為語言具任意性。這是符號的本質，所以我們才能以能指加上所指指稱任何一個實體。（Culler，1996：10-21）所謂任意性是指，在能指與所指間沒有天然或必然的聯繫關係。這使得符號成為具任意性表達的性質。按照Saussure所言，語言不是所謂有系統的命名法，其存在並非簡單給出一組獨立存在概念的命名，而是在其選擇的能指與所指間建立起任意的關係。嚴格來說，每種語言都以其系統內特有且任意的方式，將世界區分為不同的概念和範疇，從而表現出概念運作層次上的不同表達方式。Saussure有舉出這樣的例證：棋子中即便任一隻棋子不見了，我們仍然可用任一隨意的物件取代。棋子的物理特性無關緊要，只要有任何一個與其他棋子不同的代表物即可。

能指與所指的關係若為任意性，則以某能指指稱一對象就無必然原因或具備特別性質。由於所指／能指都是純關係性的實體，或是區別性的實體，因為是任意的也是純關係性的。一種語言不只可討論單一對象，還可從文脈系統角度理解：語言可任意選用能指，還可任意劃分概念連續體。不過雖然語言是任意性的，但任意性中不包括兩種符號：其中一個是象聲詞，雖然這些符號可更有利的說明符號具有任意性，因為那些對聲音的形容往往是隨意地被應用。另外則是因次要動機產生的詞彙也不符合任意性，例如中文單位詞或加不加「子」的用字。

二、語言與言語

Saussure主張，語言是形式的而非實質的，而且是互相聯繫著之價值所建構起來的系統。（Culler，1996：37-45）對Saussure來說，語言是整體社會所建構的系統，言語則是落實在生活中使用的內容。Saussure認為語言單位（linguistic unit）與語法現象（grammatical fact）之間並無區別，且能夠吻合，所以我們才能說語言學的真正問題是同一性與區別。在此我們注意到兩種主要關係的存在，分別是橫組合與縱聚合，即我們在1.9那裡所提到的。

因為語言是完整的社會價值符號系統，所以當我們分析語言時其實就是在分析構成語言的價值系統，語言系統是由對比或區分所構成，分析者的任務是發現這些功能的區分。不論詞彙語法或詞彙的結構，都能在其中發現組合關係和聚合關係。這意謂著一旦選擇一個元素，就需要排除其他元素。為此，分析語言是分析社會的事實，因為語言是由關係所構成。語言在社會中的作用在於表示意義的區別和關係。對一個社會或團體成員來說，如果有一個區別可表達意義就可將其視為符號。

任意性的範例：歷年流行用語的範例

以下列舉三個證明任意性的流行與語詞系統：

情場流行語	90後流行語	2021時事哏
要不要來我家看貓／ 我家貓會後空翻	人＋377	Duck不必
一看到他我就鹿了。	旋轉	啥款
買可樂	2486	不要太不滿
素炮	是在哈囉	最頂
掛睡	郭	人與人的連結
海王／海后	塑膠	看好了世界 臺灣只示範一次
純抱睡	咖啡話	PUI PUI
穩聊	汁妹	同島一命
ㄩㄇ	雨女無瓜	微解封
暈船	OSSO	校正回歸
時間管理大師	SKZ／SK	——————
——————	可撥	

1. 上表乃根據以下文章整理：〈看到他就鹿了？我家貓會後空翻？10大「情場流行語」先搞懂再出手〉，出自2021年7月1日中時新聞網；〈最新20大九年級生流行用語，你知道幾個？雨女無瓜、OSSO、尬電的意思是？小心被罵了還不知道！〉，出自2019年12月9日風傳媒；〈2021網路流行語TOP20出爐！「歸剛欸」只排第17名，網友公認最夯是這一句〉，出自2021年12月27日風傳媒。
2. 上表為語言——言語間的關聯性，若不在系統內其意義也會有所不同。
3. 上表所列舉流行用語的劃分方式雖是依據相關資料劃分，但並非絕對。

 回應問題：語言是否為一各類名稱的集合體？

1. 每個語言是以各自不同方式表達與組織世界，所以各種語言並非僅是給已存的範疇命名，他們還同時創造屬於自身語詞的範疇。
2. 能指是可以變化的，且與具體概念相關的聲音序列也可以變化。我們可以用不同聲音序列表達新的對象，且需要創造新的符號指稱新概念。

符號任意性的背後價值意義是：語言不是各類事物的命名集合，語言的所指也不是預先存在的概念，而是暫時且可變化的概念，其變化是依據語言的不同發展時期而產生。能指與所指的關係若為任意性，則以某能指稱一對象就無必然原因或具備特別性質。

Culler，1996：10-21

UNIT **1.11**
文本與系統

符號學稱為文本或文脈（text，context）的那個對象，可以是抽象的也可以是具體的。一個符號如果沒有對應的文本，我們難以理解或賦予意義：雖然有時符號本身就是文本的一種。

一、文本的存在

文本的存在提供我們對符的理解與認識：雖然文本不一定必須是具體的。讀者現在在閱讀這本《圖解符號學》，做為文本是具體的，但也有不具體的文本：例如電影。許多影評在解釋一位導演的風格，或是在說明某類電影的慣用手法時，會將電影視為一種被分析的對象，此時電影也就被作為一種文本的作用。Deely認為文本也可被稱為是「文本性」，即人與動物對其所遭遇的周圍世界，也就是認為生命世界是一種可延展的獨特周圍世界。這是以其他周圍世界無法比擬的方式，既在自身內部，又在與外部物理環境的連結上，沿著獨特的對象化路線，向重構活動開放。從動物的角度來看，所謂周圍世界就是模型世界，是無數可能的選擇之一。

現在的研究中，文本逐漸被認為是一種經由符號組合而成的範圍，雖然在符號學裡這個詞的意義差別很大。最窄的定義可以是書籍或某篇文章，較寬的定義可以包括任何有形或無形的文化產物，甚至抽象概念意義下的「社會」——這也是一般符號學在理解文本時所採用的概念。最寬者可以以人類的歷史與文明作為整個符號理解的基礎背景。趙毅衡認為，文本是一種整體符號（integral sign），或任何可以被解釋的東西，其意義包括1.一些符號組織進一個符號組合內；2.此符號可被接收者理解為具有合一的時間和意義向度。所以文本（性）是接收者對符號意義的建構態度。接收者必須考慮發送者發送符號／信號／訊息時的意圖與文化的考量。但在理解符號時始終是一個整體，並且是在接收狀態下所考慮的接收方式。（趙毅衡，2010：54-59）

二、文本作為結構的意義

Sebeok對文本的考慮是從符號的組成建立。（Sebeok，2001：6-8，31-32）在Sebeok那裡，每個訊息都可以基於單一符號被建構與傳遞，或是透過符號組合在一起而產生意義建構及傳遞：後者即被Sebeok認為是文本。所以文本是特定符號將意義加以編輯後而構成，而這些文本也可說是通過特定形式和組合關係形成的符號系統。

文本包含帶有諸多意義的符碼，並從屬於特定類型的結構屬性——Sebeok提出一些符碼所表達的例證，例如Descartes的幾何學、經緯線標示的地圖、語言或語法，甚至包括對話、小說與詩歌。不過明顯的，文本要能被理解，需要幾項條件的成立，像是文本接收者知道構成這個文本的符碼為何（例如打開一本英文或日文書，我們必須理解英文或日文作為符碼攜帶與組成的意義），另外文本也必須與上下文、或是和特定上下文產生關係，否則此一文本沒有意義。在此，上下文包括符號或文本出現的環境，不論其是物理的、心理的或是社會的。我們常見關於斷章取義的謬誤問題，即符合此處所言。

伴隨文本的問題

根據趙毅衡所提示（2012：182-203），符號學討論伴隨文本時，出現的文本種類可以被整理為以下表格：

類型	內容	舉例
副文本	完全顯露在文本表現層上的伴隨因素，副文本有時比文本更加醒目。	因為是某個導演拍的電影，或因為是某位作家寫的小說，引發觀看的興趣。
型文本	文本框架因素的一部分，指明文本所從屬的群體，也可視為社會文化對文本歸類的方式，例如相同的題材、演員、媒介、時代等等。型文本被認為是伴隨文本中最重要的，因為是文本與社會文化連結的方式。對型文本的理解，傳遞者與接收者間的相對社會地位會產生影響。	型文本的歸屬可以透過副文本成立。讀者在閱讀完某本小說或看完電影後會將這部作品歸屬在某個類別中（如這是愛情小說，是恐怖電影），這種歸類即為型文本。
前文本	在文本形成以前，文化因素對此文本產出造成的影響。其中包括「同時文本」，即許多因素是文本產出時同時產生的。	某部作品產生的時代背景，或受到某人的啟發而產出的作品內容。
元文本	可被稱為「文本的文本」，是文本生成或被接收前後所出現的評價，例如一個新聞發生時與其中主角相關且已經存在的各種訊息。	閱讀經典作品時難以排除，那些已經存在著的詮釋、理解或是解讀觀點。
鍊文本	接收者在接收到文本時會主動或被動的與某些文本連在一起。有的學者以「超文本」稱呼之。鍊文本包括延伸文本、參考文本、註解說明等等都可算在內。 與型文本的差別在於，型文本是生產或解讀時意識到的文本類型，鍊文本則是文本被接收時同時接收的文本。	以食物為例，某些食物被放在一起即為鍊文本：如水餃搭配酸辣湯（時代環境之故）、賣涼麵與壽司的搭配味增湯、雞排搭配珍珠奶茶。
先後文本	兩個文本間具有特殊關係，如續集、前傳。	小說改編為電影即為先後文本。

1. 副文本、型文本與前文本通常被認為是在文本產生前就已發生的伴隨文本；元文本、鍊文本與先後文本則是在文本產出後進行解釋時相關的。

2. 所有符號表意文本均有上述六者。我們可以日本動漫導演新海誠2016年作品《你的名字》（君の名は）為例說明上述六項文本內容：

   (1) 副文本：新海誠導演的名氣，或為其動畫配音的聲優。

   (2) 型文本：被歸類為愛情故事的類型。

   (3) 前文本：日本動畫界的環境，及新海誠於片中多此表現出來過往拍攝手法。

   (4) 元文本：新海誠的作品在動畫圈占有的名氣，以及日本票房的保證。

   (5) 鍊文本：新海誠作品容易被拿來與另一位導演細田守相提並論。

   (6) 先後文本：新海誠習於在動畫電影上映後撰寫該部動畫的小說作為補充，所以每部動畫都由他自己執筆或由他人書寫。《你的名字》中的角色，後來在《天氣之子》（天気の子）裡也再度出現。

UNIT 1.12
指號作用

指號作用是符號重要的作用內容，在Deely那裡，指號作用使得符號成為一種符號，而不只是承載意義的意義載體。

一、符號與表象間的差異

不論人或動物都有經驗，經驗的特性使符號學的產生雖屬於經驗認知面向，符號則與指稱過程有關。就生物∖動物而言，當他基於心理或神經條件得知一對象時便已建立起生物——對象間的關係。但作為客觀基礎的符號卻不是一個「對象」，而是能通過多樣組合表現表象，從而區分出與之有別的其他對象。如果以公式來說，則可等同為「認知上物理的對象＝符號與經驗的對象＝Df一個已知物件無論在整體或是部分方面正好也物理的存在，即認知於認知活動以外時，其既是一個對象也是一個物件之情況」。（Deely，2012：83）

為此，Deely認為對「符號是什麼」的問題，一開始需要先區分符號與表象間的不同，之後需要進一步區分意指作用與表象間的差異。因為：每個符號都是一個表象，每個意指作用也都包含表象，但表象卻不一定是符號。符號是表象的一個類型，表象則可能是也可能不是符號。在此前提下，符號的作用在於建立起與這個他物作為意指項與詮釋項間的存在關係，這部分表現為符號在形式上的內容，並與我們前述符號學三角形產生關係。

二、指號作為理解

當一物件在我們經驗內，雖然既可作為對象，也可因為是對象而成為符號，然而物件也可能成為「非物件」之對象。但凡已知的若且為若在其已知的情況下都可被視為客觀。Deely認為其討論尚未超出經驗，而與對象或符號都不同的「物」之概念也仍相當早的出現在我們的經驗內，並從而讓我們意識到周圍存在一個包括大量可被認之對象的環境——這些對象超出個人經驗甚至先於個人存在而存留到個人離去後。因此，物件是在經驗中被經驗並且無法省約為我們對立經驗本身的某物，並在環境結構中具有某體體現。

在經驗內部，相對於已經被認定為符號的對象，那些尚未成為符號的對象顯得不穩定。就周圍世界的概念來說，我們所處環境中的每一個對象、客觀性與客觀結構均依靠符號而建立，所以若未成為符號的對象被認為是不穩定，是因為任何一個對象都可能變成其他對象的符號，且經驗中的每一個對象都開始或迅速變成數個其他對象的符號。為此，符號不是對象，也不是事物，而是「事物與對象交織為經驗且或多或少將意義賦予整體的一種程式」。其如果是載體，並非指其承載意義：那是符號學三角形中詮釋項的作用；其承載的是符號所指與經驗對象所指之間的一種組合，好使符號進入更高層次的語言符號指稱過程。（Deely，2012：87-88）

即便如此，指號作用卻不是人類或生物的專利：整個宇宙作為一個符號的總和，指號作用無時無刻都在發生——即便沒有接收者也不代表其並未傳遞。我們在右頁列舉出Deely的四層指號作用，即可理解Deely如何透過Peirce與Sebeok的理論，開展出整個宇宙指號作用的內容。

Deeky對指號作用的說明

Deely（2012）曾提出這個世界的四層指號作用，即便是宇宙萬物的運作中也可以看到指號作用的存在。Deely所謂的指號作用結構如下：

層級	物理指號	植物指號	動物指號作用	人類指號作用
傳遞者	大自然與宇宙萬物 大自然	植物 與植物產生互動的某物	大自然 植物 動物自身 人類自身	
接收者	無對象。此處涉及Peirce的棄卒保車操作。	植物 生長環境	動物 與動物產生關連的周圍世界	人類及全世界
運作過程	在物理環境中的自然運作下形成的物理指號過程。	有機體世界 雖意義在此狀態下不明確。	周圍世界 凡有關者均產生意義內容。	有機體的全世界：符號倫理學產生的基礎。
符號建構	合目的性的運作均屬符號建構：合目的性可以是自己內在也可是對外部世界。	植物對大自然的接受及其呈現反應內容。Deely此處引用演化說為基礎。	通常以制約為內容，但基於動物的認知與情感，其仍具備對做為記號與對象間關聯的指稱內容。類似於記憶的作用。	人類是一種可以使用符號並為符號賦予意義的動物。
意義傳遞	一個符號只要潛在的存在就足以作出切實的意指內容。只是因為缺乏接收者所以無法傳遞與確認意義。但意義此時是真實存在的。	雖已出現傳遞者與接收者的關係，但植物並不主動意義，而是以被動姿態獲得結果。	能（主動）產生記號與對象的關聯，且透過經驗對特定對象賦予意義。意義的賦予是基於生物本能，而非創造性建構。	能使用符號＼語言建構世界，並為語言＼符號＼世界賦予意義，並能建構起意義的意義。
Deely的範例：水作為一種符號	水可作為一種符號，但因缺少接收者所以不存在正確詮釋＼理解的可能性。	植物對水的吸收作為生命的存續，另外水對植物本身帶有意義的運作。	作為維繫生命的重要要件，但不會問喝水的恰當時機或為水賦予價值：水就是水，是基於本能所需求。	可作為各種情感表達的符號，以指稱各種情境。例如水本身可被賦予價值，成為商品，強調品質及內容，成為身分象徵。

上表根據Deely（2012）與黃鼎元（2021）所整理。

UNIT **1.13** 符碼與元語言

符碼是符號學裡重要但又歧義的名詞。符號構成或成為文本，並在其中植入意義。讓意義植入文本，控制解釋與意義建構的，被稱為符碼。此點與我們在3.3所提到溝通中編碼與解碼的概念有關。

一、從符碼到元語言

符碼是符號學用語中用法鬆散而指稱對象廣泛的術語。（趙毅衡，2012：284-288）其英文code就可泛指各種各樣科目，且翻譯方式不同。電腦程式中如何的編碼會產出如何的結果有其固定性，所以可被認為是強編碼的系統。同理，數學公式、摩斯密碼都是強編碼系統，對其解釋不可任意。但是人文藝術類的作品，其中的符碼就屬弱編碼系統，其給予解釋者極大的權力，可以按自己的意思加以理解。某些被稱為「神作」的影視作品就是會讓一些人無感、反感或難以理解，因為這些作品裡的符碼不具強制性，我們也缺乏可以反駁的可能。

問題是，我們為何能對這些作品產生理解？此與符碼的集合，也就是元語言有關。（趙毅衡，2012：288-289）元語言被認為是符碼的集合，因為符碼構成對字詞的解釋，而這些解釋會基於文脈的不同帶出各式各樣的解釋。雖然我們在此說符碼／字詞是個別的，元語言是一種集合體，但事實上兩者不易區分界線。

對於元語言的存在，凡是有意義傳遞過程產生者，就有元語言的預設。元語言保證一套符號系統可以被理解，或者是可以被翻譯。若要理解一個符號系統，需要與之相對應的元語言背景：若缺乏相關背景（即缺少語境元語言），有可能產生我們透過自身的理解對其解釋（即透過能力元語言），而忽略該符號所存在的意義內容（即自攜元語言）。

二、作為範例：Sebeok

在解釋生物符號相關內容時，Sebeok透過符碼的概念闡述這種傳遞與溝通發生的過程。（Sebeok，2001：31-32）Sebeok認為，大部分的訊息如何被產生或被我們所理解，我們或許還未能有效掌握。但我們可以確定，人類可以透過各種已被我們所理解的訊息內容對事物加工後產出新的訊息：已經產出的訊息透過某些轉換過程被外化為適合溝通或可被溝通的字符及訊息串聯。Sebeok認為這種從一種形式轉換成另一種形式的生物膜是極為編碼。當接受者得到這組字符及訊息串聯後需要進行另一次的轉換才能加以解釋，這個行為就是解碼。編碼與解碼的存在意謂一種符碼的存在，並預設一組明確的規則。編碼到解碼的過程就是透過這些規則從而建構起表意形式間的轉換，而符碼正式在傳遞者與接收者間可以部分甚至完全共有的內容。此時此刻構成信息的符碼，對接收者或傳遞者來說都是不可分割的——雖然其與上下文也有非常密切的關聯。Sebeok在此也提醒我們：符碼這個詞的使用不僅廣泛而且用法鬆散，從傳遞前的訊息內容預設，後續信息的理解解讀（包括其中的隱喻及譬喻），甚至傳遞時的各種物理與心理噪音，傳統與文化，都可被認為是符碼的一種。

元語言的類型

趙毅衡將元語言的構成區分為三種主要的類型：（2012：295-298）

語境元語言	是元語言組成的主要來源，屬於文本與社會間的關係。可以被理解為在社會這個文本下，我們對於一個訊息的理解或處理。舉例來說「很棒啊！」這句話，在不同情境會產出不同的意義： 狀況一：老師對學生的讚美。 狀況二：老師因為生氣所以對學生的反諷（口吻）。 此部分可參考後文5.3所言之內容。
能力元語言	接收符碼的解釋者透過自己的記憶與社會性成長經歷對元語言的理解。除了個人專業能力的成長，還包括並非完全由主體所控制的信仰與情感；趙毅衡認為，只要解釋者可以提供做出某種解釋的理由，就可以認為是他的能力元語言。這部分我們可以注意兩件事： 1. 能力自何而來，不同學派各有自己的解釋。Kant的先驗範疇，孟子認為道德與惻隱之心乃與生俱來，這兩者都是討論能力的來源；Marx認為所謂能力與社會階級地位有關，Frued強調性慾與幼兒經驗則是從人類的生存狀態來理解。 2. 主體對自己的能力理解不一定是正確的，能力也可能超過理性從而產生對解釋的控制，甚至產出解碼上的錯誤控制。我們注意到，不少網紅在面對炎上事件或處理糾紛時會產生情勢誤判，讓狀況越來越糟。這可能是基於「最小化權威」的狀況。最小化權威是此處語境與能力元語言相加的結果：網紅基於他所處的團體——也就是文化給予他的互動，相信自己有對某些事情的話語權＝他擁有的能力元語言。但如上所言，他相信自己所擁有的可能是他對解釋的權力，而非事實之所是。
自攜元語言	在解釋文本時所需要建構解釋的基礎，此部分分量龐大，且具有普遍性：符號活動都可見與自攜元語言相關的設定，並指示解釋者對文本進行如何的解釋。我們可以以兩個例證作為說明： 1. 《聖經》作為一個文本，在做為宗教經典閱讀與作為文學故事閱讀會有不同的理解方式，若要視為歷史文件又有不同的解讀內容。作為文本，其自攜元語言的量就變得非常大，且基於不同的解讀角度產生不同的理解方式。 2. 對於如何閱讀現代詩，可以透過自攜元語言理解。我們可以注意到，一些大的廠商會舉辦現代詩（或新詩）的撰寫比賽，產出的作品在網路上可能受到嘲諷（例如覺得那不是詩，只是散文拆開來而已）或挪揄式的嘲笑。因為詩詞作為本文的自攜元語言所受限制與我們的說話或文章不盡相同，在理解時又輔以上述語境及能力元語言的影響，讓解釋者產出理解上的不同。

上述討論可以理解我們在閱讀文本時，構成文本的元語言從何而來之問題。因為對符號的理解，都涉及構成文本解釋所需的元語言組合。

UNIT 1.14
周圍世界的概念

圖解符號學

雖然我們是以符號指稱世界，並爲世界賦予意義，但在賦予意義的同時，實際上已將客觀物理世界轉化爲我們生活的周圍世界。爲此我們可以理解相同事物對不同的人爲何會有不同的感受或意義。

一、客觀物理世界與周圍世界

我們生活在一個實際存在的世界，這個物理客觀世界雖是我們生活所在，但事實上卻與我們沒有實質關聯，除非我們將這個世界轉化爲我們所生存的周圍世界。這種轉化意謂人有認知，且具有相對應的經驗，所以能對自己的環境產生理解——動物相同具有認知與經驗，不過其對環境的理解與我們有程度上的差別。因此，Deely提出「周圍世界」的概念做爲人類與動物眼中對客觀世界的指稱。所謂周圍世界，是按照個別的個人以及動物之生命需求，有選擇地重構與組織起來的環境。此處的環境是在依賴並對應於每個個體發展起來的內心世界，重新被認識而成爲每一個個體的認知網絡。就人類的角度來看，周圍世界意謂著被我們賦予意義的客觀物理世界——馬祖是一個客觀的地理存在，對讀者來說可能是旅遊的地點，但對作者來說卻是當兵時的記憶內容。就動物的角度來看周圍世界帶有更爲殘酷的事實，因爲動物需要把物理環境對象化以便從中區分食物與非食物的差異。因此，不論對人或動物來說，世界的存在同時具有兩個彼此矛盾但卻同時成立的面向：（Deely，2012）

1. 客觀的物理環境就內容言是經驗與日常生活所遭遇的實存世界，其首先（或第一義上）事先作爲原始樣貌，而後才被人或動物以經驗組織化。
2. 先存而被經驗的物理世界就認知角度來說其實是不可知的，因爲當我們認識到世界時其已經是被我們賦予意義的周圍世界。

二、對周圍世界理解上的差異

雖然不論是人或動物，都具有對物理世界——周圍世界認識的能力，但人與動物對周圍世界的理解仍有差別。就經驗來看，現實性與周圍世界確實密不可分。但人類經驗與依靠知覺所建立起來的意識卻與動物不一樣，因爲我們的意識可區分周圍世界與物理世界在指稱上的不同，透過這種區分也能幫助人類建立起科學及道德，並透過表述這種經驗的語言符碼及語境，建立起符號指設周圍世界的作用。這使符號作用在「認識——語言發明」及「使用——文本性」上彼此交融。Deely認爲在此作用上可以明確指稱符號就是那被稱爲以某物取代某物（*aliquid stat pro aliquo*）。因爲沒有一個對象可在客觀性中，不依賴與客觀性同時發生之符號的作用，也就是把一個不是本身，而是在自己以外的某物呈現在經驗中的那種作用。但是，雖然Deely認爲符號正是「爲某種認知力代現另一物之物」的那種存在，人與動物的符號作用仍然在兩方面產生差異：

1. 動物雖然也能使用符號，但牠們不瞭解符號是怎麼一回事。換言之，動物在使用符號時並不賦予意義。
2. 人類的特點在於不但使用符號，更能精確地使用語言這種符號系統。語言不同於符號載體或符號作為指稱過程的感性呈現，甚至不同於意指對象。

表象、符號與認知對象

Deely對客觀世界——周圍世界的理解關乎他對符號及表象的哲學思考。就基礎與形式兩方面來看，表象與符號表現方式不同：

(認知) 對象＝被我們經驗與認識到的存在物	
就表象來看，基礎與形式可能恰好吻合，此時表象是作為意識對象而存在。	就符號而言，基礎（＝為意指作用關係提供基礎的表象）和形式（＝意指作用的關係）從來不曾吻合。

作為範例：月亮

表象與符號的差異致使一個對象可以在經驗中被知覺經驗，也可以做為符號而運作，以月亮為例：

1. 月亮的陰晴圓缺作為客觀觀察的物理對象以及作為文藝書寫的情感抒發對象。
2. （Deely的範例）月亮作為存在的對象，但NASA的登月計畫可以與這個月亮無關。

產生問題

Deely認為從哲學史來看，符號混合於表象是導致誤解符號經驗角色最常見的原因，所以致使Descartes與Locke在知識論上，轉向了研究自我表象在因果關係上是否心外之物有所關連）。所以我們必須區分：對象本身永遠是表象，但表象卻從來不是符號。在此基礎上，Deely提出三項基本原理：

1. 把觀念理解為符號，是對符號理解的入門，同時也不再把觀念理解為「表象＝我們思維的直接意識對象」，因為「作為符號的觀念≠符號的意指對象≠意指之對象」。作為認知對象，其預設了有別於自身的某物。
2. 客觀關係的基礎＝意指作用的表象成分，但是被呈現為有別於表象活動的對象至少包含某些表達成分，好為客觀性打下基礎。符號學在此的立場為：不該模糊表象與本身意指其他對象的經驗。對於符號的運作而言，「符號需要一個客觀感性成分作為符號載體」這個要求並不重要（一如社會符號學所提及），此要求只在從已知對象轉變為其他對象的符號上重要。符號的基本功能在其使一個對象出現時即已完成，因為經驗對象始終依賴符號，且符號在經驗中進一步化約為另外的符號。
3. 凡是符號在經驗內部都先於並有別於對象，對象也先於和有別於他們與之碰巧部分相同的事物。經驗能夠分化符號，也能分化並歸類不同類型的對象。經驗在其最原始的層次上掌握客觀性的部分，但此處客觀性的先存並非我們一般意義下的客觀，因為任何所謂客觀的東西都存在一個實際的表象當中，即被認知的或已知的。符號學在此要求我們對客觀（objective）一詞改變用法，致使對象（object）一詞及其衍生意義從普通語言變為符號學的技術語詞。在符號學中，對象或「客觀結構」指物件通過經驗並在經驗中產生的變化。

UNIT **1.15**
周圍世界與建構主義

從物理世界轉變為周圍世界，意謂著為世界賦予意義：這樣的主張可以在建構主義（constructivism，又稱建構論）的觀點中得到應證。最簡單的說法，建構主義是以認知主體為核心，建構起與主體有關之意義的學說主張。

一、建構主義的概念

根據洪振方（2000）指出，建構主義的本質是以認知主體為核心的知識論，強調認知和對事物的描述都和觀察者有關。這表示主體的建構作用積極的參與認知過程，客觀物理世界對主體來說並非真正的「客觀」，而是與主體間有密切的意義關聯。知識不是現實客觀環境的反應，因為當人們使用某一套符號系統去理解世界，就是在用一種對客觀世界的解釋方式去理解面前所看到的種種對象。知識可以被改寫或修正，知識也不是絕對無誤解釋世界的基礎法則：當一個人學習知識，除非他所學習的內容與他產生關連或透過自身經驗加以建構，否則他所學習的僅是死背的內容而無法成為被賦予意義的解釋——這種想法對教育哲學具有影響力。

嚴格來說，建構主義是多種不同面向的理解總和：現今的發展已擴展到不同的領域，且各學科使用上均為各自賦予相關內容及解釋。Piaget的理論被認為與建構主義有關，特別考慮到兒童為外在世界基模（schema）建立的過程。基模可以被認為是對外在世界認識的架構，也就是一種

為世界賦予意義並產生認知內容的過程。

二、作為範例：中二病

我們在此舉出一個為周圍世界建構起或賦予意義的例子：中二病。中二病（ちゅうにびょう）一詞據說來自上世紀末的日本，後來逐漸被用以指稱那些自戀或自我中心，同時又想又不願意被認同的青少年。特點之一是嘗試透過自己的價值觀重新理解世界，所以為自己與身邊的朋友賦予不同的身分，在日本動漫或輕小說作品中，常被設定為當當事人從中二病畢業認為那段是個人的「黑歷史」：這類作品或許過於誇大中二病的現象。有名的作品如日本輕小說《中二病也想談戀愛》（中二病でも恋がしたい！），劇中男主角富樫勇太曾妄想自己是「漆黑烈焰使」，女主角小鳥遊六花右眼隨時佩戴眼罩，用以遮蓋戴有虹膜變色片隱形眼鏡的右眼，並相信自己具有「邪王真眼」。根據該作品動畫版的故事內容，六花因為無法接受父親的離世，從而相信自己能在不可視境界線空間內重新見到父親。六花的作為是透過重新賦予現實客觀世界意義，來逃避並處理自身無法解決的情感受創。所以，雖然中二病被認為怪異或幼稚，但從為世界賦予意義的角度來看卻是一個絕佳例證：雖然面對的相同的物理世界，不同的人卻可以基於自身的需求給予各樣的理解，也就是賦予各種的意義，從而開展出生活的方式與內容。

Piaget基模發展的歷程

按照Piaget的說明，孩童發展階段的歷程如下：

年齡	發展歷程			
0-2歲 感覺動作期	具有物體恆存的觀念，基模功能透過感覺運動發揮，為本能的反射動作。此時期尚有下面六個子階段			
	子階段	週期	內容	
	簡單反射	出生至6周	先天反射協調感覺行為，主要反射為吸吮、視覺與抓握。	
	第一習慣和初級循環反應階段	6周至4個月	集中焦點在嬰兒身體，主要是古典制約反射而起的反應。	
	次級循環反應階段	4至8個月	此階段開始發展習慣，並發展出知覺和抓握間的協調。	
	次級循環反應的協調階段	8至12個月	在此階段達成視覺與觸覺、手眼協調，還有基模與意向的協調。Piaget認為這是第一次的真正智力。	
	三級循環反應階段	12至18個月	嬰兒開展出對事物的好奇性，此時會嘗試新的行為，會發現新的做法。	
	基模的內化	18至24個月	嬰兒開始使用原始符號，開展形成持久心理表象的能力。	
2-7歲 前運思期	能使用語言或符號來表達指稱外在世界。認知以自我為中心，並有集中化傾向。雖然能思維但不合於邏輯，也無法見到事物全貌。此時期特性還包括思考的不可逆性與直接推理的過程。			
7-11歲 具體運思期	已有能力進行心理運作，能產生邏輯思考。透過具體經驗的思維解決問題，能應用具體事物協助思考，對可逆與永恆能夠理解。此時期自我中心逐漸消失，但還無法進行抽象思考。			
11-16歲 形式運思期	已不再僅只聚焦於具體事物，開始能進行抽象思考，具有邏輯思維能力。可以提出假設，並對假設內容提出檢驗。可以透過更為系統化或科學化方式解決問題。			

根據Piaget（1989）整理。

雖然基模與個人的生理發展有關，但我們可以注意到以下幾點：

1. 生理與外在世界間的關聯性，在動物身上也可以看到。Deely（2012）在解釋動物指號作用時提到，即便是本能也會讓認知主體（即便是動物）與外在世界產生意義的關聯。

2. 當孩童開始使用語言與邏輯描述外在世界時，可被認為已經與外在世界產生意義的連結，並透過某種（語言）符號系統進行指稱與認識。

UNIT 1.16
符號學的生物領域與發展

　　我們在上述討論的內容，都是從人類視角出發理解符號學：那麼人類以外的世界也具有符號學的認知嗎？答案是肯定的。

一、生物符號學的意義

　　根據國際生物符號學學會（International Society of Biosemiotic Studies，簡稱ISBS）在官方網頁上對生物符號學的簡介，生物符號學是一個跨領域學科的研究計畫，其研究目標為生命／生命系統在運作過程中被我們所發現與關注。其關注於符碼編輯、符號意義傳遞與表述過程，只是這些符碼或符號涵蓋範圍不只抽象的語言及思維或人類所製造的產品，還包括DNA、細胞信息傳遞以及動物表現行為等等。ISBS主張，這些符號傳遞過程在生物系統文本內到處皆是，只是過往人類基於自身對符號使用，認為不論符碼或符號都被簡化為只有人類創造與擁有。所以生物符號學所做的是跨領域重新思考生命在實際複雜的生活系統內如何呈現意義內容。在此前提下，ISBS對自身工作的理解為建立提供研究平台，發現與討論各種形式有機存在於生物學、哲學、動物行為學、認知科學、人類學和符號學等不同領域內符號及意義的使用。

二、生物符號學的領域

　　在人類以外的符號學領域，至少包括以下幾個大的範圍：

1. 生物符號學（Biosemiotics），研究生物學領域與符號學結合之後的結果。生物符號學的運作中，指號作用、符號與意義的解釋都統合內在於生物內在的生命與身體之中。其研究對象包括生命的過程，包含意義、溝通行為或習慣養成、動物（包含生命）對符號的理解、符號對動物及生命的意義。

2. 動物符號學（Zoosemiotics或Animal semiotics），研究動物認知與符號間的關聯性，包括動物對符號如何認知，或動物因應環境產出的符號行為、動物與人類間的符號（行為）交流。動物符號學預設人與動物都能使用符號，只是意義與認知上略有差異。著名的學者包括Jakob von Uexküll以及Thomas Sebeok。

3. 植物符號學（Phytosemiotics），由學者Martin Krampen於1981年所提出，研究植物細胞在信息傳遞間產生的意義建構，以及其對於外在環境產出如何適應的符號過程。Krampen提出一個特別的例子：葉子的脈絡其實就是回應大自然環境的意義符號。

4. 生態符號學（Ecosemiotics），是與生態人類學相關的研究領域，其研究人類與生物、溝通、認知以及景觀（建設）的符號建構過程。該領域由Winfried Nöth和Kalevi Kull所提出，而後再經由其他學者發展而逐漸詳細。雖然現在人類文化強烈影響著生態環境，但生態環境其實也回返影響人類的行為或對環境的理解，因此生態場域本身對生態符號學有重要影響。這種互相影響的關係最明顯的表現在人類對環境的改造，從而建立起對人類有意義的景觀，如景觀公園或生態公園等。

人類以外的符號學領域

　　人與環境之間具有關聯性，Tarasti認為，若我們從邏輯角度來思考，人類與環境之間的關係具有以下九種可能性。其中S＝主體；O＝環境（因素），環境包括自然與人文或者並存：

邏輯符號	意義說明
S∧O	主體與環境間已經結合，彼此存在於融洽的關係。主體作為環境的一部分，不會孤立於環境以外（例如與農村生活融合的農人）。也可以是主體重新回到所失去的環境內，重新建立起與環境間的關係。
S∨O	主體和環境彼此分離，主體從環境中被孤立出來，在主體與環境間存在一道鴻溝，使主體與環境間產生如同破壞的關係。例如在大自然裡建立起突兀的人工建築。
S→O	主體想要或是努力朝向環境前進，主體試圖想要同化於環境，而和環境相似。例如為曠野賦予理想及神話的意義。
S←O	主體想要和環境脫離，想要從其中跳出，好使自己與環境有所區別。
S≠O	主體對環境漠不關心，可能是拋棄了環境，也可能是從未融入環境內。主體對環境的關係可能是利用的，也可能主體只是想憑藉自身條件加以發展。主體和環境在此雖然是共存的，但彼此沒有交集：他們可能彼此和平共處，一如少數族群身處於主流文化中一樣。
S	主體存在，但沒有環境。主體在世界上存在著，但把環境排除在外。主體還是可以發出信息，但他與環境的關係已經完全分離。這時主體發出的信息沒有接收者。Tarasti認為，文本的結構主義研究正是如此：人們以為透過這種研究方法可以達到絕對的客觀性。但是只有那些精神領域內的病患，才可能存在著與客觀環境無關聯的關係。
O	純粹的環境，沒有任何中心，但卻又無處不在。可以將此想像為一種空虛的空間。
S⇒O	主體想要並嘗試控制環境，並根據自身所擁有的模態來詮釋與塑造自己。主體為此創造一個有利於自己的符號場域。例如統治者想要通過政治的神話來進行並鞏固統治。
S⇐O	環境支配了主體，主體沒有權力去影響或改變現實環境，通常發生於主體來自外在環境，所以受到了控制的結果。

Eero A. P. Tarasti，2012：216-217。

從而推出生物符號學系統的各種領域

生物符號學		
動物符號學	植物符號學	生態符號學

第2章

符號學發展簡史

●●●●●●●●●●●●●●●●●●●●●●●●●●●●●● 章節體系架構

UNIT **2.1**
符號學發展的歷史脈絡

人類既然是符號的動物，且每天應用大量符號彼此溝通，那麼有人類就有符號的痕跡就顯得理所當然。例如被認定為17,000年前的拉斯科洞窟（Lascaux）洞穴壁畫上，除了動物及人物外，還有一些抽象符號的應用：這可成為一個證明，說明人類與符號之間的關係密切。

一、符號學發展歷史的研究內容

雖然是研究符號發展的歷史，但畢竟符號乃非常普遍的對象。若僅是說要研究其發展歷程，有可能需納入過於大量的資訊。根據李幼蒸所言，一門學科發展尚未成熟前，關於這門學科的歷史探討既重要且適切，因為我們需要從該學科形成歷史的根源處不斷觀察和總結問題所在與可能方向。據此，他認為符號學史的研究意義可總結為：（李幼蒸，1996A：63-64）

1. 人類對記號系統（意指關係系統）的思考運用歷史，以豐富人們對現代符號學認識論與方法論的認識。
2. 為文化思想史研究提供更為有效的方法論工具與研究範例。
3. 人類思想文化史上各種有形的、無形的、局部的和一般的符號學類型研究。

二、研究符號學發展歷史可能的困難

雖然我們在本章要討論符號學發展的歷史，但事實上這樣的討論帶有一定的難處。人類是使用符號的動物，但人類使用符號與透過學理探討符號的應用卻是不同面向。即便我們配合西洋哲學發展的歷史已研究符號理論的發展，亦即將符號發展歷史的最早定位不超過西洋哲學之父Thales of Miletus，624-546 BC的時期，我們的探討上仍會面對難處。難處的發生原因有二：

1. 符號學成為一門正式的研究學科不論如何往前推，大約還是落在Ferdinand de Saussure的年代及其後，那時大約是十九世紀。這並非指在索敘爾之前沒有人討論符號及其作用，而是因為少有人專門討論符號學，或把符號學當作一門專業科目一如知識論或形上學等加以研究。所以當我們要指出某位哲學家所具有關於符號學的理論時，可能僅從他眾多著作中挑出其中一部分作為討論。如此做法有斷章取義之嫌。
2. 符號學因為與語言的使用息息相關，所以部分探討符號學發展歷史的研究，將那些探討過語言及文字使用的哲學家都列入發展歷史的行列。此舉雖非不當，卻可能讓符號學發展歷程顯得冗長而難以掌握。部分當代符號學者認為，將符號僅限制於語言及文字範圍其實限制了符號的應用。

基於上述兩個難處，我們在此提出本章在選取符號發展歷史中，將透過不同研究者著作中尋覓對符號發展有其啟發的代表人物。本章在選取時參考了幾本主要的著作請見本書參考書目。本章也並未列舉所有與符號學相關的學者，部分學者未在本章列出的是因為其理論與其他章節有更為密切關係。

根據Sebeok所提示的符號學史重要進程

Sebeok在《記號：符號學引導》（Sebeok，2001）中提示我們
符號學發展進程有以下幾個重要的關鍵時間點

符號學從醫學領域得到發展
1. Hippocrates解釋醫師工作時認為，醫師的工作在於釐清症狀與所代表之病徵，從而建立醫療診斷的符號系統。
2. Galen of Pergamum將上述系統實際引入醫學中。

非醫學方面應用在亞里斯多德與斯多噶學派期間開始
Aristotle將記號區分為三個部分：
1. 記號本身的物理成分，例如聲音或字詞。
2. 一個記號所提及或可被注意到用來指稱的作用。
3. 這個字詞帶有的含意，包括心理與社會上的涵義。
Aristotle認為上述三者乃同時發生：當我說出「狗」就同時包括這個詞的聲音、作為指稱的類型、以及與這個詞相關的個人或社會意涵。

Augustine時期
1. Augustine of Hippo根據神學與哲學的需求，把符號區分為自然的（如動物的反應與行為）與傳統或人文的。
2. 提出透過解釋性過程可表達指號過程的論點。

Locke時期
1. John Locke是英語系統中第一個使用符號學概念的哲學家。
2. 引入經驗主義作為符號學建立的原理，強調符號學在廣泛人類知識領域範圍內，可以做為聯繫物理學科與倫理學科間的橋樑。

Sausser與Peirce
F. Sausser與C. S. Peirce兩位哲學家開始，符號學使成為一門獨立科學。
符號學作為理解能力的討論領域，在說明記號或符號如何運作的過程。
符號系統的成立在於，人類在感受、情感與理智交流過程中占有重要地位。
索緒爾為符號研究提供重要術語，包括能指與所指，他對符號學歷時性與共時性的討論也影響後世符號學研究的方法。
美洲大陸將「John Poinsot──Locke──Peirce──Sebeok」視為一個完整的符號學發展脈絡。

上圖乃根據《記號：符號學引導》（Sebeok，2001：4-5）繪製。

UNIT **2.2**

希臘羅馬時期：以Aristotle為例

在希臘文明時期，符號學被真正提出——例如我們在前文中所提到病徵與疾病間關係的理解——從哲學史角度來看，希羅時期哲學家也對符號提出他們的解釋與理解。不過我們需要注意的是，希羅時期哲學家對符號的理解是以文字符號（與邏輯關係）為主，所以討論的內容也會與概念的成形有關。

我們在這一節以Aristotle為例：其他相關主張則列於右頁提供讀者參考。在《論解釋》（On Interpretation）中提出對字詞的內容與語言肯定否定關係的說明，這些說明帶有許多與今日符號學相似的見解。他在該文中開宗明義提到：口語是內心經驗的符號，文字是口語的符號。雖然不同民族各有各的文字與口語，但無疑語言都內心經驗自身表達的符號。（16a3-7）我們透過名詞對事物命名與理解，這些名詞都是基於約定成俗所具有意義且與時間無關的聲音（16a20-21），這表示名詞的意義通過約定成俗而有，但是聲音並非名詞，而是當聲音作為一種符號時才能成為名詞（16a20-21）。至於句子，是一連串有意義的聲音，每個部分均有獨立的意思，但也僅是作為表達，而不是作為肯定或否定命題而使用。（16b26-28）

雖然《論解釋》一文在接下去主要討論命題的肯定否定，還有推論中的種種狀態，但上述內容已可提供我們對（語言或名詞）符號理解上的線索。名詞作為一種聲音的表達，對中世紀哲學來說提供了唯名論的基礎：這是共相之爭中唯名論的基礎立場。與唯名論相反的為實論立場認為，所有名詞作為對概念的表達，都可在

超越的世界尋覓相對應的某個實在——或如Plato所言是在理型界，或如中世紀唯實論所認定，那些實在存在於神的心中。但以Aristotle為基礎的唯名論認為語言或名詞可被視為一種（聲音）符號，如十一世紀的Rocelling將Aristotle的論點推廣為名詞只是一種聲音，是空的而不具任何實質內容。這樣的論點為聲音符號提供了思考的基礎，不過在中世紀這樣的主張受到同時代其他哲學家的挑戰質疑。不過我們可以在Aristotle理論中注意到他對於內心經驗——口語表達——文字與聲音之間所作的符號聯繫。

Winfried Nöth總結Aristotle《論解釋》中對符號的理解為：

1. 文字或書面記號是語言及聲音的符號。
2. 說話的聲音是心中觀念外在表達的記號與符號。
3. 印在理智中事物的心象是外在真實事務的形象。
4. 心中關於事物的心象／形象對所有人來說是相同的，但在語言表達上卻是有差異的。

Aristotle對符號的理解屬於上述第2點所言，雖然他對符號的理解與我們當代有明顯的差異。Winfried Nöth引用其學者認為，早年符號學發展的歷程可以細分為三個階段：希臘羅馬時期，Augustine到但丁的時期，以及但丁以後到文藝復興時期。但不論如何，Aristotle對於語言（以及符號）的討論，其影響力一直到文藝復興時期，並且一直是當時討論的共同基礎。

希臘哲學與符號相關的發展軌跡

根據Winfried Nöth在《符號學手冊》（*Handbook of Semiotics*）一書中所言，希臘時期與符號學發展有關的軌跡可被整理如下：

哲學家	年代	重要性
柏拉圖 Plato	427-347BC	柏拉圖對符號的理解概略可包括以下幾點： 1.語言符號不論是自然成形或約定成俗者，都是真實本質的不完全展示； 2.文字無法揭露事物的真正本質，因為理型無法依據文字被真正加以顯示； 3.以文字符號為中介的知識不如靈魂（在理型界）直觀所得到的，即便文字符號再理想，也不如靈魂對事物本質的直觀。
亞里斯多德 Aristotle	384-322BC	說話的聲音是心中觀念外在表達的記號與符號，為後世唯名論的理論提供基礎。
斯多噶學派 The Stoics	Ca.300 B.C.- A.D. 200	斯多噶學派認為，符號可以根據三個部分加以聯繫： 1.物質的部分作為能指， 2.所指或意義， 3.指稱的外部對象。其中1與3雖然是物質的，但是2卻是無形的。更進一步符號可以區分為紀念用的與指示用的，特別是紀念用的符號可以表達曾被觀察到的某些對象。 符號的理論是斯多噶學派邏輯推論的基礎，因為符號的組成正是斯多噶學派三段論證歸納應用的過程。
伊比鳩魯學派 Epicureanism	Ca.300-0	伊比鳩魯學派認為符號是二元的，不接受斯多噶學派所認為符號作為意義與內涵領域的作用，而是認為符號所指對象為感覺，或感覺的印象。有學者認為，伊比鳩魯學派認為符號是一種文字——對象間的關係，符號與對象間的中介事物並不存在。伊比鳩魯學派也否定斯多噶學派對符號推論過程的理解，認為不是只有研究過邏輯的人才能理解符號，即便是不識字的獵人，在追蹤獵物時也可以根據腳印與野獸存在的關係加以判斷。所以符號不是判斷的結果，而是推論中的原因。伊比鳩魯學派中的Lucretius曾仔細研究過人類與非人類生物對於語言與非語言的溝通系統：Lucretius認為生物的手勢（或符號的姿勢）並非知識的傳承，而是出於自然的運作。伊比鳩魯學派對符號的理解曾多次被Peirce所引用。

根據Winfried Nöth（1990）所整理。

綜合這段期間的符號學發展具有以下特色：
1. 雖然還略顯簡單，但已經提出對符號運作原理的說明。
2. 注意到物質的符號，另外多以語言及邏輯做為討論對象。

UNIT 2.3
Augustine

Augustine在符號學發展的歷史上具有重要的地位與意義：雖然他在符號學上這個重要的角色，在哲學史的討論上較少著墨。

一、思想的來源

Stephan Meier-Oeser（2011）認為，雖然Augustine的理論並未建構起一個完整的符號理論，但他對符號的研究卻一度成為中世紀符號研究的基礎。他在《論辯證》（*De Dialectica*）中大量使用了斯多亞學派的哲學語詞作為基礎，但進一步作出與該學派的區別。李幼蒸（1996）在提到Augustine的符號學理論來源也提到，他的哲學與希臘思想有關，神學與基督宗教信仰有關，而和符號學最為關聯的修辭學則與羅馬文化有關。Augustine有關哲學與神學的背景，使他的符號學具有內在論的基礎，並與希臘羅馬時期主要符號學思想的外在邏輯推論慣例不同。Augustine受斯多亞學派語言觀點的影響，使孤立的單詞與事物符應，且將事物區分為可見與不可見兩大類。不過斯多亞學派對於語詞及意義的研究，未考慮到語言的環境和語用環境。Augustine的符號學理論是為神學真理證明所用，其建構的記號分類是針對心智、人事與神國加以應用的。正確的知識乃來自超越真理或現世智慧（此與他的光照論或知識論有關），而基礎來自斐洛（Philo Judeaus），他將聖經文本的文字寓意化並與柏拉圖主義結合，促使柏拉圖哲學體系轉變為基督宗教神學基礎。

二、對符號的理解

Stephan Meier-Oeser（2011）為我們展示Augustine不同時期與著作中，對符號的理解為何。根據最為嚴格斯多亞學派邏輯理論的內容，符號作為一個記號（semeion）可以在正確的推論過程中指稱一個語句／命題的抽象內容，因為其可透過對語句揭露出未知的部分。Augustine另外說明將符號具體化的定義，此定義是根據西塞羅在修辭學傳統中描述而有：向感官顯示自己的某物。若是根據符號概念的三元定義的符號概念——符號對某些人來說總是某事物的指稱——Augustine的語言理論就有一個根本的基礎：說話是用清晰的聲音給出符號。每一個詞彙都是某個事物的記號，好使說話者一旦發出聲音時聽見者可以理解。Stephan Meier-Oeser認為，Augustine的定義顯示出他的理論與斯多亞學派的語言或邏輯相比，語言的本質更被強調於與他人之間的溝通，而這種溝通的作用更是語言符號所不可少的功能。符號在此的作用，能夠讓給出符號的人，把心中的想法透過符號給予意義，傳達給另外一個人——雖然依據不同時期與著作，Augustine對於符號的理解會有所差異。

Augustine在其思索人在心靈時，對心理對象及價值對象的意義關係加以討論，這是符號學歷史上的重要進展。他將語言與時間問題意指相連，考察人類思維中的記號、指稱、意義，以及這些內容與時間意識關係間的研究。（李幼燕，1996）

Augustine對符號的理解

　　整體來說，Augustine在理解符號（*signum*）時認為：符號是使我們能以思考超出對事物感官印象的某物，因此符號既為物質對象又是心理效果，就像以煙表示火一般，可以表達出自然記號與語詞類的約定關係。Augustine按記號的語意功能理解符號，而非推論方式區分直屬意義及譬喻意義的記號，從而建立起「記號──所指者也就是對象──心理概念」間的三角關係。以下根據Augustine著作整理並理解符號的作用。

著作	對符號的說明
《論辯證》 *De Dialectica*	1. 說話是用清晰的聲音給出符號，所以每一個詞彙都是某個事物的記號，好使說話者一旦發出聲音時聽見者可以理解。 2. 語言的本質更被強調於與他人之間溝通的功能，因此符號的作用在於能夠讓給出符號的人，把心中的想法透過符號給予意義，傳達給另外一個人。 3. 從這裡我們可以注意到Augustine基於實際需求所以不特別跟隨亞里斯多德以來的規則。
《論教師》 *De Magistro*	雖然《論教師》的撰寫時間點離《論辯證》並未很久，但Augustine似乎推翻了他在前一本著作中的思考。他認為文字或符號並不具備將事物呈現於理解中的能力。可能是出於尚受到懷疑主義的影響，他將記號／符號的功能放置在警告與紀念兩項主要功能上。
《論基督教教義》 *De Doctrina* *Christiana*	Augustine在此一方面放棄懷疑主義立場後重新定義符號，另一方面對符號進行分類： 1. Augustine重新定義符號，認為符號是某種能向感官顯示自己並向理智表現某些內容。為此，認知功能是與符號有關的，而教學也是透過符號傳遞被教育的內容。這是因為符號本身可以被用來表示某物的那類事物。 2. Augustine將符號區分為： 　(1) 自然符號（*signa naturalia*）：除了用以作為符號時能夠表達意願以外，還能讓接收者理解到其他相關事物，例如火災的煙霧。 　(2) 常規符號（*signa data*）：生物可用以表達思想、情感與感知的符號。 其中，Augustine特別強調關於人類語詞的使用。
《論三位一體》 *De Trinitate*	Augustine注意到語詞／口語的重要性，並注意到我們需要使用某些語言學相關的術語（例如拉丁文中的*verbum*、*locutio*、*oratio*、*dicere*等）來描述每種獨立於語言的現象。心內的概念被認為是合適的語詞，而口頭僅能作為語詞的符號與聲音出現。心裡的語詞（Augustine所謂的*verbum mentis*）雖然並非真正的語言實體，卻是思想進行的工具。

根據Stephan Meier-Oeser（2011）所整理。

圖解符號學

　　我們需要注意：Augustine雖然爲中世紀的符號學討論提出基礎，但中世紀關於符號的討論極大程度上還是與語言或邏輯有關。Roger Bacon（1220-1292）以前，並非沒有哲學家討論過符號，但是都沒有Roger Bacon般重要符號：他撰寫了專門探討符號及其作用的著作。

一、在Roger Bacon以前

　　Augustine後對中世紀語言／符號發展扮演重要角色之一的哲學家爲Boethius（480-524/525）。Boethius在語言意義與研究上側重於亞里斯多德的路線，雖未明確討論符號及其意義，但卻是中世紀符號學理論探討在Augustine以外另一個重點。Stephan Meier-Oeser認爲，Boethius對Aristotle的翻譯成爲中世紀哲學思想中重要的參考版本，這也決定了中世紀學者們對亞里斯多德邏輯理論的理解。

　　這種觀點自然與Augustine把語言與概念間的實踐有關。十二世紀時唯名論的重要代表Abelard在討論語言與邏輯時認爲，語詞的指稱作用並未涵蓋整個符號的認識過程，最廣泛意義上的對象也可以與符號產生關聯，從而使物與符號產生關係。爲此，Abelard只指出符號是一種合適的指稱，並可區分爲簡單意指與明確意指符號上的差別。

二、Roger Bacon

　　Roger Bacon所撰寫的《論符號》（De signis）是我們已知中世紀對符號最直接的研究。該書中他分析符號的作用與意義

（此點請參見右頁）。關於Bacon的符號學理論具有以下幾個特點值得我們注意：

1. 語詞及聲音之間可以分離，聲音的分離可以讓其在作爲符號表達發揮更多作用。口語作爲一種自然符號，表達說話的人根據一般規則下的意義使用語詞以作爲指稱對象與概念的方式。這種表達預設語言在被有意義使用時先決條件是與語言使用者心智中具有的指稱對象彼此相對應。所以語詞的聲音表達與心理的觀念之間是一種索引的關係而非表達的關係。

2. 意義具有任意性。Bacon以洗禮的概念來描述這種命名的關係：洗禮後受洗者會被給予一個教名，教名的給予是自由的，一如我們看到一個對象後直接爲其賦予名稱的那樣子。一旦賦予那個對象一個名詞，該詞彙就能清楚且適當的表達這個對象自身。不過，名稱或詞彙的使用不限於第一次被使用在該對象上，且若字詞的對象於物理意義上不復存在，該詞彙也不會不再被使用：例如叫小花的這隻小狗過世了，我們可以再稱下一隻類似的小狗爲小花。Bacon認爲，我們對語詞的涵義其實處於不斷修改的狀態，雖然使用語言的人並未意識到這個情況。我們其實不斷在爲對象命名，但我們自己並未意識到。

3. 意義對語詞的附加作用對語言所攜帶意義的構成非常重要，雖然一個字詞帶有意義的原因不一定只是基於這個狀況。但Bacon認爲，通過附加的方式，語詞可被用來指稱無限多的對象。

Roger Bacon符號學分類的方式

我們可以根據《論記號》一書中的章節進行對符號分類的說明（這是Thomas S. Maloney所建議的）或是直接根據整個架構進行對符號的分類（這是Stephan Meier-Oeser所建議的）。

《論記號》，全書共173節，分為以下部分	
1. 記號與指稱的方式（§§1-15）	
2. 語言名稱 （§§16-35）	2.1語言記號：附加和無意向的意義（§§16-18）
	2.2無法被命名的對象（§§19-26）
	2.3字詞就是其自身的名稱（§§27-35）
3. 字詞與意義 （§§36-133）	3.1含糊的五種模式（§§36-46）
	3.2字詞在名詞與形容詞方面的模糊指稱（§§47-80）
	3.3模糊字詞在五種模糊模式的表現（§§81-88）
	3.4將擴充和限制被理解為模糊的再附加（§§89-99）
	3.5第二義：一種關於類比意義的新形式（§§100-133）
4. 命名與意義附加 （§§134-161）	4.1一個存有與非存有具有相同命名嗎？（§§134-142）
	4.2一個記號可能失去其意義嗎？（§§143-153）
	4.3聲音與靜默的附加（§§154-161）
5. 事物與其本性的再呈現作為命名的目標（§§162-169）	
6. 其他說明（§§170-173）	

Roger Bacon，2013

另一種理解方式

《論記號》對符號的分類方式可以以下圖表理解			
1. 自然記號	(1) 透過推理、伴隨、結果所指稱的	①必然的指稱 A. 指稱過去的事物，例如出生與喝奶	指稱存在的事物，例如用力與強度
		B. 指稱未來的事物，如黎明表達日出	
		①可能的指稱 A. 指稱過去的事物，看到地濕想到雨	指稱存在的事物，如成為母親與愛
		B. 指稱未來的事物，看到烏雲想到雨	
	(2)透過結構與相似所指稱，例如形狀的符號		
	(3)透過因果所指稱，例如看到獸跡想到動物		
2. 由靈魂發出與引導的記號	(1)無須思索即可完成的指稱，如笑聲指稱歡樂		
	(2)透過思索完成的指稱，如語詞		
	(3)感嘆的連接詞		

根據Stephan Meier-Oeser（2011）所整理。

UNIT 2.5
Ockham及十四世紀前後的士林哲學系統

在Roger Bacon之後，中世紀符號學的發展持續進行，特別是Roger Bacon主張語言學相關研究應該是一門正規科學而非只是邏輯或溝通的工具，影響到十三世紀後半大學語言研究方面。但我們也不要誤會符號學的研究在十二至十三世紀這段期間已經成為重要的研究內容：此時符號的概念還沒發揮其內容。Stephan Meier-Oeser認為，此時對符號的理解因為Aristotle與Boethius理論的影響，還被認為主要是在文字或口頭語言的面向上被使用，並且與心內觀念產生關連。到了十三世紀中葉，符的概念才與符號的理論產生關連，並且在心內觀念上從原本被認為是與事物相似轉變為對事物的表徵跡象。

十三至十四世紀另一個對符號發展有所幫助的背景在於邏輯學的發展，包括Peter de Spinish、Ockham of William等在邏輯的發展上都有重大的貢獻。特別是Ockham，在符號學發展歷史上有其特殊地位。因為在Ockham這邊，符號與指稱的概念在他邏輯學的研究中佔有重要的地位。Ockham認為，邏輯的運作與符號有關，而且是與心理符號直接相關，並以聲音或文字（書面）符號加以表達。Ockham更進一步用上述觀點闡釋他的邏輯理論。在闡述邏輯概念時他提出這樣的概念：一個符號，就其在邏輯的應用上應該能很容易的就被代表為其所被認知的事物，或者是可以被添加認知內容而成為代表某物的標誌。這樣的操作來自於他對邏輯的思考。Stephan Meier-Oeser告訴我們，Ockham因為這樣的操作，使其邏輯概念應該被認為是我們當代邏輯學內的「命題符號」；並且因為Ockham對符號的使用與其將符號置於邏輯運作的中心，致使他需要在許多情況下重新思考過往基於傳統邏輯所建構的哲學議題，包括本體論、範疇、共相問題等等方面。

上述說明也可以幫助我們理解為何Ockham提出他著名的「經濟原則」（即後人所稱之為「Ockham剃刀」的理論）：所有語詞（作為一種符號）均有其指稱對象，這些字詞會透過使用的上下文決定語詞在文脈中的意義——此點被Winfried Nöth稱為假設理論，並被認為是根據Ockham與西班牙的彼德等人理論所建立而有。對Ockham來說，語詞＼名詞均為約定成俗的記號，而概念及其相對應的語詞則為自然記號。心理的普遍概念並非只有口語聲音或書寫文字，而是對一對象的自然記號。

Ockham認為既然語詞能夠表記為某一個個別對象，且在命題中被用以指稱該對象，那麼共相嚴格來說是一種語詞或話語，而非心中存在觀念或存在於外在某處的實在。這種講法意謂語詞所指稱的存在物具有實際存在意涵，而共相僅是抽象概念卻不具實質意義，用以表述的語詞也只是一種聲音（或約定成俗的音符）：因為真實存在的都是個別實體。普遍概念應該被理解為心理認知之結果，是一種理解力活動。因為Ockham所主張的內容，使得若要理解概念時僅需要理解個別事物與心靈間的交互作用，這樣的推論易於取代以普遍觀念為實體存在的主張，從而進一步產生對形上學與神學理論的挑戰。（黃鼎元，2019：95-103）

十三世紀以後士林哲學系統對符號理解的發展概要

　　根據Stephan Meier-Oeser的整理，十三世紀之後士林哲學對符號的理解大致可被建構為以下圖表。我們需要注意，士林哲學對符號的理解與當代符號學的理解不同，其重心還是放置於語言與邏輯方面。

時間	主張
十二至 十三世紀	Thomas of Erfurt因為相信科學之工作在於對適時給出因果解釋，所以嘗試透過相應的理解方式推得出語言的語法特徵，並接受Aristotle以來理智心象作為被認知的對象，對所有人而言都是相同的。所以所有語言理解與指稱方式上是相同的。 Boethius Dacus根據這樣的論點主張，所有民族在語法上是相同的，指稱方式也是相似的，因為人的存在方式與理解方式是相似的。
十三至 十四世紀	邏輯學的發展對符號學發展有重要的影響。不過即便是William of Sherwood或Peter of Spanish這樣的邏輯學家，對指稱未必展現出濃厚的興趣。他們還是基於命題之上下文來理解一詞之內容，並以較為簡單的方式理解指稱為「向理智所呈現某對象的形式」或「透過傳統的聲音以對對象加以表達」。
十四世紀	Ockham of Willam將符號置於其邏輯的中央位置。對符號的理解來說，這意謂著符號學接受了：若沒有意向性，則符號、指稱或符號的現象是不可想像的。此時期的重大轉變在於將符號與指稱的概念從口頭領域逐漸轉向至心智理解的領域。語詞或符號仍被認為是邏輯的基本主題，但是在唯名論的立場上，與邏輯相關的語詞及符號與其說是口語符號，不如說是心理概念或詞彙內容。這點可以在Peter of Alley那邊看到。他為一事物能作為符號提出兩種理解： 1. 導致一種認識事物的結果，所以是事物的標記。 2. 本身就是認識事物的結果，該標記足以代表那個對象。
十五至 十六世紀	因為Ockham的緣故，符號概念成為邏輯理論的核心，但也因為Ockham將命題（符號）視為唯一與邏輯相關的符號，所以並未普遍有效處理符號學議題。到了士林哲學晚期，符號學的發展因為邏輯與語言的研究逐步被重視：即便實務操作上可能只是間接的。這段期間許多士林哲學學者提出對符號的理解，以下列舉三位做為例證： 1. John Mair：使用一般意義上對指稱的內容，即使某個人知道某件事（或對象）。他透過表達的概念建構起以某種方式將符號給予理智的作用。 2. Petrus Margallus：建立起與Ockham不盡相同的符號理解。他提出對符號普遍性的觀察，主張世界上任何事物都可以是符號。 3. Johannes de Oria注意到文本的重要性，認為情境背景對非語言符號意義的影響。例如「敲鐘」是表達吃飯還是聚會，端看時間與地點的差別。 我們可以特別注意到，到十六世紀時文字符號重新被提出並加以思考，這種思考最直接影響到對聖經文字的理解：聖經文字不再只是次要符號、聲符的內容，其意義也不再只是文字書寫的結果。這種理解讓符號範圍得以擴張到各個不同領域，並成為日後發展的基礎。

為John Thomas Poinsot跨時代的符號理解提供基礎

UNIT **2.6**
John Thomas Poinsot（1589-1644）

十七世紀道明會哲學家John Thomas Poinsot在符號學發展歷史上具有重要的地位：他對於符號的研究雖然只佔全體著作的一部分，並且還是在邏輯研究的議題下，但他的研究對符號的分類與發展卻有重要的影響。

一、生平與著作

Poinsot出生於葡萄牙，為晚期士林哲學的重要代表人物。在學術研究上，Poinsot很早就開展出學術研究的天分，並展現出對Thomas Aquinas學說認知及研究上的熱衷。他相當年輕早完成人文與哲學的學位，並在1630與1640分別被任命為哲學與神學教授。他在所屬的時期時常以其專業身分解答闡釋各樣神學或教會工作上的疑難。Poinsot並以道明會會士解釋與闡述Thomas Aquinas，被認為是對Thomas Aquinas最好的註釋者。1643年他被國王任命為皇室的懺悔神職人員，Poinsot本來是不願任命的，後來是因為教宗任命的緣故才接任。由於Poinsot對修會與Thomas Aquinas研究上是忠於傳統的，以致過世前他說自己一輩子沒有違背過Thomas Aquinas的教導。

Poinsot有許多著作，最有名的之一為《多瑪斯主義哲學教程》（*Cursus philosophicus thomisticus*）以及《神學教程》（*Cursus theologicus*）。他的研究主要涉及邏輯與自然哲學兩個領域，並在著作中多處處理形上學、知識論與倫理學的問題。他將邏輯區分為兩個主要的部分：形式邏輯與質料邏輯，並在質料邏輯中處理符號學的相關議題。我們關於他對符號

的理解即以此部分為依據。

二、邏輯與符號

Poinsot關於符號的討論與他的邏輯有關。Poinsot將邏輯區分為形式邏輯與質料邏輯。第一部分關於形式邏輯所處理的，主要是初階學習者所應當具備的基礎知識理論，並根據Aristotle《論解釋》（*On Interpretation*）以及《前分析篇》（*Analytica Priora*）中所討論的內容。他也大量引用了Peter of Spanish的討論作為資料。第一部分主要討論的內容大多以中世紀邏輯所討論，關於思維正確推論的形式為主，包括前提、結論或推論過程。Poinsot也根據理智的作用提出三種認識內容：理解、判斷與推論。至於第二部分的安排，篇幅比第一部分更長但也更分散：Poinsot的編排方式是由淺入深，依序說明邏輯的相關問題。邏輯作為一門學科，其本質就其自身原理來說是思辨的，但邏輯又可以為思辨方法提供方向與內容，且採取符合科學的推論過程。所以邏輯主要的目的在於思辨可以推論的命題，並透過三段論證中關於謂詞的推論而得到與論證相關的命題內容。嚴格來說，邏輯的問題包括三個主要部分：

1. 對謂詞的探討，謂詞有哪些模式。
2. 十種推論上的狀態。
3. 命題的形成與有效論證的形成。

我們應注意Poinsot對符號的理解建構於他對邏輯的理解，這既是他討論符號的方式，也是中世紀哲學對符號討論的內容。

Poinsot符號學的基本概念

符號學對Poinsot而言是：
1. 符號能作為調和自然與文化間秩序的中介。
2. 符號既不是絕對自然的，也不是絕對人文或社會性的，而是兼容性的。
3. 符號學家的主要工作是獲得一個指稱符號，其存在優先於我們對事物的認知以及那些依賴於認知而存在的東西。

> Poinsot符號的討論被放在邏輯研究的內容

邏輯處理對象或內容式是理性的運作。其功能在引導心靈的推論過程，以免心靈在推論和認知的方法上出錯。

Poinsot將邏輯區分為以下兩大部分：

形式邏輯	質料邏輯
關於理解 關於判斷 關於推理與推理過程	直接對象是心靈處理的問題，即必要的語詞及其如何連結。 語詞被使用的方式，及產生出來的十種困境。 命題的形成和論證的嚴謹內容。 所有邏輯與論證雖然是依賴已知對象，仍是心靈中的運作。
處理邏輯專有名詞、命題、結論、定義與三段論證規則。	1. 討論邏輯的本質：既是藝術又是科學。 2. 討論心靈以外理性的存在樣貌，概念是如何被理解，與亞里斯多德思想的關聯。 3. 關於「範疇」的概念，是於形式上獲得恰當比例的類比，且關係是獨一無二的。

範疇的觀念：根據先驗關係與本體論的關係，Poinsot將範疇分為兩大類，且範疇內的歸類具有排他性。此為他符號學提供直接基礎，因為每一個符號就是一個相對的存在，從而可確定一個符號的組合──這與本體論關係有關。

> 建立起符號學的討論
> 符號的作用：在使另一事物可被其他人所認知

形式符號與工具符號	自然符號、傳統符號和習慣符號
1. 形式符號：一個概念或一個印象深刻的某物，並非首先就被人知道的情況下發生認知。 2. 工具符號：工具符號（例如煙霧或口中說出的言語），本身是已知的，從而導致我們對其他事物的認知。	1. 自然符號（例如煙霧）與傳統符號（例如語詞）不同，前者是源於自然界中的因果關係，後者是人選擇的結果。 2. 習慣符號也相同源於選擇，但當習慣依其本性引導我們走向此符號的原因時，習慣符號可以是自然符號。
符號有兩種運作方式：符號與意指之間，以及符號與認識者的認知能力之間。 1. 上述關係不屬於物理上的因果關係，而是屬於意向性關係，認知過程中符號替代了所指的作用。 2. 符號具有超越真實存在和理性存在的關係能力，這是符號的基礎。	

Deely，1982，1986，1998。

UNIT 2.7
John Locke

英國哲學家John Locke（1632-1704）是著名經驗主義哲學家，其著名主張心靈白板（*tabula rasa*）強調人類知識來自經驗。他在《人類理解論》（*An Essay Concerning Human Understanding*）中探討知識成立的條件；在同一本著作中，他探討語言用以指稱對象的作用，並提出以符號學（*semiotic*）作為人類學問的其中一個分支。

一、語言與觀念的關係

Locke對於語言的觀念可被理解為雙重符號理論（劉兆林，2009）。這個理論的基礎是經驗論，即人類心靈具有透過經驗建構觀念的能力。在此基礎上，雙重符號理論認為我們的觀念被心靈內在的標記存在，語言則被人類交流於外而標記觀念，因此語言和觀念成為我們認識外在世界的中介。這意謂觀念是存在的符號，語言是觀念的符號。

任何字詞的使用（或是將其作為符號），與我們使用這個字詞的意義有關，因為語言乃是透過交流所需而被創造。通過語詞，我們得以表達思想，以使他人產生理解與判斷。這個過程包括錯誤的意義被附加在某字詞，且被在錯誤的字詞下被使用或濫用。即便如此，這種可能產生的錯誤並不影響我們對字詞的學習，因為我們是透過簡單觀念的累積，逐步產出複雜觀念；然而當我們在學習字詞時，我們是透過思想——音符間的聯繫建立起我們對單一字詞的理解。

語言之所以與觀念可以產生關係，來自Locke對觀念的解釋：觀念乃人類理智中代表所有物件最確切的術語；或是被稱為人心在自身中直接觀察到的任何直接物件，包括知覺或思想。（Locke，2012）語言的作用正是在此成為溝通及思想交流的工具。

二、符號學的概念

除對語言的討論外，Locke在《人類理解論》的最後，為人類可理解的範圍提出三大分類：其中第三大類被他稱為*Semiotic*，即研究人類文字的學科，這也是這個詞彙首次在英語出現被用以指稱符號學。Locke規定，這門學科的作用在於考察人心智在理解事物並加以傳遞時，我們所使用的記號究竟具有如何的本質。之所以需要這些記號，與人類理智本性有關。我們需要為觀念創造一些記號：包括使用音節清晰的聲音，或是表達意義的文字。Locke認為，對這些文字及觀念考察，將可幫助我們更進一步考察人類知識的全部。

三、Locke的影響

Locke對於語言及符號學有其重要影響：從符號學角度來看，他提出了將符號學視為學科的一支（雖然這個概念的實踐要到Saussure之後），並指出若我們清楚衡量符號學的作用，我們將發掘那些過往未曾看到的知識理論或批判。我們透過他對心智發展的研究，可以注意到個人成長過程中，語言與詞彙如何擴充及發展，而心智在此間又扮演如何的角色。（劉兆林，2009）

Locke對語言與符號的討論

Locke，1632-1704
重要代表著作：《論寬容》（*A Letter Concerning Toleration*）
《教育漫談》（*Some Thoughts Concerning Education*）
《人類理解論》（*An Essay Concerning Human Understanding*）

根據《人類理解論》
人類知識內容包括

第一卷	第二卷
人類沒有先天觀念 提出對先天觀念說的反駁	人類的知識都來自於感官經驗 將對事物的理解區分為初性及次性 對神存在提出證明

第三卷	第四卷
對語言的討論 特別研究語詞意義的產生與濫用	對人類知識範圍與領域的考察 人類知識存在侷限性 將人類知識區分為三大類： 物理學、倫理學與符號學

第三卷對語言作用的提示
1. 為能溝通需要透過特殊記號，語言正是這種作用的特殊記號。
2. 語言的產生以人天生能夠發出明確聲音音節有關。
3. 語言的作用大致上就是我們當代語言所謂的指稱。

三種對人類知識範圍的區分

研究事物本性的學問	研究人類目的的學問	研究人類表達的學問
物理學	倫理學	符號學
做為知識，研究事物本性，與各種關係。	作為實踐，研究一個作為理性主體的人，為得到幸福的目的應該做什麼。	作為連結，達到與傳遞兩種知識的途徑。
1. 研究事物的本性而產生的學科。 2. 研究的對象不只是物體或物理方面，還包括精神層面的對象。	1. 讓人可以正確應用自己的能力加以行動，以獲得良善與有用的事物。 2. 目的在找出人類行為的幸福規則，並找到實踐的方法。 3. 最終的研究在正當的行為究竟為何？	與邏輯學科有關。 1. 作用在於考察人心智在理解事物並加以傳遞時，我們所使用的記號究竟具有如何的本質。 2. 我們為心智的觀念創造一些記號：包括使用音節清晰的聲音，或是表達意義的文字，用以溝通。

上表根據Locke《人類理解論》（2012）整理，其中領域區分參見該書卷四第21章。

UNIT 2.8
C. S. Peirce 1839-1914

Peirce是一位對符號發展來說極為重要的代表人物；雖然生前做過各樣工作，但可能因為疾病讓其晚年孤寂，離世時一貧如洗。但這無法掩蓋他對哲學、符號學甚至與多跨領域學科的重要貢獻，英國哲學家Bernard Russell稱他為十九世紀美國最偉大的思想家。Peirce為了解釋符號的存在，一開始提出了10種符號類型，之後為了說明又將66種符號理論化，最終提出多達59049種符號。我們在這裡主要討論他三種符號的區分。

Peirce的觀點是：即便沒有接受者，符號仍然可以被給出。Peirce不以語言為符號的範本（此點與F. de Saussure的理解不同），而是在符號與對象間建立起各種認知上本有的連接。而當Peirce認為，符號與意義間具有理性聯繫時，他將符號區分為以下三種：（趙毅衡，2012：126-134）

1. 相似符號：用一個符號代替一個對象，能在感官上迅速尋找相似之物，為對象被符號化的第一步。若將相似作為光譜，其兩端為「重複的絕對相似──不具相似點的符號」。相似符號是所表示之物，可能是但也可能相似，具有可被直接觀察的模態，在符號中最具說服力。

2. 指示符號：透過因果關係或鄰接性，將個別與部分的整體加以結合。但對象被移走時符號就不再是符號。例如職業運動的成績排行。我們也可以因果鏈中的火與煙，或接鄰關係中如人與手所形成做為比喻。這種符號具高度模態性，也就是符號與意義間關係密切，但仍然是基於一種判斷或推倒行為，所以模態性較相似符號為低。

3. 規約符號：建立主要依靠社會規範界定符號與對象間的意義關係，Peirce也稱之為symbol，但其用法混亂。主要是通過約定成俗的紐帶，也就是近似Saussure在語言符號中把符號與客體連結起來所具有最低的模態性，雖然Peirce也將規約符號視為思維的最高形式。

後世學者認為，Peirce與Saussure雖然使用不同的指稱分類，但兩者仍具有相似的內容；Saussure的能指大約與Peirce所謂的再現體也就是符號相似；Saussure的所指則與Peirce的符號所代替之對象及符號所引發之解釋項相似。不過其中對象\解釋項引發問題較廣：對象為符號之外延，解釋項為符號之內涵。因此再現體做為符號本體，其作用在於被應用（對象）與被解釋（內涵）。兩者關係成反比，且內含可被擴充與無限延伸。為此，對符號的解釋在皮爾士那裡成為一種用以理解他物的他物，對符號的解釋將產出新的符號，致使符號過程無法結束，因為解釋符號需要另一個符號。此觀念為無限衍義（infinite semiosis）。無限衍義最後將符號帶至\建構整體文化系統。（趙毅衡，2012：134-140）

我們在右頁列出Peirce的符號理論表格：Peirce將符號區分為三級存在。第一級存在不易表達，但可作為情感或獨立存在的樣貌，是一種可能性。第二級存在是由關係產生的客觀事實，也是我們所觀察到符號存在的實際內容。但是第三存在是Peirce所真正關切的，是符號的普遍法則，可以是心理因素的產物。第三級存在將第一與第二級存在連結在了一起。

（Paul Colbley等，2009：25-26）

Peirce的符號分類

Paul Colbley與Litza Jansz將Peirce的符號生成理論整理為以下表格

存在	狀態 一級存在	客觀事實 二級存在	法則 三級存在
代表項＝符號 一級存在	狀態符號	個別符號	規則符號
對象 二級存在	相似符號	指示符號	規約符號
詮釋項＝意義 三級存在	可能符號	現實符號	實證符號

Paul Colbley & Litza Jansz，2009：29

相似符號 Icon	1. 相似不一定是圖像，還可以是感覺的。 2. 相似關係應盡可能是符號模仿對象，但事實上可能是對象模仿符號。 3. 可區分為三級程度抽象。	1. 形象的相似符號為圖像式的，符號與對象間關係清楚。 2. 圖形相似＝構造類似，內部關係與對象形成結構同型，圖表為把符號間的關係變成圖表間的位置關係。 3. 比喻相似，以脫離符號的初級相似，符號只再現對象的品質。
標示符號 index	1. 不考慮指示關係的由來。 2. 根本作用在引導解釋者將注意轉向符號對象。 3. Eco進一步區分兩種標示符號： 　A. 因果推到非實在性的為蹤跡。 　B. 連接推至因果為指示。	1. 指示符號文本的重要作用在給予對象組合需要的秩序。 2. 此類符號能指明對象的排列順序，指示為此類符號的重要功能，即在關係中確定意義。
規約符號 symbol	1. 靠社會規範界定符號與對象間的意義關係，即為Peirce所真正稱為symbol者。 2. 符號與對象間沒有理據性＝索敘爾所謂任意＼武斷符號。	1. 解釋者在解釋此類符號時需要特定規約才能加以解釋。 2. 符號與對象間的關係需要社會約定，但無論如何的理據性，解釋中仍須規約，所以規約是符號的重要本質。 3. 普遍規約可被視為符號表意的通則。

根據趙毅衡（2012）所整理

Paul Colbley與Litza Jansz將三類存在改寫為Peirce符號三角形如下：

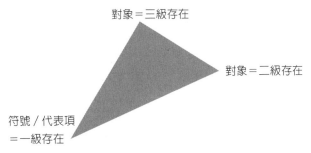

對象＝三級存在

對象＝二級存在

符號／代表項
＝一級存在

UNIT *2.9* Peirce的範疇論

範疇（category）是一種對世界理解的方式。Peirce曾經也對世界這個巨大的符號表象系統進行過分類。1867年，Peirce當年僅有27歲，向美國藝術與科學學院提交一篇名爲〈論範疇的新分類方式〉（On a New List of Categories）的論文。雖然這篇論文篇幅不長僅有15節，但一方面其艱澀難讀，另方面在其中他卻建立起其日後哲學與符號學思維的基本三分法分類方式。該論文不但提到他對世界分類的範疇，也提到「符號——對象——詮釋項」的三角形關係。

一、Peirce的分類方式

Peirce在那篇難讀的論文中，第一節告訴我們：概念的作用在將感性印象的雜多還原爲統一（§1），並透過概念的普遍性產生了等級以作爲對雜多表象的理解、統一與還原（§2）。在接下來的第3至10節，Peirce逐步說明我們概念如何成形後，在11與13兩節他提出對事物分類的基礎：存有，並區分爲質量、關係與再現，以及實體；其中質量、關係與再現被認爲是偶性；另外也可以理解爲「之所是」（What is）、並區分爲質（Quale）、關係與表達（Representamen），最後則成爲It，這個英文中用以表現某存在物的代名詞。

根據這篇論文，更進一步，再參考1904年Peirce寫給Lady Welby的信件，有學者整理出我們列在右頁的表格——這個表格也出現在英文版本維基百科「Categories (Peirce)」的裡面。不論是表格，或者是他的論文或信件，我們都可以

注意到Peirce如何討論符號的作用。特別是在論文中，他那漫長的第15節中，他所提出對符號的討論是三元性質。對於符號的作用，Peirce認爲有以下三方面：

1. 符號可以直接指稱其對象或其意義，在此符號是直接作爲我們認知根據的內容，是記號或指稱的總和，所以是語詞。

2. 符號與其指稱對象作爲指稱依據，指稱的是對象的共同特徵或內涵，在此符號可做一個或多個語詞表達而成爲真假命題，所以是指稱對象（objects）。

3. 符號經由指稱其詮釋項而指稱其對象，指稱所有關於主詞或謂詞的綜合命題，從而成爲符號所體現出來的內容。符號透過論證而產生語詞與對象間的詮釋項（interpretants），並作爲思想的表達。

二、Peirce分類法的演進

我們在上面所提的，乃是根據Peirce《論範疇的新分類方式》中所提的內容簡略說明。Peirce並非只提出一種分類法，根據Tommi Vehkavaara（2003）的研究，他一生至少提出過三種不同的範疇概念：

1. 1889年他將自然科學分類爲七大領域。

2. 在1898年的分類中，Peirce將科學區分爲數學、哲學（細分爲邏輯與形上學）、特殊科學（細分爲心理學與物理學，以及在此兩科目下的其他所屬）、應用科學（藝術及倫理學等）。

3. 在1903年Peirce提出他對科學分類的最終版本，該版本細節請參照右頁。

Peirce的範疇與分類

根據《論範疇的新分類方式》，我們可以將Peirce的範疇列表如下：

稱呼	第一性	第二性	第三性
形態特徵	感覺的質量	反應、拒力（二元）關係	表達、調和
作為經驗的統合	觀念、機會 可能性	蠻性、事實 實際性	習慣、律則 必然性
作為質量	模糊性質 數量上為「某些」	個別的、分離的 數量上為「這個」	普遍的、連續的 數量上為「全部」
技術上的定義	有基礎的根據（此基礎是根據質量進行的純粹抽象）	有關連的根據（藉由其關係）	作為詮釋的根據
總合	本質上是一元性的，在一般意義下所具有的質量	本質上是二元的，是關係與相關聯的	本質上是三元的，包括符號、對象以及詮釋項

此表格是根據英文版本維基百科「Categories (Peirce)」列表所整理。需要說明的是，Peirce在原本的論文或給Lady Welby的信件中，並沒有特別列出表格，而是以描述的方式說明。

 根據範疇的概念，Peirce推出對所有學科的理解

發現的科學＝研究的科學＝詮釋的科學				
	數學			
	現象學、範疇論、顯像學			
	第一哲學	規範科學	美學	
			倫理學	
			邏輯	思辨文法 批判理論 客體邏輯
		形上學	本體論、宗教形上學 物理形上學	
	特殊科學	物理科學	理論物理學、古典物理學 描述物理學	
		人性科學	理論心理學、古典心理學 描述心理學	
回顧的科學	科學的科學、終極的科學、綜合的科學			
實用的科學＝藝術	工程學、醫藥學、倫理的科學			

此表根據Tommi Vehkavaara（2003）刪減後所整理，僅留下最重要的大項目。原圖表詳細將Peirce對整體學科進行分類的方式標示出來，有興趣的讀者若是參閱可以發現Peirce在範疇分類上的細膩思考。

UNIT 2.10
F. de Saussure

Ferdinand de Saussure（1857-1913）是現代語言學之父，也是符號學之父，最著名的著作爲《普通語言學教程》（*Course in General Linguistics*）。雖然他並未單獨開創一門名爲符號學的學科，但是他對語言及符號的研究卻爲後世符號學研究提供豐富的素材。

一、生平

Saussure1857年生於日內瓦，其父親Henri L. F. de Saussure是日內瓦自然歷史博物館管理委員會的委員，同時也是專門研究膜翅目和直翅目的昆蟲學家。這種對複雜昆蟲生態進行分類的研究，可能影響並啓發Saussure日後對語言學研究與分類的工作。Saussure很早就展現出對語言的天分。1870年他進入馬丁拿專科學校（Institution Martine）就讀，並在1873至1875年間就讀日內瓦高中，並在1875年進入日內瓦大學。在勤奮學習梵語、拉丁文與希臘文一年後，1876年5月他加入巴黎語言學會，這年10月轉入萊比錫大學。21歲那年他出版了《印歐語系中元音系統研究》（*Dissertation on the Primitive Vowel System in Indo-European Languages*）。之後又轉入柏林大學學習一年。1880年他回到萊比錫大學，提出博士論文《論梵語絕對屬格的用法》（*On the Use of the Genitive Absolute in Sanskrit*）後，從1881年起在巴黎高等研究學院任教，主授梵語和古德語，期間獲頒榮譽勛爵。爾後於1891年回到日內瓦大學任教，在1892年獲得教授職位，並擔任日內瓦大學印歐歷史比較語言學系主任，主授仍以梵語與印歐系語言爲主。1907年開始，他教授普通語言學，前後產出三個版本。1913年2月22日因喉癌病世。

二、《普通語言學教程》

與Saussure平凡的學術人生相比，他對語言學以及符號學的貢獻極爲驚人。不過很特別的是，雖然我們現在一提到符號學就必然提到Saussure，但他生前其實並未發表很多文章。《普通語言學教程》也是這樣：這本重要著作是1916年，由他的學生根據課堂筆記整理而出版。（事實上，1996年發現了Saussure生前撰寫的一批手稿，日後以《普通語言學講義》*Writings in General Linguistics*的書名發行。）《普通語言學教程》最早可追溯至1880至1890年代，當時Saussure嘗試撰寫關於語言研究的著作。1907至1911年期間，他在印歐歷史比較語言學系任教時，對語言研究提出他的觀察，並針對語言本身提出部分理論。這些手稿與講義後來就由學生收集而出版。我們熟悉的能指與所指概念即出於此著作。

Saussure的思想日後影響結構主義（Structuralism）甚鉅，但是其研究也受到部分後世學者的批評。雖然他在晚年開始注意語言與社會間的關係，但部分研究社會符號學的學者仍認爲他並未眞正正視符號與社會間的關係。R. Hodge與G. Kress指出Saussure的原始概念認爲，社會在決定口頭符號體系中具有壓倒性的權力，並且不存在抗拒這些社會和歷史力量的某種自然紐帶。因此符號任意性即爲借助否定方式表達社會決定論之原則。雖然這可表現在認爲符號是「約定成俗」的概念上，但是Saussure認爲社會對語言的決定是不可理解的：然而這對社會與符號間關係的理解上卻沒有實際的幫助。（R. Hodge & G. Kress，2012：22-23）。

Saussure與《普通語言學教程》

Saussure，1857 — 1913
重要代表著作為《普通語言學教程》

成書過程

該書前言提到這本著作的成形（Saussure，2019）
1. 該書乃根據1907至1911年課堂講義編輯而成，1916年由學生代為出版。
2. 前言提到：Saussure沒有出版過著作，但他的講課內容非常充實。Saussure過世後，其夫人將手稿給了學生們；但面臨課程手稿與同學筆記無法對應的狀況，因為Saussure已將授課草稿撕毀。因此透過至少七位同學所留下的筆記，通過他們撰寫的草稿，配合修正口頭授課記憶與書面形式上的落差，盡可能呈現出這門課程的內容。

本書內容概要

章節	討論內容
根據《普通語言學教程》（Saussure，2019）Saussure認為語言可以從以下不同面相加以討論	
緒論 共有八章 兩篇附錄	探討語言學的發展歷史，語言學的對象、材料和任務，以及這門學科與其他科學間的關係。此處提出日後符號學熟悉的語言及言語之研究，並探討語言的內部要素和外部要素，說明文字如何表現語言。緒論亦提及音位學，包含探討音位學原理、種類，以及語鏈中的音位。
第一篇一般原則 共有三章	本篇討論語言符號的性質、符號的不變性和可變性、以及靜態語言學和演化語言學。
第二篇共時語言學 共有八章	本篇討論語言的具體實體、價值，以及語言如何呈現出同一性、現實性與價值。基於對語言的討論，Saussure分析句段關係和聯想關係，透過語法及其區分說明語言的結構，以及抽象實體在語法中的作用。
第三篇歷時語言學 共有八章	歷時語言學為Saussure極感興趣之議題，其透過語言變化展示語言演化在語法上的結果，並解釋類比和演化、黏合以及語言呈現出歷時的單位，其同一性和現實性的內容。
第三篇和第四篇附錄	對第三與第四篇的補充。
第四篇地理語言學 共計四章	本篇討論語言差異與地理的關係：因為地理差異具有複雜的成因，所以Saussure藉此討論語言波浪的傳播。
第五篇回顧語言學的問題與結論，共計五章	Saussure於本篇討論歷時語言學的兩種展望，說明最古的語言和原始型態的樣貌，並重建人類學和史前史中的語言證據，藉以探討語系和語言的類型。

目前《普通語言學教程》中文最新翻譯版本為高名凱所譯，五南出版社2019年8月出版版本。此處概要乃根據該版本摘寫。

UNIT 2.11
Jakob von Uexküll

凡是翻閱過符號學研究的讀者大概都對這位名字發音困難且特殊的符號學家Jakob von Uexküll（1864-1944）印象深刻。Uexküll的本職並非符號學，而是生物學與動物行為領域。但是他所提出的「周圍世界」*Uwelten*（為*Umwelt*「世界」一詞的複數）卻對符號學產生重要的影響。

一、周圍世界的意義

我們在1.14-.15的部分曾提過周圍世界與意義建構間的關係，這個概念即來自Uexküll。這個概念在他的用法中類似於Kant主體先天能力對世界的理解，這可能是此概念後來容易被哲學與符號學接受的原因。

Uexküll所謂的周圍世界，是用來指稱一個生命體如何透過周圍世界與其產生聯繫，從而從中得到幫助的物理環境。所有的生物都必然從其所在的物理世界得到所需資源，好使自己可以繼續生存。但是當我們透過人類立場觀察生命活動，我們是透過人類的立場來觀察生物，這其實屬於一種特殊角度。Uexküll認為，我們應該以生命有機體的角度來觀察這個世界，我們才可能理解包括變形蟲、水母等不同生物其自身與環境間的互動關係。但是雖然我們身處在這個複雜的世界裡，生命的總和卻直接不等於整個環境，生命應該被視為是主體處於整個生命環境與符號系統裡的其中之一。這個概念的產生，使Uexküll很早就有程式領域整合的概念，尤其在機器人系統整合或系統編碼這方面：此點我們可以透過右頁的圖表來理解。

二、動物的時間觀念

如果周圍世界是生物與環境間的意義建立，那麼一個有趣的問題就可被理解：動物有時間觀念嗎？一個常見的說法是：狗的時間長度感受是人的六倍。但是時間若按Aristotle所言，是「計算運動所需的數量」，那麼對動物而言時間是有意義的嗎？

Riin Magnus在研究Uexküll的理論後，以「時間——計畫」（time-plan）的概念來解釋：此點可視為透過Uexküll來理解動物行為符號的應用。（Magnus，2010）在時間——計畫的概念下，動物對於時間的理解既非偶然的因果突變，也非因果關係決定，而是不同生物之間，並包括生物與環境之間所建構起的有意義關係。Uexküll的研究中認為，生物的發展可以區分為感官發展的階段與感官功能使用的階段。動物的知覺及感覺器官或神經系統在發展過程中已經透過時間知覺而被調整，其目的是能對其他與生命直接相關的對象產生反應。即便一個生命體其感官發展過程中，器官發展尚未完整，但細胞的發展過程卻具有某種目的性，以至於某個器官的發展好似具有計畫一般的，朝向某個特定的功能發展與成長，甚至具有特定發展路徑以保證其成長的正確。這點與Uexküll對生物發展的立場有關：他反對達爾文主義，但卻不反對演化說。Magnus獲得這樣的討論：我們不能只是從人類的角度去理解，而應該從整個生態圈加以體認。

Uexküll的認知循環

在《嘗試進入動物與人類世界之路徑》（*A Foray Into the Worlds of Animals and Humans*）一書中，Uexküll從蜱為基本設定，認定生命體理解世界意義的關聯性為：

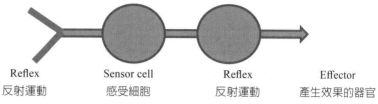

Reflex	Sensor cell	Reflex	Effector
反射運動	感受細胞	反射運動	產生效果的器官

根據Uexküll（1934）頁46圖表二中譯。

其中：

1. 從蜱可以發現所有動作從反射開始，並透過接收感官為受體開始。
2. 透過對感受細胞的刺激，以及處理運動衝動的運動細胞運作。
3. 有機體作用在產生效果的器官上：不只是運動傳遞，而是注意到對象的出現。

根據這個基礎，Uexküll提出了以下的生物循環概念

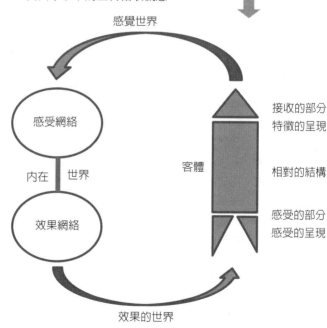

根據Uexküll（1934）頁49圖表三中譯。

上圖內容的意義為：

1. Uexküll透過一個循環的圖形來說明主體——客體間的關聯性。
2. 根據Uexküll的解釋（1934：49-50），主體——客體間形成一個完整且有秩序的整體系統。Uexküll認為這可以理解這個環境世界的豐富與多元，因為即便是看上去最簡單的生命體也適用於這個系統。

UNIT 2.12
Ernst Cassirer（一）

Ernst Cassirer（1874-1945）為德國哲學家，其對人類文化哲學有深刻研究。其較為人知的作品為《人論》（*An Essay on Man*）。他於1923至1929年間完成了符號學理論上的重要著作：《符號形式哲學》（*Philosophy of symbolic forms*），並在此書中奠定其對符號理論的理解。

一、生平

Cassirer的生平是標準的學者人生。1874年他出生在現在波蘭南部的城鎮，長大後在馬爾堡大學攻讀文學與哲學，並在1899年完成博士論文，探討Descarces的數學與科學知識。1906年他在洪堡大學提出他的特許任教資格論文，主題為探討哲學與科學相關的知識問題。

Cassirer之後在多所大學任教，1919年起在漢堡大學任教哲學，直到1933年納粹掌權後離開德國——因為他是猶太人。離開德國他前往牛津大學任教，後又前往瑞典哥德堡大學任教。耶魯大學在1941年邀請他任客座教授，他也從而遷居美國。1943年轉往哥倫比亞大學，並在1945年過世。Cassirer所撰寫的《符號形式哲學》深刻思考語言、神話與藝術等人類文化形式中符號的作用。按照《符號形式哲學》卷一的概論〈符號形式哲學總論〉，Cassirer為我們提示符號形式哲學的建構，以及符號與意義間的關係從何談起：這都與意識對形式的理解有關。

二、符號形式哲學的起源

按照Cassirer的理解，形式可以被解釋為一種具體的組合形式，我們可以通過這種結合從而在意識的整體中創造出一個系列；系列的每一組成分子都是依據一個特定的規則而加以排列。如果今天我們在不同形式的上下關係中能找到這些組成分子或個別關係，那麼同一個關係形式就可能在內部轉換。但是不論個別關係的特殊性如何，這些分子都屬於各種意義所構成的一個整體，並且擁有自己的本質與自成一體的形式規則。Cassirer後來使用語言、神話與藝術這三個人類自古而來就存在的文化形式作為範例，對人類意識如何應用符號加以解釋。為了在具體意義和應用中描述某一既定關係形式的特性，我們既需要確定其所處體系。因為這些體系有各自的構成原理，這些原理為這些關係內的具體形式刻上記號，從而顯示出大量各樣各式的關係形式。（Cassirer，2002：206-214）。

Cassirer認為有三個最基本的形式，分別是時間、空間以及客觀化的綜合形式：

1. 時間：我們意識中的具體內容，只有透過再現且通過這樣的再現才能作為具體內容的呈現。
2. 空間：雖然透過心理學與認識對空間意識的分析，我們可以回歸到原始表象作用，但只有先假設各種時間序列的構成，我們才能理解整個空間。
3. 客觀化的綜合形式：當我們把一些確定的總和併入一個具有各種變化特定之恆常事物的總體時，這個結合假定同時綜合和相繼性綜合。

這些規定總和建構起意識的真正統一性，包括時間、空間與客觀綜合統一性，從而幫助我們對個別事物（Cassirer以圖式稱呼）加以認知。

為何我們需要一門探討符號形式的哲學？

哲學的起點：存在

存在作為問題意識的發生始於Plato，從而建構起存在與概念的可互換性，
並標示出思想能憑藉自身的內在形式決定存在的內在形式。

影響到

哲學史：資料建構律則，而後達至公理與原則。

產生對存在概念的應用

1. 存在不再是死板的概念，而是被放入各種學科被建議的可能性當中。
2. 各個學科的基本概念，也就是用來思考自身問題與解答的工具，可被視為理智自身所創造，對某些被認識對象的符號。
3. 尤在數學或物理學方面被首先清楚意識。

對各學科的影響

不同學科的多元化產生共同現象：
1. 各科都是從自身提出問題，爾後在自己的架構中加以解釋。
2. 影響到哲學產生新的工作在此出現，引出兩項特點：

第一個特點	第二個特點
這個工作是對理智能力的探討，因為理智並非將生活中的影像單純反應為經驗給定之物，而是按照原則所創造出屬於自身的符號形式。	我們需要進行的乃是對文化形式的分析與批判，因為任何符合自身的符號形式無一不是以文化思維作為其表現方式。

作為範例：
1. 伽利略：自然界作為一門自然之書，需透過數學語碼＝符號加以理解，此後精密科學發展表明其與記號系統精確化有關。
2. Leibniz：認為事物的邏輯或哲學結構均與符號邏輯密不可分。

與日後的關聯

Cassirer的說明印證日後符號學的重要概念：
1. 對象或符號不獨立於自然科學範疇以外，而是在這些構成其形式所需的範疇內才可被描述。
2. 客觀化＝中介化：即便在自然中，科學家也並非與對象一致，而各學之間對象也並非一致，因為所有知識都是從各自的觀點出發提出自己的問題，此觀點使得對象服從於特定的解釋和形式構造。

此表格根據Cassirer，2002：179-185繪製

UNIT 2.13
Ernest Cassirer (二)

Cassirer認為，不論知識論與心理學的分析均表明，前一節所謂基本關係形式都屬於意識中簡單且不可還原的性質，當我們將這些關係看為由更高綜合連結起來時，其個別形式就可為我們所熟悉。因為（若依照批判的觀點）我們可以將所有的可能性都納入一個系統的概念內，從而使他們服從確定的基本規則。

三、記號的建構

Cassirer認為，基本形式的被發現不僅限於科學，還貫穿所有文化活動的基本形式，即創出一種確定的可感覺根據。這是因為，人類因此除了對知覺世界直接理解外，其他領域都被建構成各自的符號世界。而符號世界是各科學內在發展的真正工具，雖然這樣的工具是完全感性的，但也顯示為形式化了的感性：Cassirer以精神支配的感性稱呼之。所以我們接觸的世界不再是當下的感覺世界，而是某種形式的自由創造所製造出各種感覺因素的體系。

四、記號的觀念化

Cassirer認為對於符號的討論，是一種前進到其在各個文化領域中具體開展與形構的過程。（Cassirer，2002：218-228）如果我們要理解人類意識如何在語言、藝術以及神話領域創造出任何的符號（不論是人為的還是任意的），我們就需要回溯自然的符號系統：因為這樣的回溯能幫助我們回溯到作為集體意識的表象，並且注意到在認識的每一個瞬間都包含這種集體意識曾表現出來過的表象。

Cassirer認為，意義先於符號而存在。在個別符號產生以前，意義的基本功能已經存在且發揮作用，所以符號的產出並非創造意義，而是將意義固定下來好使意義能被應用在具體生活中。符號既然是意識表達事物的內容，而意識的具體內容又處於各種關係的網絡中，意識可透過這張關係網絡將其存在自身與自我表象指涉到其他內容，所以意識需要某些符號（也就是意識的構成物）好使純粹形式以感官可接觸方式呈現。這些構成物具有雙重特性：可與感官結合，卻又脫離純粹感官的把握。所以我們注意到，任何語言符號，或藝術及神話的形象中，超越感官可把握領域者能被翻譯為可感覺的形式，並成為看的見、聽的到與摸得著的某物。

這就是我們需要回溯自然符號系統的原因，因為自然符號系統正是意識的基本特徵。這個系統一方面被保留與使用，另方面又被精煉與超越。在自然符號系統中，意識的某些部分保留了表象整體的能力，或是能夠在某一意義上於表象中重建整體。為此，Cassirer探討語言、神話與藝術中的表象符號，並認為不是這些符號存在了，而後我們從中引申出意義；而是相反過來，因為他們具有意義，所以透過符號而引出他們的存在。

所以Cassirer對符號學的理解——或者可以說是他在《符號形式哲學》當中想要完成的考察——是人類意識如何透過符號建構起對世界的理解。而他採取的研究，則是分別從語言、神話與藝術三個面向研究自然符號系統，從而說明人類意識的作用與發展歷程。

Cassirer對符號形式的研究

Cassirer如此理解符號的意義：
1. 不只是思想的偶然外殼，而是必然的根本媒介物。
2. 並非用來傳遞某種完整確定的思想內容，而是一種工具，藉此思想通過它發展自身並充分規定自身。
3. 任一思想內容的概念規定與其固定在某個文字記號有關。
4. 真正嚴密精確思想均由其所依賴的符號理論（symbolics）或符號學（semiotics）才能維持。
5. 是認知的基本原理：任一自然規律為我們的思維採取普遍公式的形式加以表達，且只有在參照普遍事物中才能思維個別事物。

　　為說明文化基本形式中符號如何作用，Cassirer在《符號形式哲學》中對符號加以考察。本書共有四卷，其中卷一至三為Cassirer生前就已出版，現在的第四卷為他1945年過世後，後人根據他所留下的手稿編輯成冊。

第一卷 語言	1. 作為全書卷一，Cassirer為本書提出他的計畫與總論（可補充185頁內容）。 2. 討論語言形式的現象學基礎，認為語言能夠作為感官表達的工具，並形成概念是思想的表達，形成純粹關係的形式。
第二卷 神話思維	1. 本卷討論神話在人類文化及思想中扮演的角色。 2. 神話是人類思想的形式，並在人類思維中扮演建構時間、空間與數量的重要工具。因而神話成為人類生命的形式，在神話意識中人類能夠發現並證明自己的主體性。
第三卷 知識的現象學	1. 本卷討論我們表達世界時的基礎（符號）形式，探討關於再現的問題以及我們如何建構直覺的知覺世界。 2. 從而討論指涉的基礎，以及如何建構起科學知識的基礎，此處討論我們對概念的理論、概念與對象的關係、科學與語言的關聯，數學的對象與科學知識的基礎。 3. 在此卷，Cassirer建構出對應於人類符號學發展三階段的三個模式，分別是： 　(1) 第一個是表達：此階段能指\所指尚未區分，以神話為其代表。 　(2) 第二個是再現：此時能指\所指已有區分，表現為普通語言。 　(3) 第三個是指稱：對能指及概念進行完整抽象，以科學為其表現。
第四卷 符號形式的 形上學	根據耶魯大學1966年版本，卷四分為三個部分 1. 第一部分探討符號形式與Hegel精神概念間的關係，並探討符號形式與生命間的關係。 2. 第二部分探討關於現象基礎的問題。 3. 第三部分是Cassirer原本預計撰寫該書第四卷的計畫，從Heidegger探討精神與生命，死亡的問題，以及Bergson和Heidegger如何看待時間的概念。

此表根據Cassirer，1965-1966整理而成。

UNIT 2.14
布拉格學派與Roman Jakobson

符號學的發展在二十世紀初得力於許多重要學者及學派的耕耘。例如Louis Hjelmslev透過Saussure的理論，認爲符號學是一種研究社會內部符號生命的科學，且所有符號都需要遵守更高系統的組織及原則。學派部分則有包括布拉格學派以及芝加哥學派及其發展出來的符號互動論等學術理論建構——後者我們在後文會特別說明。

一、布拉格學派

符號學的討論中不可避免的會與布拉格學派產生關連：這個學派最早從1926年一群身處布拉格語言學家的聚集開始，之後產出結構主義文學分析的方法論。最著名的學者當屬Roman Jakobson（1896-1982）。這個學派也與莫斯科語言學界，以及彼得格勒詩學語言研究社團等彼此相關。該學圈在1952年解散：因受1948年捷克政變影響之故。而在布拉格學派眾多學者中，最重要的代表人物就是Roman Jackbson。

二、Jackbson及其符號理論

Cobley認爲包括Jackbson及布拉格學派，其符號學的核心爲：結構乃發展而非密封或封閉性的。這個觀點類似於W. Von Humboldt所謂語言爲過程而非最終產物的論點。基於這個觀點，符號系統可以被視爲可變化的實體加以研究。Jackbson認爲指稱作用是一種由複雜與重合所構成的結構。基於這個論點，語言符號可以作爲一種指示用的符號，並能夠建立起符號發出者間的因果關係。（2009：141-143）

語言符號既爲交流用的重要過程，那麼組成的一個語言交流就具備以下六個基本要素：

1. 文脈（Context）：一個信息中的語言符碼或是發生的環境。
2. 信息發出者（Addresser）。
3. 信息接收者（Addressee）。
4. 聯繫關係（Contact）：特別強調發出者與接收者間的關聯。
5. 符碼（Code）。
6. 訊息（Message）。

Jackbson的理論被應用廣泛，例如Louis Héber（2011，2019）就用這樣的理論分析酒駕廣告，並爲Jackbson建立起我們右頁所提到語言溝通功能的要件表。不過Jackbson爲文脈或上下文的理解另外增加了與指稱相同意義的名詞「指意」（denotative）與「認知」（cognitive）。Héber認爲，正確理解的方式應該是：

1. 指稱的功能與對事物的「言及」相關。
2. 第二種使用此功能的方式會更爲理想：引用一個與該要件相關的功能，其真假值及肯否定是與現實環境或參考世界相同的狀況。

Jackbson對語言的解釋表達我們對語言使用時產生的解釋需求：我們的語言作爲一種指稱符號，總有現實的作用（如太陽從東方升起）。但我們的語言還包括那種可被理解但明顯假，可是帶有特定意義的語句（如用「太陽從西邊升起」來形容超出我們想像的事情）。作爲信息，其如何被傳遞，是Jackbson理論中提示我們的重點。

哥本哈根學派與布拉格學派學說交互影響的歷史

另外一個對符號學影響重要的學派為哥本哈根學派。該學派主要以研究語言為主，著名學者包括左頁所提Louis Hjelmslev，另外還有Viggo Brøndal。該學派雖受到Saussure思想影響，但更強調的是語言形式而非結構上的思考。。

Jackbson因戰亂所以與學派產生關聯

> Jackbson於1939年3月上旬為逃避戰亂而從布拉格離開，途經柏林並前往丹麥。在丹麥時受到哥本哈根學派Hjelmslev的接待。1940年他在卡羅林斯卡大學（Karolinska University）的醫院工作與研究，研究對象為失語症及語言相關能力的問題。這段經歷讓他日後產出失語症研究的重要符號學論文。至1941年前往紐約，之後定居美國。

日後產出對語言溝通和功能要素的思考

目標因素與功能序列	目標因素	來源因素	功能	作用
1	文脈	信息	指稱 Referential	時間信息
2	信息發出者	信息	情感表達Emotive	自我表達
3	信息接收者	信息	意動式的 Conative	接收者的排序
4	聯繫關係	信息	語言梳理 Phatic	作為檢查
5	符碼	信息	元語言 Metalingual	符碼檢查
6	信息	信息	詩學語言 Poetic	思考

根據Louis Héber（2011）表格中譯與修改。

與Jackbson同時或受其影響的學者為數許多，以下舉例

其相關或受影響學者	重要學說
Nikolai Trubetzkoy 1890-1932	對結構主義有所研究，並特強調語言學方面的音韻學領域，認為音素是語言結構中最小的單位，對音韻學成為一門學科有重要的影響。
Jan Muka Ovský 1891-1975	強調審美的重要性，審美滲透於集體生活的每一方面，其準則來自社會形成過程中的所有互動，藝術則與階級及社會意識有關。

根據Colbey（20090）所整理。

UNIT **2.15** 結構主義

結構主義、解構主義、後結構主義等專有名詞，是我們常聽到卻又不易清楚說明的專有名詞。這些名詞所代表年代橫跨上世紀50年代開始至本世紀最初十年的時間，我們在此將以這幾個名詞的延續關係作為綜覽符號學發展歷程的脈絡。

一、從Saussure開始的結構研究

結構主義乃後結構主義並不是統一的哲學流派，其中不同學者在不同時期甚至於不同國家在不同哲學背景下彼此爭論，唯一相同點是他們的討論伴隨語言學研究，並從固定語言結構及相對應的思維結構作為出發。

結構主義的共通點與Saussure有關：我們已在2.10提到他的重要著作《語言學教程》。Saussure認為語言是一種先驗結構的體系，並與我們所說的話（言語）不同。語言並非由語音或意義構成，而是由語音與意義間的關係形構網絡而成為一個語言體系。我們所謂的結構即指此一體系，而這種體系／結構可被視為一個符號系統。我們另外也在1.5提到Saussure提出能指／所指這種對符號理解的二要素說，從此也可推得Saussure認為語言體系是一系列語音上的差別與另一系列意義上的差異並列。當他把結構段關係與聚合體關係視為語詞組成結構之內容時，他的語言學模式是以共時性為基礎，再將語言／言語區分出來之語言體系以結構段、聚合體加以理解與把握。這種結構的概念，在後面提到Chomsky時，也曾經提到他關於語法與語言間那種深層結構——表層結構的關係（參見2.19-20）。在這個大前提下，

關於結構主義與乃至後結構主義間的爭論及發展得以正式開展。

二、對Saussure的應用：Lévi-Strauss

Claude Lévi-Strauss（1908-2009）常被認為是結構主義的起始，此點與他應用Saussure理論於人類學及神話學研究上有關：例如他四卷本大部頭的神話學研究著作《神話學》（四卷的標題依序為生食和熟食、從蜂蜜到煙灰、餐桌禮儀的起源、裸人），或《神話與意義》等著作。李維史陀在研究人類學與神話學時，注意到過往人類學研究的限制：只看到親屬關係而未注意到其中的結構成分。Lévi-Strauss的方式則是透過將分析對象轉換為結構後，透過語意學方式建立起其中的關連性。親屬關係與語言結構相同，都是由人類心靈中無意識層次所建立，只不過語言交換的中介為單詞，但在原始社會中交換中介為女性：這些都是社會結構中最基本且不可還原的關係。而語言既然可以應用Saussure概念區分為語言／言語，那麼神話也可以被區分為神話結構／神話故事。結構因為起源於一個言說者所以相同，但故事在流傳過程中因為表達所以產生差異。所以「神話結構＝語言」，而「神話故事＝言語」。

Lévi-Strauss對神話與社會結構的思維，是應用結構與模式的觀點；或者可以說外在這一些符號建構都來自內心的無意識表現。雖說都是做為主體個人的認識活動，但主體卻又被視為結構與模式複雜關係脈絡中的一個關係指標。（劉放桐等，2005：415-417）

結構主義的特色

結構主義起源於法國，其產生的脈絡如下：

法國哲學在二戰之後的主流思想之一是存在主義。兩位重要代表人物包括：
1. 卡謬：代表作包括《瘟疫》、《異鄉人》，討論人存在的荒謬性。
2. Sarte：代表作包括《存在與虛無》，受德國哲學家Heidegger影響，從形上學重新檢視人的存在。

結構主義的產生與此背景有關，並產出以下挑戰

雖然戰後法國的哲學思維主流之一為以Sarte等哲學家為代表的存在主義，但是在五○至六○年代，Claude Lévi-Strauss等人開始向Sarte那種主體形上學發出挑戰，並以超越個人與自我意義的語言結構觀作為基礎。輔以法國五月風暴學運潮時，以Sarte為主的學生運動受到質疑，導致存在主義逐步沒落。所以這個挑戰可視為結構主義的開端。

針對結構主義的再省思

從Lévi-Strauss開始對傳統形上學的挑戰之後，其哲學思想卻又嘗試回到從Descartes以來近代哲學的思維，但這樣的作法與當代哲學反形上學的主流思潮相違背。包括Foucault、Derrida等哲學家嘗試消解這種矛盾性。基於反對形上學的思維，他們要求結構主義必須去除已僵化對結構的理解與預設，所以又被稱為解構主義或後結構主義。

特色的歸納

結構主義（甚至解構主義）雖然不是統一流派，但基本上都從既定的語言結構及對應的思維結構來解釋所面對的對象。以下幾點可看出其共同之處：

1. 結構作為一個系統／整體是按照一定模式（規則或秩序））並由許多成分（要素或單元）所組成，任一成分的變化或多或少都會引發其他成分的變化。系統與結構正可以呈現出這些成分間的關係，而透過揭示各個部分間的關係可以理解領域間的各種現象。
2. 通常習於將結構區分為表層與深層的不同層次。表層通常指事物或現象的外部連結，深層則通常指現象背後的連結方式或是人類的無意識活動。此處無意識的概念並非情感或非理性，而是人類理智固有的那種合於理性與邏輯的活動。
3. 結構被認為是超越個別個人或主體而存在的理智或觀念，所以被認為是結構主義所屬的哲學家嘗試超越傳統主體性的形而上學或心理學主義之框架，不把結構還原為個人意識。
4. 結構超越時間性而不具歷史性，所以人的認識不在於辨明事物的具體變化或發生過程，而是從中揭露隱藏於對象與現象背後的本質結構：從這裡可以再理解何為共時性比歷時性的研究更具優先性。

由於有些結構主義哲學家把結構的整體或其間部分的關係以符號方式呈現，已使結構成為符號化之產物，且用符號分析綜合的系統或模式，所以結構主義被與符號學連結在一起。（劉放桐等，2005：410-413）

UNIT 2.16
Paul Ricoeur

法國哲學家Paul Ricoeur（1913-2005）一般是以詮釋學而為人熟知。他在多本著作中提到對於符號的理解，尤其是《惡的象徵》（*The Symbolism of Evil*）一書對神話與宗教中對惡相關的符號提出的見解，重新給予神話中關於罪惡神話詮釋：與惡、不潔、褻瀆等相關說明，請參見4.15。

一、思想起點

Ricoeur是位著作豐富的哲學家，除上述《惡的象徵》外，還包括《罹罪之人》（*Fallible Man*）、《詮釋的衝突》（*The Conflict of Interpretations*）、《解釋理論》（*Interpretation Theory: Discourse and the Surplus of Meaning*）、《時間與敘事》（*Time and Narrative*）等多樣著作。我們在此特別列出《惡的象徵》與《詮釋的衝突》，除了因為這是很早就被譯為中文的著作外，另外則是因這兩本著作Ricoeur提供對神話的理解，並提出解釋符號的原則。在《惡的象徵》那裡，將詮釋學與符號學相互定義之方式，作為理解文本的方法論：神話作為一種被理解的文本，其中提供了重要的符號與象徵系統，特別在宗教表達歸罪與懺悔等有罪意識方面，其中不論褻瀆或不潔都與符號有關，也都透過行為上的符號轉換我們的意識與認知。《惡的象徵》中，Ricoeur透過比較神話的形式與內容表達人對自身存在的理解與樣貌。基於「形式」的理解，我們在此要多提他對Saussure的理解。Ricoeur認為：Saussure創立的結構分析對

理解人類表達是重要的，因為確立人類表達運作的邏輯。但結構分析有其限制，因為只注重形式而忽略內容。如此無法突破語言達到實在。以神話為例，結構分析可以客觀分析一個神話，卻無法理解其中的意義，無法從表面結構進入到深層結構。另外，因為是形式分析，所以神話內的重要現象無法被察覺。

二、文本的概念

上述文字重複關於「文本」的觀念。我們在第一章曾經提過文本的概念（參見1.11），而Ricoeur對文本有其作為傳達意義載體的理解方式。在詮釋學方面，Ricoeur與Hans-Georg Gadamer相同認為詮釋學要理解的是文本的意義，此點可從他對神話理解的方式看出。但文本是因書寫而固定的語言，所以讀者與文本的關係不同於兩人對話之間的關係。文本作為言語的作品，具有一系列特徵使其與一般的說話不同：（劉放桐等，1995：519-521）

1. 在說話的言語中，說話者的意向和說出的話彼此重疊，說話者所說的是他意欲的東西；但在書寫的文本中，說話者的當下性不在，只有文本與意義存在，所以文本成為一個獨立的存在物。

2. 在說話的言語中，聽的人預先由對話關係決定；但在書寫文本中，此文本面向求知的讀者，也就潛在面向任何可以閱讀的人。

3. 文本不受直接指稱的限制，文本所傳達的是可能性。

Ricoeur對符號理解的原則

Paul Ricoeur，1913-2005
著作豐富，包括、《罹罪之人》、《解釋理論》
《惡的象徵》、《詮釋的衝突》、《時間與敘事》等等

提供我們如何接近宗教的象徵符號及其內涵與意義的方法論

第一組關於符號的理解方式：（1992：14-18）

1. 符號是一種傳達意義的表達方式，其意義在一種以言語作為工具表示意義的意向裡被表明。
2. 任何符號都意指自身以外的某物，且能作為代表那個某物的記號，但並非每一個記號都可以成為一個符號，因為符號具有對目標指稱的雙重意向性。
3. 類比可被作為符號意義理解的聯繫，符號的意義存在並根據於字面的意義，而字面的意義表示類似物過程中實現了類比。
4. 根據上述對類比的理解，我們能夠區分符號與寓言之間的差異。符號不需要被「破譯」，而是可以被理智直接理解。
5. 所有符號本身均具有一定受到束縛的形式主義，但卻也同時具有那種不被形式化而絕對自由的表現方式。
6. 神話 / 寓言 / 符號三者在宗教內能夠被明確區分。

第二組關於對宗教符號理解的方式：（1995：325-332）

在〈象徵符之詮釋學與哲學反思〉這篇論文中，Ricoeur提出另外三項象徵符號的規則為：

1. 所任何神學、思辨與神話敘述前，我們先碰到的是符號。原初的符號清楚指向符號的意向性結構，所以符號首先以記號形式出現。
2. 對於能提供原初意義的符號而言，其直接表現出符號的動力與生命。特別在「不潔──有罪──罪行」的連結中，一方面從一個符號到另一符號間有一種意義的內化，另方面則有著符號豐富意義的削弱。因為不潔或汙穢最初就不只是某種髒污，還指向一個人自己與神聖情境相關產出的疾病。如果以以色列人破除偶像的運動來看，破除偶像最開始不是因為反省而進行，而是因為以一個符號取代另一個符號而建構，從而造成後者就是前者之毀滅的結果。
3. 若我們需要釐清一個符號的結構或其所在神話的特殊性，我們需要把與此符號相關的意義與記號納入討論。以神話人物為例，其在神話故事內具有三重意涵：
   (1) 把所有人類及其代表化約在一個象徵符號內。
   (2) 能給予歷史方向與動力，為人類經驗引入歷史張力。
   (3) 能表達從無知到有罪這一進展過程中人類的發展，給予人類現存地位的解釋。

UNIT 2.17
Roland Barthes

Roland Barthes（1915-1980）對二十世紀符號學研究具有重要的影響：雖然他以文學理論及創作為主，但對文本的批判卻影響到符號學的研究。他為人所知的著作包括《神話學》（*Mythologies*）、《戀人絮語》（*A Lover's Discourse: Fragments*）等等。但他曾有一本（可能被忽略重要性的）符號學著作《符號學原理》（*Elements of Semiology*）。在這本不厚的小書中，他向我們展示符號的原理，並舉出多個符號系統作為範例。

一、出發點

當我們要理解Barthes的理論前，我們需要先理解他對文學的思考。Barthes對文本有諸多批判，後來發展出結構消融論。因為他認為文學就是一種符號，而符號作為一種統一體至少有兩種記號系統：（劉放桐等，2000：425-427）

1. 由三個層次組成的語言交流系統，三個層次包括代表事物概念的所指者，代表概念意義的意指作用，三則是作為符號的能指者。
2. 文學系統。

第一點所提到的語言系統本身是一種能指者的作用，當人們在閱讀一個文學作品時所追求的就是這個文學作品做為所指及其意指的意義。但是當我們在閱讀的過程中，我們第一次的閱讀與第二次的閱讀可能產生不同的意義及理解。這表示我們手上的文本其結構會因為閱讀時產生改變，也就意謂著文本的結構不是固定的。這個理論就是上面所提到結構消融論。

二、《符號學原理》中對符號的理解

在《符號學原理》這本小書中，Barthes在〈引言〉及〈導語〉中向我們說明他對符號的理解。（Barthes，1999：1-6）他主張，符號學一詞來自Saussure，並提出他所言為這是一門研究社會生活中符號生命的科學。Barthes認為，在他所在的年代雖然符號學尚未被真正建立，但前景卻是一片光明：因為符號學以所有符號系統為研究對象，且不受限於他們的質料或界線。不論圖像、動作、音樂、物件或我們在禮儀、儀式、演出中所看到這些由不同質料組合的複合體，如果不是構成語言，就是構成作為溝通與交流的意指系統。

雖然符號學的前景光明，但Barthes認為他那個時代符號學還正走在自我尋找的路上。符號學與語言之間有著糾纏不清的關係，這個關係來自Saussure在研究符號時將其與語言加以連結，並認為語言學只是普遍符號科學的一部分。但與此同時，我們卻無法確定人類語言以外是否還存在其他具有廣泛研究性的符號系統——即便如此，我們還是能夠確定上述各種物件在社會中實際上表達著大量且豐富的意義，且這些符號系統在表達意義時都與語言糾纏不清。為此，Barthes相信，任何一個符號學家即便一開始以非語言對象作為研究，最終總是要遇到與語言相關的議題，不論該議題是組成部分、替換物、或是以所指而出現。基於這樣的思考，Barthes最終將他對符號學的討論區分為四個主要部分：

1. 語言與言語。
2. 能指與所指。
3. 系統與組合。
4. 外延與內涵。

這樣的分類方式既為對立的，且能使人聯想到Saussure討論到的核心概念。

Barth符號系統舉例

範疇	系統	組合	說明
服裝	那些身體同一部位不能同時穿的衣物、附件等之集合，其改變將會造成對應服裝意義的改變：例如女性帽子的選擇。	同一套衣服不同組合的關聯，例如裙子、襯衫、外套。	可以在進一步區分為三個系統： 1. 服裝雜誌上，透過分節語言產出的描述不與個人現實相符合。 2. 服裝照片的語言屬於時裝集團。 3. 現實會穿著的系統，則可透過語言／言語的區別建立。
汽車	車輛由形狀與細部的總和所構成，是由原型所產生。	較為受限，例如一個車型的舒適度。	是一種汽車實物轉變為事實的過程。
家具	同一種家具（例如一張餐桌）不同風格的集合。	不同家具在同一空間內的擺放方式。	語言由功能相同的單件家具每件家具不同單元的組合而構成。
建築	一棟建築同一組成部分的樣式變化，不同形式的屋頂、陽台、大門等等。	各不同局部內容在整個建築上建構起來的銜接。	
飲食	相似與不相似食物的集合，根據某種意義選擇了其中的一道菜，如前菜、主餐與甜點的搭配。	用餐時實際選擇的搭配方式，例如菜單。	四種組合規則，以及菜單的作用。參看下方說明。

Barthes，1999: 16-20，55。

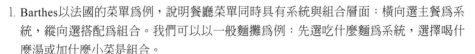

1. Barthes以法國的菜單為例，說明餐廳菜單同時具有系統與組合層面：橫向選主餐為系統，縱向選搭配為組合。我們可以以一般麵攤為例：先選吃什麼麵為系統，選擇喝什麼湯或加什麼小菜是組合。
2. Barthes另外在飲食的符號系統內提出了四個規則，形成對於語言／言語間的區分：
   (1) 排除規則，或是飲食的禁忌。例如牛肉的實用與否，可能基於許願所以不吃，也可能因為家裡務農的緣故所以不吃。
   (2) 帶確立的意義單位（規則）。例如鹹／甜食物的差異，尤其像是爆米花。
   (3) 組合規則。飲食過程中同時上的菜或相繼上的菜，前者像是點速食餐點搭配，後者像是喜酒喜宴上菜的先後順序。
   (4) 用餐程式，被Barthes稱為「飲食修辭學」，呈現為每個不同民族或地區在吃東西過程中實際的食用。

UNIT 2.18
Thomas Sebeok

Thomas Sebeok（1920-2001）對符號學的發展來說是重要的：他在1963年提出「動物符號學」的概念，表達人類以外生物對符號的使用（參見1.16）。他發表過多篇與動物符號學相關的論文，例如〈動物的溝通〉（Animal Communication）、〈動物交流諸面向：以蜜蜂與鼠海豚為例〉（Aspects of animal communication: The bees and porpoises），並針對動物符號學提出過專門演講。他另外也出版《記號：符號學導論》（Signs: An Introduction to Semiotics）等多本著作。我們在此將簡述他對符號的說明與分類方式。

一、對符號的理解

Sebeok認為符號具有雙向性，符號與標記／代碼／事物／概念等等對象均有互換的可能。但是符號載體本身可以在文本合適的前提下，產生零符號，其可用以表達語音學上的同位異音，並產出零能指／零所指的狀況——雖然Sebeok認為這種情況其實罕見，但他也指出零符號作為意義載體不論人類或動物中都確實存在。不過，在討論這些記號時，三個不可避免的問題卻不斷出現：

1. 特定的符號如何進行指稱？
2. 符號如何得到並保持著穩定的意義表達？
3. 指稱與外延間的關係及意義，以及意義與指稱關係間的區別核心為何？

二、六種符號

Sebeok認為根據Saussure對能指／所指間關係的理解，哲學家們與符號學家們嘗試對符號系統進行無數多可能的分類與理解，例如Peirce在生平至少闡述了66個以上的類別。但是到了Sebeok撰寫符號學研究的時候，大部分符號學家都同意大約只有六種符號：signal、sympton、icon、index、symbol和name（此外還有一些模糊次一級的亞種）被普遍的理解與使用。這六種符號不只人類，動物方面也大量地使用著。

正確來說，這六種符號並不是對符號的分類，而是嘗試精準描述符號的不同方面。我們很難說，在認識符號時只認識其中一個面向，因為所有的符號同時間可能至少具有兩種以上的表達內容。以紅綠燈為例，雖然交通號誌被賦予符號的意義，但其同時也是一種標示符號，畢竟一個記號或符號的各個方面必然同時出現在不同的意義層次上，且在所有複雜與法規範對立規則中彼此確認關係。

三、關於六種符號的補充

六種符號的表達是透過經驗內容所發現，在能指／所指間存在的各種可能，但符號同時間既關注溝通交流，又關注意義傳遞。針對六種符號，Sebeok提供了以下幾點補充：

1. 逆向法則的應用：六種符號是依據順序加以排列，排列時乃是在序列中對於對象遞減。如果反過來遞增時，對於符號的理解會有另一種思考的可能。
2. 語詞的領域：此處的六種符號以外，其詞還有大量不同標示，例如寓言、徽章、品牌、裝置、圖表、展示、肖像、隱喻等不同層次，從而我們可引入百科全書式的符號理解。
3. 符號的無處不在：不論是語言或符號，在人與動物溝通的過程中隨時都可發現類似蹤影，從而建立起普遍的意義指稱。

Sebeok的六種符號

Sebeok認為符號可以區分為六種，每一種都可對應到動物的行為上。以下我們說明他對符號的解釋。

項目	說明
signal 記號	記號是一種機械（或是自然）或者常規（或是人為）觸發反應的標記。在人文科學和社會科學中是一種純粹的符號學概念，但是就物理現象方面需要將信號與物理信號間的差別區分開來；此外，我們也需要將記號與符號加以區分。記號可以指向，並控制其內外部行為，並與指稱有關。Sebeok認為，記號與符號的關係是有無標記類別之間的關係。從這點可以延伸至動物行為：在動物行為中，記號作為一種對事件濃縮後產生的結果，以最簡單的方式由個體產出，並在動物身上被認識為對某個因果行為間的關係。
Symptom 症狀 徵兆	徵兆（或醫學上稱為症狀）的，是一種具強制性且非任意性的符號，使得能指與所指間以自然聯繫的方式產生結合，不過不一定被使用在醫學的意義上。其特色在說自己擁有徵兆者與接受此話與對象間容易有差異所在。對Sebeok來說，符號學的最起點與醫學上的症狀有關，但症狀與符號還是有所不同。這點在動物身上也完全適用：例如觀察動物的行為與符號，一如Sebeok在書中引用Hediger所言，長頸鹿的排泄物在聽覺觀察下，是動物園作為動物健康狀況的持續指南，不論是排泄時的聲音或形狀，都可作為判斷生病與否的徵兆。
Icon 相似符號	按照Peirce所言，表徵是指與相同對象在某些方面同屬一個群體的那些事物，但後來被他改變為圖像的概念，並被擴展至特定的標記：例如螞蟻群所釋放的化學訊號，螞蟻對蚜蟲辨識時所採用的符號辨識，或是飛行昆蟲所釋放出來關於對音頻產生模擬的聽覺標誌。
Index 標示符號	一個符號的能指與所指相鄰時可說那是標示符號的，不過所謂「相連」並非字義上的，而是以相似性為內容的，一如北極星與北方的關係。在動物身上產生的共生關係，例如A動物產生標示符號能讓B動物注意食物所在，或例如蜜蜂以太陽做為特定指稱方向的座標，都表達出動物對標示符號的使用。
Symbol 符號	既不具相似性也沒有連接性，但在其能指和表意之間有著約定俗成的聯繫，並且透過一個用於指稱的有意義記號，就可被稱是符號。對符號的理解包括內涵與外延，該詞又是被濫用最為嚴重的一個符號學名詞。雖然符號常被認為是人類所專有，但Sebeok認為有機體既然在長時間的發展歷程中逐步產生各樣生理發展，那麼動物毫無疑問也會使用符號。例如動物的尾巴常可用以表達他們的情緒，辨別當下動物的認知狀態。
Name 名字	指那些具有外延類別的信號，其同時可包括單稱或全稱，例如以一個專有名詞指稱一個家族家族中的一個個人。動物也有類似的標記，用以表達其物種、繁衍、空間所在、社會階級等等。這些都是動物的「名字」，成為動物自己對身分的連結。

Sebeok，2001：44-60。

UNIT 2.19
Chomsky：1957年的觀點

Avram Noam Chomsky（1928- ）對語言符號的重要影響，在於他從1957年所出版之《句法結構》（*Syntactic Structures*）後，針對語言發展開展出來對不同學科與層面的影響。此因其將重心置於建立起語言結構的形式化理論，並強調對於語言嚴格的公式化，以及精確的語言模型建構。Chomsky的影響力頗深，除語言學外尚包括政治與心理學領域。本書基於篇幅與目的，僅概略介紹Chomsky語言學方面對符號學的影響。並依據學者Judith Greene的建議，將Chomsky的理論區分為1957年以《句法結構》開展的理論，以及1965年在《句法理論的若干問題》（*Aspects of the Theory of Syntax*）與《生成語法中的論題》（*Topics in the Theory of Generative Grammar*）所展開的理論，分為兩節說明。

一、語言學的基本概念

Chomsky主張，一種語言是該語言中合乎語法句子的無限集合，而一種語法是規則的有限集合，其規則能生成合乎語法句子的無限集合且不會生成不合語法的句子。如果我們需要理解語法充分與否，會有三個不同層級的進行：
1. 觀察充分性。
2. 描寫充分性。
3. 解釋充分性。

唯有在第三層級時只有一種語法可以滿足所有標準。（Greene，1992：25-26）也是在這樣的前提下，Chomsky在他1957年的著作《句法結構》中，提出對語言理解的原則與認識。

二、《句法結構》

Chomsky在這本1957年的著作中主張：若我們掌握短語規則與轉換規則間的差異，就可以理解人類思考的與說話的方式。因為詞素是語法分析最小的單位，詞素音位則是抽象詞素轉化為話語的實際發音。在《句法結構》中。三條規則概念如下：

1. 短語結構規則：語法的一部分由一組改寫規則組成，我們可以透過制定一小部分語法來做為句子的改變。在改變的過程中，我們可以透過語詞改寫的方式逐步建構起新的語句，並建立起符合規範的樹狀圖。其作用不只是說明規則應用的方式，還能夠建構起語法生成時的句子結構描寫：Chomsky稱這樣的句子為短語標記。

2. 轉換規則：上述分析方式假設所有的句子都可以直接分析為不同等級的單元或成分。Chomsky如此的推論，目的在於引入一種規則以讓整個規則可以大幅被簡化——這是轉換規則，後來也被稱為轉換語法。轉換規則不單能應用在單一符號，還可應用在語符列（strings）上。

3. 詞素音位規則：語言學家處理的最終端語列為詞素，詞素為語言分析最小單位，且不一定是完整的語詞。Chomsky將此處規則應用在實際發音上，透過（當時研究主流之一的）音位表達語言層次。此處音位的使用可以基於不同語詞產生不同發音，即便仍是同一個音位。

《句法結構》中三條規則及其範例

《句法結構》的基本預設：
1. 語句生成過程大致為：從短語結構改寫規則生成終端語符列，結構規則生成直接構成核心語句的基本與符列，所以只做強制性轉換的簡單句。對這些句子需要應用合適的詞素音位規則才能獲得語音表達。
2. 較為複雜的語句也是以短語結構規則所生成的語符列，也可能要應用強制性轉換規則。複合轉換等選擇性規則生成的語符列可用詞素音位規則進一步處理。

Greene，1992：40

三組規則

《句法結構》的基本見解是：生成句子並指派結構描寫的語法規則由三部分組成：短語結構規則、轉換規則和詞素音位規則。三條規則的例證如下。

1. 短語結構規則（phrase structure rule）又稱改寫規則（rewrite rule），強調語句由一定的語意關係加上句法結構所組成。

　　範例：如果語句S＝NP（名詞短語）＋VP（動詞短語）
　　那麼NP＝art（冠詞）＋N（名詞）
　　VP＝V＋NP
　　所以S＝NP＋VP
　　＝N＋V＋NP
　　＝N＋V＋art＋N

2. 轉換——生成文法（Transformational-generative grammar，簡稱TG），用以理解人類說話方式與對語句的理解。

　　例如：NP＋was＋adj＝adj＋was＋NP
　　至於為什麼轉換語法會比短語結構改寫更為簡單？因為為句子選擇的詞彙是取決於其他已出現的詞彙。

3. 詞素音位規則。Chomsky將詞素音位規則用在實際發音上，透過音位表達語言層次。範例如下：

　　take（拿）＋past（過去時詞素）→ / tuk /
　　hit（擊）＋past → / hit /
　　past → / d /
　　take → / teyk /

範例根據Judith Greene，1992：27-40所舉。

《句法結構》受到的質疑如下

1. 事實證明，有一些語言無法脫離語境的短語結構規則而生成。例如Chomsky的同事Paul Postal以Mohawk語來反駁。
2. 許多重要的語言現象無法單以短語結構來解釋，例如同音歧異。
3. 解釋充分性中所謂的簡潔要求是含糊不清的。

UNIT **2.20**
Chomsky：1965年的觀點

1965年與1966年，Chomsky分別發表了兩本著作：《句法理論的若干問題》（*Aspects of the Theory of Syntax*）與《生成語法理論中的論題》（*Topics in the Theory of Generative Grammar*）。在這些著作中，Chomsky提出他關於語言學的論點，但是同時使用和過往不盡相同的術語。1965年時，Chomsky的語言學一樣區分為三個主要部分，問題是這三個部分被認為與1957提出的版本並不吻合。

一、Kazt&Fordor理論的基礎

在我們理解Chomsky 1965年觀點之前，我們需要注意在1963年的一篇論文：由Kazt&Fordor所提出來的討論。Greenth認為這篇論文影響到Chomsky 1965年對於語言重新理解的關鍵。（Greenth，1992：59-70）

Kazt&Fordor在論文中提出一種新的語意學理論，主要的目的在於：第一，使用一個新的理論區分同意句，歧義句與異常句。第二對於那些可以出現的語句進行與一的解釋。他們認為，要對語言進行充分的描寫應該要從字詞意義的角度才能理解一個句子的一些特徵，或者是應該系統的列出每一個字詞所有可能的意義；此外還要應該了解每一個字詞在一個句子當中之間的句法關係。在Kazt&Fordor理論當中，如果一個理論要說明我們為什麼可以透過字詞的意義組合為句子時，會面對到兩個問題；

1.如何在說明詞意的同時能表達出字詞之間的系統關係。

2.需要設計出支配字詞意義如何組成的規

則才能得到整個句子的意義。

Greenth認為，Kazt&Fordor理論為Chomsky提供了關於詞庫，深層還有表層結構所需要的基礎，我們可以從Chomsky的理論中看到這篇論文的影子。在此基礎下我們可以來理解Chomsky在1965年理論當中對於深層及表層結構的說明。

二、深層與表層結構

在1965年的理論Chomsky提出了深層結構和表層結構的概念，這個部分與1957年理論之間的差別是1965年的理論特別突出了選擇性轉換規則生成。1965年的理論中強調每一個句子都有一個深層結構和一個表層的結構。把深層結構變成表層結構的轉換規則不再區分為強制性的或是選擇性的。不管是簡單句或者附和句最後的表層結構都必須由深層結構中的標記決定，這些標記的作用就是說明應該使用哪些轉換規則。學者們大多認為不再使用強制性的轉換規則和選擇性的規則有一個缺點：就是若要說明核心語句和相關語句間的聯繫就不再像1957年那個時候的理論那麼簡單。

深層結構應該包含解釋語句意義所需要的一切信息，這要求句法部分的輸出要為解釋說母語者如何理解與一關係提供基礎。深層結構為了解釋語句意義時提供必要的結構信息，表層結構則必須存在一切與聲音語音分析需要的句法信息。表層結構的狀況和深層結構相反：表層結構是一個語句物質聲音的聲音表達基礎，所以一個句子的表層結構會由一組語言單位組成。

Chomsky：1957與1965間理論的異同

根據Greene我們可以整理1957與1965年理論間的對照如下表：

1957年版本	1965年版本
理論項目	
無對應部分	語意部分
短語結構規則	句法部分＝
轉換規則	基礎規則（＝規則＋詞庫）＋轉換規則
詞素音位規則	語音部分
理論內容異同	

不論在1957還是1965的理論中，Chomsky都已很大的篇幅說明短語結構語法的不足。他反對將語法分析僅只看作是句子表層形式所做的短語結構分析／直接成分分析。他的理由是：
1. 短語結構語法直接生成一切表層結構極其複雜，甚至是不可能的。
2. 為表層結構做直接成分分析，只能為句子的語音表達必要的結構信息。唯有深層結構才能表達語義解釋所需要的基本語法關係。

雖有這樣的主張，但Chomsky的理論還是在以下四點方面有著差異性：

1957年版本	1965年版本
1. 強調核心句與複合句的區別，前者為強制性轉換生成的句子，後者由選擇性對對一個或以個以上的基礎語符列進行轉換而成。	1. 更加注重此一事實：每個句子都有一個深層和一個表層結構。句子的表層形式取決於深層結構。
2. 引入轉換的理由是為了解釋句法歧異。對語句不同解釋乃來自基礎核心語列的轉換。	2. 此時對句子間不同的解釋仍與深層及表層結構有關。難以處置的問題是：取消強制性轉換和選擇性轉換間的區別，所以沒有精確的方法確定核心語句。
3. 一直到了短語結構改寫應用的最後階段把詞引入終端語符列。	3. 增加了語意及詞庫的部分。在此，深層結構為語義解釋提供了必要的，有關基本語法關係的信息。但是決定單一字詞意義時，只有句法信息尚稱不足，還必須要有詞彙信息作為補充。
4. 複句轉換規則的作用是把一個個核心句組在一起，組合時核心語句數量不受限制，所以語法有生成無限多句子的能力。	4. 若生成能力由複句深層結構標記完成，因為他們的成分語列符在數量上也是不受限制。此外又引入語義學，且清楚表明：句法學的任務在為語義解釋提供一切必要的信息。

上表根據Greenth（1992）整理

關於1965年理論的內容及影響，可以透過以下幾點加以說明：
1. 在1965年的理論中，由於所有轉換規則的應用都由深層結構中的轉換標記所決定，所以轉換是強制性的。核心句語複雜句間的差別在於，深層結構轉變為表層結構時需用的強制性轉換規則的多少不同。
2. 從1965年的理論之後，語言學發展受到Chomsky影響很深。一種發展是主張深層結構的基本關係不是主詞與賓詞的關係，另一種則是試圖修改轉換語法理論。

UNIT 2.21
Umberto Eco

義大利符號學家Umberto Eco（1932-2016）是當代著名的符號學權威。其符號學著作等身，包括《詹姆斯·喬伊斯的詩文》（*The Middle Ages of James Joyce, The Aesthetics of Chaosmos*）、《符號學理論》（*A Theory of Semiotics*）、《符號學與語言哲學》（*Semiotics and the Philosophy of Language*）等。除了符號學著作外，Eco也寫了多本著名的小說，例如以中世紀修道院爭奪Aristotle《詩學》中以佚失之喜劇部分為背景的小說《玫瑰的名字》（*The Name of the Rose*，1986年改編為好萊塢電影，由Sean Connery及Christian Slater主演。該作品於2019年重新翻拍電視影集），以及與中世紀聖殿騎士傳說為背景的小說《傅科擺》（*Foucault's Pendulum*）。其在小說內也大量加入與語言及符號相關的背景，增加作品的精采程度。

一、Eco的符號理解

Eco對符號學的理解是：符號學可以區分為一般性的與特殊性的。（2006：52-61）一般性的符號學尋找並提出在所有（符號）現象下的結構形式內容，也就是找到傳遞者使用符號的思維結構及脈絡。特殊性的符號學旨在根據我們已經研究的符號系統確定各種含蘊符號之系統間的規則與必然性。符號是一種連續體（或綜合體），所以解釋一個符號就是將其切割後加以限定在某一個特定部分內，如此才能理解。作為一種工具，符號總是幫助主體構成與分解，因為人作為主體，是藉由諸符號世界產生的形式加以認識並理解這個世界。人就是一種符號，因為人的語言就

是人的整體，這樣的想法建立在人是一個思想存在的前提上。

二、Eco符號學七條原則

在理解符號及對象關係時，Eco提出他對符號的定義：此定義一開始是為了討論鏡像，例如鏡中的自己，與符號間的關係所產出。我們在照鏡子時會看到自己在鏡內，那麼鏡中的自己是符號嗎？為了這個問題，Eco提出七條原則解釋鏡像不是符號，其內容如下：（Eco，1984：214-217，趙毅衡，2012：145-154）

1. 前件（即能指）有在場且可被感知的潛力，後件（即所指）通常不在場。前件可被感知，後件無需在場，如此完成符號傳遞意義之過程。

2. 因此前件可以無條件產生。例如化學藥品冒煙，但不必要有火存在。

3. 符號可以用來說謊，前件無須後件做為其有效的原因，只是假定為後件造成。雖然我們也可以造成假的鏡像，但無法使用或通過鏡像說謊。

4. 前件主要不與一事態相連，而與多少一般性的內容相連。在每個意指系統中，前件傳達的後件是一個諸多可能後件的類群。

5. 符號是非物質的，是兩個命題間的蘊涵關係，也就是一前件類型與一後件類型相連的法則。符號關係存在於類型之間，而不存在於個別物之間。

6. 符號是兩個類型間的關係，從而使符號獨立於生成或傳遞符號的實際渠道或媒介。

7. 一個表達的內容可以被解釋，這可視為是對符號的基本理解。

對於上述七條內容，Eco認為足以區分出鏡像與符號的不同，不過學者如趙恆毅與李幼蒸皆持反對意見。（李幼蒸，1997：127-138）Eco理論的另一個問題則是版本：上述七條原則出現在他1984年出版的英文版《符號學與語言哲學》，但中譯本因為根據義大利文版翻譯所以沒有收錄這部分。此點提醒我們在符號學研究上所應注意的一些細節。

Eco的符號分類

Eco針對符號提出相關的類型與說明，共分為10大類：

類別	說明
痕跡／印跡	在可被壓印的平面上所給出的形狀，使給出壓印者具有一定程度的類別。
徵兆	透過簡單推理獲得的徵兆，可回歸到以經驗為基礎所產生在徵兆與原因之間的關聯性。明顯的例子為病理分析。
跡象	透過跡象我們可把對象的存在或不存在與對象彼此連結。例如看到貓毛會覺得此處有貓經過。Eco認為，名偵探福爾摩斯在《四個簽名》中所做出的推論正為跡象，即透過鞋上紅土推論出該人曾從何處走過。所以跡象可以是某種特定風格的表現方式，也可以是重複出現的某種狀態。
範例／樣品	透過某一對象所產關於諸多符號化結果的表現方式，或可歸諸到一個群體內眾多對象成員上的某個記號。
載體	Eco認為此點與Peirce所謂指號相同，是某物與另外一物緊密連結時產生的意義關聯。根據不同語境，語言作為載體能呈現出特定的規約作用。
風格化的對象	可用以指某個特定時期產出那一系列可被理解或認識的記號，並因此成為一整個系列的範疇／文本。也可以指某些文明所產出的特定符號，Eco的例子是原始宗教符碼。
組合的單位	包括書面語言的語詞、手勢、交通信號等等。不論作為表達或內容都可成為不同組合的句法對象。組合也涉及語境中不同語詞如何被應用的結果。
象徵的系統	Eco認為這是表達系統產生的基礎，但卻與固定的代碼基礎必然產生關係。其內容可以被解釋，但表達的內容與可能的內容卻不一定一致。Eco以下棋為例：如果其中一步棋是有意義的，那麼相關的意義是使前幾步或後幾步所組成的棋步成為有意義的組合。類似的例子還包括電影中的轉場或特定象徵符號：其存在有特定意義，得以表達導演想要傳達的意涵。
接續引發的反應	主要針對傳遞者所預期所言：傳遞者在傳遞出某個符碼後預期會產出某種意義時，即屬於此一範疇。之所以無關接受者，是因為接受者不一定可以理解這個符碼，或者會有不同於傳遞者所想望的結果。例如某人已經知道他將被安排過生日且會有禮物時，他就不一定會有驚喜。
發明或發現	雖然所有符碼與傳遞意義間存在可被理解的關聯性，但有時傳遞者還是可以透過極具天賦的方式改變這些符碼的意義或對意義的傳遞方式，並讓我們產出新的解釋方法。例如意識流小說的出現就是一種對語言文字及描述方式的新形態創造。

上表根據Eco，2006：52-61所整理。

UNIT **2.22**
Jacques Derrida

法國哲學家Jacques Derrida（1930-2004）在符號學、文學、語言學方面都有重要的貢獻。但是要在短短一小節內說明他的理論重要性實在困難。本節將特別簡述他的幾個重要觀念：我們在此以Derrida三個重要觀念，解構（deconstruction）、差異（difference）與延異（differance），來簡介Derrida的思想：

1. 解構：Derrida認為，寫作與言語間具有對立性，但是二元從來都不是等值的對立。Derrida展示的方式即為解構。解構是Derrida的方法論，用來取代不可見的理想文本主義。雖然解構與破壞有關，但解構並非單純破壞，而是透過兩個部分實踐。首先，解構要先逆轉，要先消滅不對等的二元對立，所以寫作必須支配語言，或感知戰勝理解等等逆轉過來的狀態。其次是中和，將所有二元思維的意識拋諸腦後，將二元邏輯中前一階段所偏好的用詞加以根除。（Hottois，1998；Guillemette & Josiane，2006）

2. 差異：Derrida認為，學者們在傳統過往習於讓差異為同一服務，所以差異被消失在同一的背後，應受到抹煞。但語言符號在使用上具有差異性，所以符號應被視為具有生命力的差異結構。這裡與Derrida對於符號的理解有關：Derrida認為，雖然Saussure也提到差異，但Saussure有關差異的作用其實不大，對差異概念的理解也是有問題的。這是Derrida提出延異概念

的背景，因為延異與差異概念原則相呼應。但Derrida示範差異的做法在，當1950至60年代歐洲普遍接受《語言學教程》作為符號學研究基礎時，Derrida回到Saussure的文本，並仔細研究那些被忽略掉的細節。（Colbey，2009）

3. 延異：延異一詞與差異一詞僅差別在於將差異的e換成了a。這個詞是1968年Derrida在一次研討會中提出來的，這篇論文名稱即為〈延異〉，中文譯本收錄在1998年出版的《言語與現象》一書中。這個術語可以代表了Derrida符號學和哲學思想的綜合。根據Guillemette & Josiane所分析，之所以要用a取代e，表達出這個理論的幾項特徵：

   (1) 延異的存在打破了身分崇拜，也打破因自我對他人支配地位而產生的差別性。

   (2) 使用這個詞意謂被寫入，可以看的見卻聽不到的分歧a。

   (3) 其標示出轉移與逃避。

   (4) 延異是正在進行的未來，也是與被凍結意義的鬥爭。

先驗所指是針對西方傳統思想中，原本純粹的情境（包括所指的口頭符號）受到調節中介，如文字及從屬系統所污染結果的對立。其打破所指和所指的二元性。Derrida並不認為我們可以擺脫這種中介產生的污染，但我們可以透過先驗所指，在符號存在差異的事實內獲得終極的意義。

關於符號學重要學者與年份簡表

以下簡列本書中出現的重要符號學學者。由於其中許多學者中文名字尚未獲得共識，所以本書先以英文名為出現時主要使用語言。另外，本簡表在表列上僅列與本書相關者，所以可能部分領域重要代表人物並未列上。

年代	英文名字	中文常用譯名	備註
427—347BC	Plato	柏拉圖	
384—322BC	Aristotle	亞里斯多德	
Ca.300 B.C.	The Stoics	斯多噶學派	
Ca.300 B.C.	Epicureanism	伊比鳩魯學派	
345—430	Augustine of Hippo	奧古斯丁	
480—524/525	Boethius	波哀修	
1220—1292	Roger Bacon	羅傑‧培根	
ca.1285—1347/49	William of Ockham	威廉歐坎	
1589—1644	John Thomas Poinsot	班索特	
1632—1704	John Locke	洛克	
1839—1914	C. S. Peirce	皮爾士	
1857—1913	Ferdinand de Saussure	索敘爾	
1863—1931	George Herbert Mead	喬治米德	參5.18
1864—1944	Jakob J. F. Uexküll	岳克斯庫爾	
1874—1945	Ernst Cassirer	卡西勒	
1896—1982	Roman Jakobson	雅各布森	
1899—1965	Louis Hjelmslev	葉爾姆斯列夫	
1907—1986	Mircea Eliade	伊利亞德	參第四章
1908—2009	Claude Lévi-Strauss	李維史陀	
1913—2005	Paul Ricoeur	呂格爾／利柯	
1915—1980	Roland Barthes	羅蘭巴特	
1920—2001	Thomas Sebeok	西比奧克	
1924—1988	Jean-François Lyotard	李歐塔	參5.17
1924—2000	Basil Bernstein	伯恩斯坦	參5.14-16
1926—1984	Michel Foucault	傅柯	參第五章
1928—	Avram Noam Chomsky	喬姆斯基／杭士基	
1930—2004	Jacques Derrida	德里達	
1932—2016	Umberto Eco	艾可	

第 **3** 章

符號、邏輯與意義

●●●●●●●●●●●●●●●●●●●●●●●●●●●● 章節體系架構 ▼

UNIT 3.1
符號作為意義載體

雖然對符號的理解可以有數種不同的意義，甚至在Peirce——Deely那裡符號與符號載體被區分為兩個不同的種類，但是無庸置疑，符號——意義間彼此有密切關係。我們透過符號指稱並理解意義內容，其指稱的方式可透過邏輯形式的表達讓我們驗證兩者間的關係。不論符號是作為承載意義的載體，或是我們透過意義賦予人認知並符號所指涉的對象，意義都存在於我們的認知內。為此，我們需要理解「意義的意義」，或是問究竟何為「意義」？

對人來說，意義的存在是生活的基本動力。Eliade認為，人類會對自身的存在進行更深的探知，並期望能夠理解自己存在的意義。雖然Eliade探究的是宗教發展歷史，但是他認為透過人類漫長宗教歷史的研究，出現在宗教內那些神話與符號所回答的，卻是人類在這些神話與符號之表象下所建構或探討更為深層的意義。（Eliad，1991：33-34）在Eliade這裡，我們注意到符號不單只是其所表現出來的表象，因為作為意義之載體，人類可以使用任何一個符碼取代現存已被使用之符號。換言之，載體可被取代，但意義卻是與人類生存直接產生關連的。

如果符號能被用以表達意義，那麼符號學就是一種討論意義的科學：以學者趙毅衡為例，他在《符號學》緒論中不斷重複強調符號學與意義間的關係。（2012：2-11，21-30）符號被認為是「攜帶意義的感知」，此說法強調符號可被感官認知的重要性。意義需透過符號加以表達，所以符號的用途（之一）是表達意義。沒有意義不能被符號表達，也沒有不表達（攜帶）意義的符號。我們甚至可以說，有符號才能進行意義活動。符號所攜帶的意義，是一個符號可被其他符號解釋的潛力，解釋是意義的實現。從解釋的角度來說，意義需要符號的解釋，所以符號被用以解釋意義。也是在這樣的前提下，研究意義的活動就成為符號學的重要工作。這種描述與人類生存的狀態有關：人在尋找自我的同時要先肯定自己存在的意義，就此而言符號成為人存在的本質條件。

表現此類想法最為極致的是Peirce，他將人自己等同為人用以表達自己存在與思想的一個符號，並可推得「生命＝思想＝符號＝人自身」這樣的推論過程。當我們使用符號時，也是將客觀物理世界轉換為被人意義化後的周圍世界之過程。這個過程將我們身邊的客觀世界透過認知賦予意義，從而建立起與我們的關聯性。為此，符號學就與意義活動產生複雜的聯繫。因為世界上所有的意義活動都依靠符號，不論是與其相關的基本規律、理論等，都可被用來適當的理解意義活動之內容。更進一步，符號學為意義活動的研究提供的基礎方法論的工作，尤其當人文與社會學科的核心研究與意義的問題——包括意義的產生、傳送、接收、理解甚至變異——有關時更是如此。

為此，我們在本章專門討論意義、符號與人類之間的關係，並將討論區分為三個部分：

1. 意義的邏輯形式：透過邏輯語句的分析，理解語言以如何方式呈現語句，此處涉及語言結構與命題內容。

2. 形上學：形上學可被視為將客觀物理世

界理解爲人類周圍世界的範例。此部分我們將說明形上學如何透過符號系統理解並建構世界的意義。

3. 邏輯系統：意義既然可透過語句結構理解，那麼研究語言的邏輯系統本身就可被視爲一種對語言意義理解的符號系統。此部分我們將簡單說明三段論證與符號邏輯作爲對語言理解的符號系統意義爲何。

符號與意義的關係

對於符號——意義間的關係，趙毅衡提出關於意義的三個結論（2010：60-69）

1. 意義不在場才需要符號	符號作爲意義的替代。如果符號＝感知載體在場那麼意義就不在，若意義被解釋了符號也就被取消。
2. 不存在沒有意義的符號	傳送意義的發送者發出，以及接收此意義的接收者，都是靠符號文本傳遞。生存在這個世界上，人能夠把客觀世界變成有意義的世界，因爲生存的本能就是一種意義賦予的本能。 任何可感知的對象都可成爲意義的載體而成爲符號，一旦某個對象被認爲攜帶意義也就成爲符號。因爲任何符號都有意義：意義是人生存的本質需要，人也無法延續意義不明的生存狀態。當接收者接收一個符號時，先決條件是假定這個符號是有意義的。 第一與第二結論間並不存在矛盾：符號在未被解釋前已經攜帶意義，這是符號的本質；但意義尚未解釋時符號已經在那裡，此時又可被認爲意義不在場。
3. 任何理解都是理解	意義的存在是符號接收的前提，但是接收者對文本的解釋不一定等同於傳遞者的意圖，也不一定符合文本本身的意義。解釋意義時是接收者對文本的理解與產出的解釋。 只要一個符號攜帶意義，那麼不論被理解的結果會達到如何的狀態，也不論解釋出來的意義是否正確＝符合傳遞者意圖或文本意義，作爲理解意義的本身都是合格的。

趙毅衡說明，意義的傳遞與以下的傳遞過程有關。

發送者 意圖意義	➡	符號載體 文本意義	➡	接收者 解釋意義

根據上述內容，我們可以提出以下說明：

1. 符號與意義間具有重要的關聯性，不論如何我們總是透過符號對意義加以傳遞與說明。爲此，記號／信號被認爲是不完整的符號，因爲記號／信號雖然透過符號載體帶有文本意義，但不要求接收者解釋意義。

2. 上述傳遞內容又與溝通歷程有關，我們將在3.3的部分說明溝通歷程中編碼與解碼的符號作爲。

UNIT **3.2** 意義的意義

符號與意義傳達有關，意義的傳遞有許多種可能，其中一種與語言相關。以我們在第一章所舉出的Ogden＼Richard符號三角形為例（參見1.6），符號學三角形被提出的背景是探討語言與意義間的關係。而在那本《意義的意義》（*The Meaning of Meaning*）書中，Ogden＼Richard透過對語言的理解，解釋符號傳遞意義的方式以及規則。

一、語言與思想的關係

在經過細緻的討論後，Ogden＼Richard給出關於語言、符號與思想間的總結。（Ogden & Richard，1923：243-250）語言對思想的影響非常重要，而對符號的研究正可反應出這種影響。當我們在日常生活中使用語言時都涉及三個要素：

1. 認知的心理過程；
2. 所使用的符號／記號；
3. 用以指稱的對象，這些對象被認為是確實的存在。

這樣的研究帶有相當的困難，這是因為我們基於對語詞使用上的習慣以及產出的扭曲假設所導致。Ogden＼Richard認為，文字／詞彙帶有某種程度的「魔力」——這是種浪漫的描述——而對符號的理解則可幫助我們理解文字的價值與意義。

二、對符號規則的理解

我們既然透過符號傳遞思想，這就意謂在各樣的思想中我們也都在解釋符號。之所以語言與認知的心理過程有關，是因為我們對任何符號的詮釋都涉及我們對此符號的心理反應，且是由我們的過去所決定，參雜著類似情況下的經驗，以及我們

當下的經驗內容。如果是在數學或文法的案例中，上述的討論是清晰的。但在我們的語言使用中，對於意義與思維間的分析卻是隱晦的。

Ogden & Richard認為，如果根據因果相關的背景內容，或根據語言及思想之群體來理解時，我們可以得到關於判斷、信念和解釋的說明。於此同時我們也處理了知識論上所謂的「真理問題」。若是缺少到符號理解的理論，我們在使用語言，特別是對外在世界的命名上，以及對那些知識的使用上其實會受到影響。為此，Ogden＼Richard在該書第五章（特別是87至107頁）的部分，提出了符號使用的六項規則：

1. 一個符號代表且只具有一個受指稱對象。
2. 符號可以透過另一個具有相同指稱的符號加以代替。
3. 化約過的符號所附帶的指稱是關於符號實際開展的內容。
4. 符號指稱被實際應用的指稱內容，不必然被應用在正確的位置，或被指稱於詮釋者所傾向的方向，或使用者真正指稱的對象。
5. 不存在能在相同位置上進行組合的複合符號。
6. 所有可能的指稱共同形成一個順序，每個指稱只能按該順序被放置。

Ogden＼Richard對於符號規則的理解嚴格來說過於簡單，甚至忽略文本的存在。但他們對於符號、語言與意義間的理解卻帶給我們重要的提醒：意義的面向非常廣泛。

意義的面向

按照Ogden＼Richard所言，意義具有以下16組面向：

群組	面向	
A	1. 內在屬性。	
A	2. 與其他事物的獨特不可分析的關係。	
B	1. 字典中任一單詞的附加詞。	
B	2. 字詞的內涵。	
B	3. 作為本質。	
B	4. 投射到對象上的活動。	
B	5. (1) 一個事件的意圖。 　　(2) 作為意志。	
B	6. 系統中任一事物的位置。	
B	7. 在我們未來經驗中一件事物的實踐結果。	
B	8. 陳述所涉及或暗示的理論結果。	
B	9. 藉由事物所引發的情緒。	
C	1. 那些實際上通過選擇之關聯而與符號實際相關的對象。	
C	2.	(1) 引發反應的助憶符號（mnemic）。獲取的組合。
C		(2) 適用於其他事件的任一事件內助憶符號的效果。
C		(3) 那些藉由符號而被理解為存在的對象。
C		(4) 任何被加添的事物。
C		在符號的例證中：符號使用者的實際指稱。
C	3. 符號使用者實際指稱的對象。	
C	4. 符號使用者相信自己實際指稱的事物。	
C	5. 一個符號的解釋者 　(1) 指稱。 　(2) 相信自己所指稱的對象。 　(3) 相信使用者所指稱的對象。	

表格譯自Ogden＼Richard，1923：186-187。

上述關於意義的描述中，Ogden & Richard認為具有以下基礎規則：

1. Ogden & Richard認為他們是透過科學化的方式精確列出相關領域。

2. 一般狀況下我們對於陳述不應該模棱兩可，但是對於意義的陳述，基於意義的存在需要以特定觀點作為前提始能產生所謂的意義，所以當我們描述意義的不同面向時我們需要注意：一個觀點的改變可能涉及其相對應立場的改變。

3. 關於意義的定義，A至C三個部分可以對應於三個標題：第一個是語言生成的圖像；第二個是需要區分出偶然的和不穩定的用法；第三個則是一般涵蓋符號和記號使用的情況。

第3章　符號、邏輯、與意義

UNIT 3.3
意義的建構：當我們開始溝通時

語言及其使用的符號可被視為言詞符號，一個言詞符號是可被辨識的記號，或用以表達交流的聲音。所以語言表達意義的意思是：一個語言符號（符碼）與伴隨著的固定意義（意義）聯繫起來而形成被決定的樣貌。

一、溝通的基本組成

溝通最基本的形式為「傳遞者——信息——接收者」的關係。溝通脈絡需要使用符號，不論這個符號是可見或不可見，語言或肢體的類型。一但我們開始溝通，我們便透過符號／符碼傳遞意義。右頁關於溝通歷程的圖表，是根據Schramm（1949）與DeVito（2003）所言重繪。其中的重要要素包括：

1. 傳遞者與接收者：雖然溝通是由傳遞者傳遞信息給接收者，但事實上每個人在溝通中均同時扮演接收者與溝通者兩個角色。一方面個人接收信息，另方面也以特定符號將自己的反應回饋給對方。

2. 編碼與解碼：個體在傳遞信息時透過各種方式編碼，將自己的想法轉變成特定符碼傳遞給對方，同時解讀對方回饋而來的內容。編碼與解碼涉及溝通的能力，能使用的符碼越多，一如能使用的單字或肢體語言等廣義符號越多，就越能正確傳遞並理解信息。DeVito（2003：13）認為，溝通能力能夠具有特定影響力，因此好的溝通能力／符碼導致更好的溝通能力，爾後產出更多溝通的機會及選擇。

3. 經驗的領域：一個人所擁有的知識、信念及價值與其經驗領域有關，並影響到符碼的選擇及使用。傳遞者——接收者之間領域重疊越多，使用的符碼及意義就越能被清楚掌握。

4. 噪音：凡是干擾接收者接收信息或對信息解碼的都屬於噪音範圍。DeVito（2003：19）提出四種主要的噪音，包括物理的（如外在世界的聲音）、生理的（如視覺或聽覺的障礙及記憶喪失）、心理的（如悲傷的情緒或故意錯誤的認知）以及語意的（不同的語言或太過特殊的詞彙）。這類噪音的結果均為干擾接收者對信息解讀。

二、情境與脈絡

在溝通過程中，我們總是受到情境脈絡的影響，以致溝通在實務運作上產生誤差：（DeVito，2003：10-11）

1. 物理的情境脈絡：通常指具體的地點或特定的物理環境，因為人們在不同的場合中會有不同的思維與表現。

2. 文化的情境脈絡：我們所處社會的價值觀、信念或思維會影響我們對信息的理解。

3. 社會心理的情境脈絡：傳遞者、情境型態與接收者之間會因為互動的情緒與反應而有所不同。同樣是吃飯，跟誰吃或是在那裡吃，意義與內容彼此不同。

4. 時間的情境脈絡：所有信息／符碼都有相對應的時間順序及期待，其意義傳遞也會符合這樣的時間順序。例如看到蛋糕被端出來我們會聯想到生日禮物或慶生就是一種意義的時間順序。

溝通的歷程

根據Schramm（1949）與DeVito（2003），溝通的歷程包括以下內容：

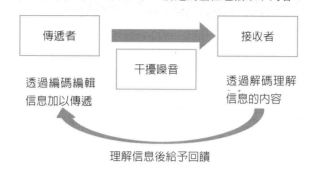

> 干擾噪音的存在與社會文脈有關：編碼／解碼的產生會在產生過程中受到社會各種因素干擾，因而發生信息傳遞時的錯誤理解。

 溝通的歷程可以注意以下幾點

1. 溝通的歷程有兩個基本預設：
   (1) 眾人接受的共識：對於單一對象，所有人能產生某種特定共識，該共識是基於理性結構所產生，而共識的建構乃基於最大公約數的規約，為眾人所接受之概念。
   (2) 常識哲學的概念：為一般人所熟悉的某些事情，可以被傳遞的資訊，是被視為缺乏即不能生活的條件。
2. 傳遞者／接收者在編碼與解碼過程中，必須使用同一套系統內的符碼，才能讓具有共同理解的基礎。例如使用暗語或暗號時，雙方必須對其內容與指稱有共同的指稱及理解。
3. 符號學傳遞的基礎：符號學需要根基在日常生活中眾人所熟悉的共同知覺或常識經驗，也就是常識哲學的基礎。每一個符號能達成溝通上的目的，是因為我們所共同意識到的共同背景。這意謂著不同性質的符號，進一步是一種不同的邏輯系統。

 後續的發展

W. Schramm and D. F. Roberts在1971年的著作*How communication works: The process and effects of mass communication*中，重新繪製溝通歷程如下：

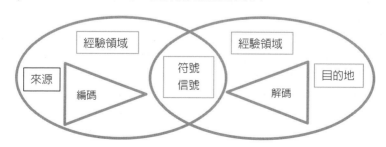

UNIT 3.4
符號的意義與語言的關係

我們前面提到，在溝通過程中，當我們理解符號的意義時是透過語言的傳達產生理解。我們透過語言傳遞訊息，以至於符號在此是作爲知識被理解意義。但是知識透過符號表達，需要透過行動中才會產出價值與意義，並被認知才能驗證以及賦予意義內容。因此知識與行動、經驗之間具有相互關係。

一、符號與知識間的關係

我們在此引用美國哲學家C. I. Lewis的理論，來理解語言、符號與知識間的關係。根據他《對知識和評價的分析》（An Analysis of Knowledge and Valuation）一書對知識特性的描述，也正是對符號的描述。（Lewis，2016：8-14）Lewis認爲，知識是有所肯定的心理狀態，並在心理狀態中所發現的東西外另指稱某物。這個信念要求眞實，並參照所意想的某物而評價爲正確與否。所以其正確與否不只是跟隨心理狀態，還包括其與其所依據的對象關係。但是任何作爲信念的心理狀態，除非有某種根據或理由，否則無法成爲知識。爲此，知識不但是一種眞實信念，也必須是一種正當合理的信念。這意謂知識——行動間因而形成某種對稱物。知識論不是心理學描述，而是對認識、眞實性與有效性的批判，也就是對眞的宣稱（truth-claim）與辯證的權力。

需要知識是因爲知識帶有意義：因爲認識做爲動物生命中與習慣相連續的生命能加以研究，使我們必須注意認識狀態的意義功能，以評價其提出關於眞實性的要求。我們的感覺或認識能力，都包含著一種被Lewis稱爲「標記——作用」的形

式，這種形式附著於所被給予的刺激或呈現上，且只根據於那直接、表示標記的特性上。透過這種標記——作用，意義被給予察覺到的內容上，因而建立起關聯性，使我們得以知道事情將被某種方式推動與影響的可能。所謂的認識是以某個符號指稱一個我們認識到的對象並賦予其所需要的意義。人類的認識活動在於反應出對世界理解的事實與表現出的意義，且透過經驗把握行動可能的正確與否。在此論述上，符號的作用可以被我們掌握與理解。

二、透過符號對世界產生認識。

Lewis繼續論證到，只有行動的生物才能有認識的行為，因爲其可賦予經驗內容所需要的意義，能認出直觀呈現對象以外的事物，並依此標記此事物。只有能行動的生物，才能認識那些還未實際證實而可被證實的某物，以及超過實際經驗內容而查覺到已經被認爲是實的對象。就認識來說可能的事物先於實際事物，可證實或經驗上的可能事物是客觀事實的證據。

所謂的世界，是指我們的經驗既然蘊含在活動內，就能夠依此在各種途徑下前進，那些途徑同樣也是可供選擇的途徑，從而被我們認識的客觀存在對象。所以世界不但包含那些已被感覺到的東西，和將在經驗中事實上被給予的東西，還包括一切能夠給來東西。世界的客觀性，可用常識的宇宙論加以理解，經驗是可被重複的，因爲一個事物／對象就在那裡被人觀察著，可以從認識上論表述，一個對象在一段時間中存在，在經驗表示其可繼續存留在那裡。（Lewis，2016：14-20）

意義的邏輯樣式

按照Lewis所言，意義的表達有賴於我們對命題及名詞的理解，所以一個名詞＝一個語言的表達方式，可以對對象命名並應用於現實或想像中的對象。而意義的表達，有賴於以下對語詞理解的建立。

層次	內容
字詞本身	字詞具有四個面向： 1. 外延＝一個詞可被應用在所有相對應現實事物的種類。 2. 擴延＝一個詞可被應用在所有可能對應且語詞之內涵不矛盾的對象。 3. 指稱／意謂＝一個詞的特性可表明其存在應用於某類對象為真。 4. 內涵＝一個詞與其他語詞的交集，且可被正確應用在某些情境及語句內。
字詞指稱	若一個詞指稱一件事，這件事需要同樣被應對於相互否定詞中的另一個指稱，其需符合排中律。在應用於對現實世界的描述時，包括以下狀況： 1. 現實世界可以決定命題的真假，在命題為真的情況下，該命題的外延為現實世界。 2. 一個語句的陳述若與現實世界符合意謂：這個現實世界與此語句合一且以標註此語句。 3. 當此命題為真時，「此命題為假」的外延為空集合。此命題為真，意謂其可為此世界命名或定義。 4. 每個陳述語句可斷定一個命題並將一個事態歸結為現實世界。
字詞組合為命題的意義	命題意義的樣式如下： 1. 一個命題的內涵包括命題蘊含的一切，而非其他對象。 2. 一個命題的內涵包括為了命題的適用而必須應用於任何可能世界的事物。 3. 在任何意義上，現實世界或現實在整體上是可想像的，因此一個命題包括任何不矛盾下可想像的世界，此世界和其意謂的事態結合，且命題應用於此可能世界的總類和該命題的擴延。 4. 為此，命題具有兩種可能： (1) 分析命題：一種能應用於或擁有於每個可能世界的命題，若其擴延為全則內涵為零。 (2) 綜合命題：除自相矛盾的命題外，不論其內涵或擴延既不是零也不是全。

根據Lewis，2016；黃鼎元，2021所整理。

Lewis解釋意義與命題間的關係：

1. 意義與語言有關，也是語言的功能。語言具有複雜組合的表達方式，這是意義呈現的結果。為此，當我們需要理解語言——意義間的關係時，我們就需要注意符號、表達方式（語句型式）與意義間的關聯性。

2. 意義一般是透過語言、一系列文字或聲音表達：但是意義並不需要非得靠語言來表達，因為語言以外其他符號也承載意義，且意義（若要被表達）需先於語言的存在，甚至可以透過語言來修改意義自身。

UNIT 3.5
任何語詞符號均承載意義

不論字詞或言說，在其使用字詞的意義時一方面表達該字詞作爲符號使用，另一方面則傳達其意義。爲此，任何語詞作爲符號時均有其意義：即便是如定冠詞、介詞等虛詞也相同。

一、語詞意義的承載

根據Lewies（2016：64-66），語句的表達包括使用的符號與承載的意義，所以可被稱爲意義的符號。不過我們選用的符號與語句並非完全等同，被表達的意義也並非完全等同這個符號。語言符號與意義間的關係是由過往傳統習慣所決定，語言符號是詞彙的符號，一個言詞符號是一種可被辨識的記號或一種可被表達交流的聲音。

雖然語詞的使用是一種意義的承載，但是當我們在兩種表達的情況下，即便符號相同但意義不同，或兩種情況下意義相同但符號不同，就表示我們有兩種意義的表達而非一種意義表達：此處涉及上下文的使用問題。

二、虛詞的意義

進一步，Lewis指出，所有的語詞都在表達某些特定的內容，所有的表達也都與字詞有關。但並非所有的字詞都只是被用以簡單的表達某物。一個字詞如果沒有自己的意義與內涵，在上下文的理解中無法被正確掌握。由字詞組成的語句也相似：任何現實語言中即便像定冠詞或介詞這一類的語詞也有其意義，雖然被賦予意義的前提是作爲上下文的修飾使用。

（2016：65-68）

對於虛詞是否有意義，有以下兩種觀點可以被理解：

1. 一般來說，對於虛詞意義的基礎在於：意義是指稱或理解，所以具有意義表示成爲這個字詞可以成爲某個對象的名稱。例如常見的音譯名詞，也具有脈絡與背景才能被我們使用。

2. 對於字詞的使用，我們可以透過其意義或上下中對這個字詞的理解與限制。Lewis舉出的例證爲：若假設S爲依附範疇類別的字詞（如定冠詞或介詞），A爲特定範疇的名詞內容，那麼在語言組合爲SA（例如a apple）的情況下，若S不具特定可被理解的內涵或指稱，SA的特定意義就不可能被理解。如果SA具有一個與A不同的意義（例如「一個蘋果」的意義就與「蘋果」的意義不盡相同），那麼A相對於SA就表示具有其他可被理解或指稱的意義內容。

爲此，Lewis認爲所有的字詞都包括意義、名稱與作用：即便連副詞這樣的字詞都具有其意義與指稱。這有承載意義的字詞，或者包括命名的意義，也就是這些字詞的特性；或者包括被應用的意義，特別是形容詞或動詞的特性。每一個字詞都意謂著某種特質或特性，這些特性必須是在這些字詞被正確使用於某個文脈或情境中能符合於那樣的表達——這是我們可以認爲，在最大的範圍上，所有字詞都具有意義的原因。字詞既然包括內涵與外延兩個部分，那麼即便是定冠詞或介詞這一類的抽象字詞也在表達過程中有相對應的內涵與外延。

分析意義與內涵意義

Lewis在分析意義時，進一步將意義透過分析與內涵兩種方式加以說明。在此我們可以整理列表如下：

分析意義	内涵意義
透過語句邏輯形式討論意義的內容。	語言意義的分析問題，進一步與感覺意義放置在一起思考指稱對象。
基本預設我們用語句指稱外在事物，造成知識的表達與意義的連結均靠語句而得到表達。這也造成知識論與語句分析＼邏輯產生聯繫，甚至需要透過邏輯才能表達對意義的探討。	基本預設字詞必帶有內涵，其組成成分包括了內涵意義與語法順序構成的表達形式，並用以指稱＼陳述不同的對象。其內容可通過具有特定意義的語詞符碼對確定事物確立關係，所以不會在內容或經驗上虛無或無內容。
意義的表達包括四種方式： 外延、擴延、指稱（意謂）、內涵	其意義與語言模式有關。
語詞及符號間的關係如下： 1. 可能是某個表達形式意義的特定型態，但有時卻是另外一種型態，這是根據上下文給出的決定。 2. 一個表達形式的意義是根據上下文給予而限制，試圖透過對指稱的限定而給予嚴格的意義可能造成指稱錯誤。	意義的產生與以下三者有關： 1. 語言表達的慣例。 2. 根據我們選擇的標準，存在我們分類對象構成的因素。 3. 可被證成或驗證的這些感知特性，在與語言的表達及應用關聯上，形成我們對語言使用的標準。
可進一步區分成作為明顯分析和隱含分析。	可進一步區分為語言意義和感覺意義

明顯分析	隱含分析	語言意義	感覺意義
1. 真假值為真。 2. 其斷言為邏輯上必然為真的對象。 3. 模態陳述語句。 4. 每個明顯分析陳述語句與其斷言內容的內涵意義有關聯，並依此可證明陳述語句的意義關係是邏輯真理知識的根基。	1. 真假值未定。 2. 其斷言為邏輯的必然對象。 3. 非模態陳述語句。 4. 通過明顯分析陳述語句在邏輯上的真值，隱含分析陳述語句可以分析其組成物件。	語言決定意義的可能性： 1. 若一個詞的內涵意義被認為是： 　A. 經由系統性的組合而得出預期的結果，或在任何其他方式下可以做為放在特定情形使用的語言。 2. 一個語詞符合「邏輯決定意義」之要求是可能的。	感覺意義作為標準的可能性： 1. 如果存在一個感覺意義的表達形式，並不意謂我們要求這個表達形式直接適用於某一特定狀況，甚至要求這個表達形式必需是可受決定的。 2. 意義的應用問題透過語言可被決定。

依據Lewis，2016；黃鼎元，2021整理。

UNIT 3.6
意義與主體際性

　　除了從邏輯語言的角度來理解意義，在士林哲學與當代的新士林哲學中也可看到對於意義的討論。例如哲學家B. Lonergan意義蘊含並承載於人類的主體際性內，藝術內，符號內，語言內，個人的生活與行為內。可經由符號的重建得以釐清。意義能滿全於人類生活的各樣基礎，並向不同領域開放。（Lonergan，1971：57）Lonergan的研究雖是以神學研究方法為主，對意義的討論也是為關於不同宗教經驗表達面向的洞察做準備，然而其對意義的討論卻有助於我們在這裡對符號與意義間的關係加以理解。為此，在接下來三節中，我們將根據Lonergan在《神學方法》（*Method in Theology*）中對意義概念的分析，說明主體際性、符號與意義間的關係為何。（Lonergan，1971：57-59）

　　Lonergan認為，主體際性是指，在「我們」之前其來自於一個「我」與一個「你」的彼此關係──這部分觀念或許受到Martin Buber關於「我與你」（I and Thou）研究的影響。Lonergan認為這種主體際性的關係，明確且先驗存在於每個人的生活內，就像我們本能的會伸手去拉將要跌倒的人一樣，是一種自發而非蓄意的行為反應。但是我們注意到這些並非在事情發生前，而是在發生的當下才會注意。所謂的「我們」就是其他成員中之一且先驗於我們與他人之間的距離。

　　Lonergan以Max Scheler為例，說明主體際性不只出現在自發性地彼此幫助中，也存在於可被溝通的感覺之中，他特別提出Max Scheler所區分感受溝通（communcated feeling）、同伴感受（fellow-feeling）、心理感染（psychic contagion）、以及情感認同（emotional identification）作為主體際性與意義間關係的範例：

1. 感受溝通：兩三個主體間對相同主體能產生相同感受。

2. 同伴感受：第一個人能對對象有所感受，第二個人則有能力回應第一個人對感受的注意。

　　不論感受溝通或同伴感受都意向性的指向圍繞在感受間，主體所能顧慮的預設立場。

3. 心理感染：是一種無須注意情感對象就可分享他人情感的狀態，不論哭或笑都具有這樣的作用。一個人在其他人笑的時候也可以笑，即便他不知道到底哪裡有趣。一個人在其他人憂傷時感到難過，即便他不知道什麼事引起了他們的沮喪。任何旁觀者無須處於疾病狀態，也能從病人臉上感受到極大的痛苦。心理感染對意義的傳遞機制似乎是恐慌、革命、反抗、遊行、暴力混亂激動引發的開關。

4. 情感認同：同時既非人格差異尚未發展，但亦非從有機整體之人格差異性中離開的特性。情感認同可以由母親與孩子間之發展差異作為基礎，小女孩玩娃娃可以是非常真摯的，將自己認同於她的母親且同時將自己投射於那個娃娃──反之亦然。

　　Lonergan提醒我們：心理感染以及情感認同較意向性基礎更為重要。這兩者的存在正好證明主體際性間意義存在的狀態。正因為主體際性提供了意義傳遞的空間，所以我們可以擁有上述四種可用以溝通的感受。

意義存在於主體際性內的說明

對Lonergan來說，意義存在於人生的各種廣泛層面，包括主體際性、藝術、符號、生活與行爲中。經由其中要素之重建，可發現眾多人類生活的基礎，並讓我們得以一窺不同的實在，從而產生對於宗教經驗表述之洞察。（Lonergan，1971：59-61）

類型	定義	範例
情感溝通	主體之兩三者對於同樣的對象具有相同的感受。	痛失愛子的父母。
同伴感受	經由主體而傳遞出去之第三者的感受。	參加失去愛子父母喪禮的友人。 團體崇拜中因為參與崇拜者彷彿與神連結而具有感受的溝通，同時也因為具有與他人間祈禱之態度而有的投射所產生同伴的感受。
心理感染	參與在他人的情緒中但不一定與情感之對象具有關聯性。	看見他人的笑引發我們的笑。 在團體中個體理智可能消失，壓迫的驅力戰勝思想，造成理智的毀滅。這種感染可能受到蓄意建立，受政治活動、企業與工業、宗教與為宗教領導者所利用。
情感認同	具有既為人格差異性似乎尚未生發之狀態又為從有機整體之人格差異性中離開之特性。	小女孩玩娃娃時將自己認同於她的母親且同時將自己投射於那個娃娃。 團體意識中成員藉由團體將自己認同於領導者與參與者。

從而建構起主體際性的意義：除了行動與感覺的主體際性外，還存在著意義溝通上的主體際性。

以微笑為例證

微笑具有下面特性可作爲主體際性──意義間的範例：
1. 首先，微笑確實具有意義，這個行爲符號是一種與意義的結合。因爲我們知道這種意義的實際存在，所以我們不會對沿街每個遇見的人微笑──即便我們並不清楚微笑的意義。
2. 微笑具有高度被接受性。不論微笑的意義還是微笑的行動都是自然且自發的。常我們在沒有思考的狀況下就微笑，就是做了這個動作。
3. 微笑具有一些不可刪減的內容：微笑的意義爲我們藉由自身所發現的，而且這種意義似乎在文化與文化間並無不同，一如某些手勢一樣。Lonergan因此產生以下區分，作爲意義特性的說明：

語言意義	微笑
語言的意義傾向於一致	微笑具有廣泛且多樣化的意義
語言的意義句有與虛僞相對之真以及與錯相對之真	微笑只有前者而無後者
語言的意義為距離性的	微笑的意義是普遍性的
語言的意義是主體性	微笑的意義是主體際性

1.意義及其特徵在文脈中具有前因後果的意義
2.意義不一定包括一些對象

UNIT　3.7
符號作為意義的呈現

　　Lonergan並非我們嚴格意義下對符號學討論的學者，其討論符號與意義間關係時，著重在意義的呈現而非對符號運作的討論。為此，Lonergan在理解符號時，還是偏向於認定符號為意義的載體，或傳統定義以一物取代取代另外一物的面向。

一、符號（symbols）是什麼？

　　Lonergan定義符號是：一個實際的圖像或是虛構對象，其能引發感受或是被感受所引發。（Lonergan，1971：64）所以符號的使用，包括感受對於客體、感受——客體彼此以之間，以及與他們關聯的使用主體有關。

　　對於理解符號，Lonergan認為（他所在的時代）解釋符號有三種主要系統：心理分析學派的Frued，個體心理學的Alfred Adler，以及分析心理學的Carl Jung——從這裡可證明Lonergan重心放在意義而非符號。Lonergan其實在書中提供了一個他那個時代關於符號研究的發展與清單。這樣的清單顯示出Lonergan所受到的英美系統影響，因為同時期歐陸關於符號學的研究是以Edmund Husserl為本，並經由Saussure之能指、所指建構，並加入語言學之探究所產生的符號學系統。

二、符號使用的特徵

　　上述已提符號與感受及對象有關。特別在符號——對象間，經由意義與實作上的改變、經由個人感受、以及經由彼此的衝突，產生出對主體有關的意義連結。Lonergan注意到，相同的主體對於客體所引發的感受不一定相同，同樣的感受也不一定指向相同的符號（或圖像）。人類在發展過程中可能會因為種種差異而有了意義失序的可能性。人類生活與習慣有可能決定了符號的發展，反之亦然。所以，根據以上的基本定義，Lonergan分析符號具有以下七個特徵：（Lonergan，1971：65-67）

1. 相同意向或假設下的符號彼此沒有差異。他們之間可以彼此交換以至結合或減少他們的強度，或是建構起解釋上的多樣性。

2. 經由混合而得到的混合符號，此混合中的任一要素有可能為無差別中之一體或僅在符號上具有些微差異

3. 影響產生或是脫離常軌時，會引發對符號的重新評估或是超越。這使得符號自身產出新的意義表達。但在發展中的任一步驟不可說符號能夠被重新評估。

4. 符號所依據的規則並非邏輯的而是圖像與感覺的，因為邏輯將使符號使用於被描述特徵進行運作。

5. 符號的使用範圍遠超過邏輯與辯證接受的範圍，特別是在情感方面。

6. 在主體際性間的溝通中，符號能夠提供適當意義。然而在這樣的溝通中，符號具有其先驗意義，其意義能使一主體藉由圖像或是知覺主體達至豐富，一如其意識有目的性的發展、偏離或是兩者兼具，或如他所採取在自然、人、以及神面前的姿勢一般。

7. 唯有透過符號才能對符號產生理解。

意義的具體化與組成

符號除了符號本身外，還包括藝術與語言	
藝術	語言
Lonergan引用Susamme Langer認為藝術就是純粹經驗形式的具體化，意義包括： 1. 形式可能是抽象的也可能是具體的。並非意謂顏色與色彩無關，而是如同表象般的某物。 2. 被知覺的形式同時也是所知覺的形式，而被知覺的形式就是一種能經驗到的形式。 3. 形式可被稱為純粹的是因其包含著工具化經驗之不同形式。此中涉及感官的三種主要作用：對符號接受與轉變，作為系統化理智之基礎，最後藉由經驗之先驗形式而再重建。 4. 所包含的不只是外在形式，還包含了純粹來自經驗的形式。 5. 來自經驗形式之純粹要求主要目標在於達至豐富。其使經驗進入自身合適之形式並使其擁有擴張、發展、組織與滿全的規劃。 藝術的作用在於：我們日常的世界可以經由某些特定的過程進行表達的轉換（可以參考邏輯實證論的觀點），在一個主體的世界中也是相同。	意義具體化在語言世界中，並建構在一種慣性符號內的時候，能得到更大的自由，因為其他種種意義的載體都受限於共同生活的經驗與材料，但是語言並沒有。但是語言也能表達出主體的世界。我們跟隨著母語而進行命名，我們所學習的名字既為我們可見之物又為我們所能掌握之物。這使得不同語言之間的翻譯最理想就是達至意義上可能的相近。這種作用具有交互性質，不只語言發展意識，其也建構出主體的世界。故語言可區分為三種類別： 1. 一般性語言，其為人類關於人類溝通的產物對於人性之善日復一日與日所蒐集得出的載體。 2. 專門語言，其基礎為常識，特別是在團體發展出不同的分工與任務之後，就接著發展出為了表達該字詞而產生在一般用法與特別用法之間的區別。 3. 文學語言，能補足一般語言交互呈現中所缺乏的，所以其需要能夠感受的聽者與讀者，其能補足超越在專門語言那種符號與邏輯之外的事物，並且超越而成為詩一般的語言。

從這裡Lonergan提示我們意義的組成內容

意義的組成包括三個部分：意義的來源、意義的行動、意義的語詞	
意義的來源	有意識的活動並傾向於滿足。其原理可分為兩部分： 1. 超越的，為有意向活動的生機論，負責提問； 2. 範疇的，為洞察之最後決定，負責答覆的，並建構確定性。
意義的行動	包括五個部分： 1. 意義的潛能性行動。 2. 意義的形式性行動。 3. 意義的滿全是一種判斷的行為。其設置思想對象的所在。 4. 行動意義來自於價值判斷、決定與行動，並產生對個體與群體的影響。 5. 意義的工具性行動為表達。
意義的語詞	根據上述五個部分以語言作為其所意指，其階段性為意義之行動五個特點之應用。

上表根據Lonergan，1971：70-85所整理。

UNIT **3.8**
意義的發展

意義要能呈現，有其發展的基礎、領域與歷程。Lonergan在此提示我們，意義所具有的基礎爲何，並以（理想）階段的分層說明人類文明意義發展的進程。

一、意義的基礎

Lonergan提出意義的基礎有四個面向：
1. 認知：經由認知，客觀物理世界轉變爲有意義的周圍世界，這種轉變是藉由文字／符號的使用，因爲文字能夠帶領主體進入到不同的時空內。
2. 果效（efficient）：我們所進行的行爲不是無意識的，因爲人之所爲均是意識上所傾向的行爲，故藉由行動將意義呈現出來。
3. 構成（constitutive）：語言本身因爲聲音與符號的規範帶有意義，所以由語言所組成的人類文化均帶有意義作爲其基本組成要件，人不論有形與無形的產物都與意義構成有關。
4. 互動（communicative）：人與他人之間的互動藉由主體際性、藝術的、符號的、語言的與具體的種種行爲進行。因此個別的意義能經由一定過程轉變成群體的意義。Lonergan認爲互動還可進一步區分爲三個部分：
   (1) 團體（community）：建構在普遍意義上，並具有四個特徵，即將普遍意義作爲潛能、型式、實現從而經由決定和選擇而被理解。
   (2) 存在（existence）：成長過程中有信賴與不信賴存在模式，即便在傳統中，可靠的事物還是有可能維持著基本形式而意義改變的可能性。這可能使得個人的不可靠轉變成傳

統的不可靠。
   (3) 歷史（history）：是一種與自然相對的人文活動。意義有其不變動結構與要件，但是結構中的文脈有其思辨的發展與衰退。爲此，人類是一種歷史性存在。這種意義的顯現呈現在歷史中，這也使得對於歷史的詮釋以及學習成爲所有人文科學的基礎。

二、意義的領域

意義既普遍於我們生活四周，所以Lonergan認爲，不同的狀況帶給意識與意向不同的操作模式，這些不同的操作模式則帶出不同的意義領域。（Lonergan，1971：81）Lonergan進一步區分意義領域爲常識的領域／理論的領域：雖然兩領域擁有相同對象，但兩者觀點卻不同。因爲常識的領域理解人、事與我們之間的關係，我們對事物的理解通常來自學習的自我修正過程；但進入系統性的討論就不只是引申出常識所無法回答的問題，並且要求一個答案所需的文脈所在，這樣的文脈是常識無法支援或是包含的。這樣的文脈就是理論，而其所指涉的對象就在理論的領域內。

在高度發展的意識中，不同意義的領域才能夠被區分。而不同意識的統合並非來自無差別意識的同質性，而是自我知識對差別領域的理解以及知道如何將其中的不同進行轉換。此中會涉及到常識與理論之間的矛盾。也唯有藉由知識（以及哲學工作），我們才能將不同的原初語言轉變成理論語言，豐富對事物與世界理解的意義內容。

意義發展的階段

一般狀態下，人類社會是能夠發展與前進的。然而發展有可能會停滯。在極端狀態下產生的人類生活或許不再發展，從而讓文化貧乏。為此哲學需要發展與超越而建構出新的人道主義，讓人繼續文化的發展與前進。在此前提，Lonergan於《神學方法》中為我們勾勒出一幅意義發展的階段，其歷程如下：

早期語言	最開始意義的產生與語言的發展有關。語言要能均衡表達有三個關鍵需被掌握： 1. 對指稱符號的發現。當指稱被理解為指稱，某人就不用需要嘗試練習掌握用詞。 2. 可以被普遍化。其不只是洞察在概略印象上出現，也可以於使用中判別並加以引導包括聲音模仿在內的身體動作。 3. 發展語言。語言能在末進入共同需求與共通事務的共同洞察時提供溝通，並在一種經過主體際性、指示性、模仿的，以及類比性的表達中被使用。文字指向經驗與料，語句為經驗模式的洞察，語句變化的情緒能表達出主張或願望。
希臘時期對心智的發現	透過技術發展，人從魔術中咒語的無效轉向宗教式的禱告，進一步又打破神話內涵。期間，人類發現了自己的心智與能力，得以重整自身對外在認知產生的異議內容。這樣的方式可以在希臘史詩的發展中看出端倪：一開始是人類對他自己的認識，表現為個人感受的經驗與決定；其次產生了知識的反省，並在史詩中記錄人類為生活付出的奮鬥與維持生計所用的技術。哲學家的研究那也可以發現，每個哲學家注意到人類心智發展的過程，展示出哲學史上從神話作為出發，一步步從早期自然哲學家逐步進入到後來認識論哲學家的分析與內容，期間觀察的重點都於語言的使用。
心智作用的發展	Lonergan認為，心智在此發展，並將意義開展為：常識的階段，爾後進入常識與理論並行的階段，最後為科學進入到持續發展的階段，並將一統性建立在方法上。意義的作用在於適當工作的呈現，表現在於尋找有目的性的意識資料，並對意義的領域展開思索與反省。雖然科學與哲學的發展往往矛盾：一方面對過往懷舊，但是當科學與哲學在將工作專注在人類心智運作上，又有可能超越自身。
最後階段的無差別意識	Lonergan認為，人類的意義發展會在以下四個部分持續進行： 1. 與語言相關的邏輯、哲學以及技術：在其中讓我們發現人具有可改變性質。 2. 道德：使人能夠活的像一個人，並強調一個個別之人在道德方面的實踐。 3. 理論的世界，特別是理論的世界往往與常識的領域部分重疊部分不同。 4. 文學。以詩人為例，早期詩人多傾向於對心靈與宇宙意義的探究，而後其詩人多傾向於文學批判以及理論建構。這表現出意義的發展。

上表根據Lonergan，1971：85-99所整理。

UNIT 3.9
邏輯系統作為一種符號系統

讀者可能會注意到，我們在符號學概論的書籍中加入邏輯的觀念，此點與其他符號學相關的書籍略有不同。從符號學角度來理解邏輯，邏輯不僅僅只是對推論規則的認識及討論而已：邏輯本身是一套完整的符號系統，並透過這種符號系統我們可以傳達意義與價值。因為邏輯不只是對語詞文法意義的研究，或透過符號建構理解語句之間的關係，更是一種用以理解世界的方式。

一、邏輯的意義

邏輯（logic）一詞常被我們用以稱呼一個人說話順序合理否。當一個人說話顛三倒四或前文不對後時，我們會說此人說話「沒有邏輯」。這個詞後來在拉丁文中轉譯成*logica*，並被沿用至今成為logic（邏輯）一詞。

沈清松（2001）描述了人類這種能夠說話的特殊性。當Aristotle指出人類是「會說話的生命體」時，凸顯出人類理性的功能。人類會*legein*（說），說出來的*logos*則為對世界樣貌的表達。在古希臘哲學乃至當代Jakob Uexküll與Thomas Sebeok之前，說話或符號的應用都被認為是人類獨特的能力，動物被認為並無類似的表現——雖然在當代生物符號學的領域內，這樣的觀點受到挑戰。不論如何，人透過說話表達出他對世界的理解是明顯的，且在表達過程中呈現出意義的內容。為此，邏輯的作用不再只是對思維的思考，而是更進一步關於意義的表達與對世界的陳述內容。

二、邏輯作為對世界意義的理解方式

我們透過語言描述世界，所以世界的真相存在於語言內：在這樣的思維下，邏輯的作用可以被擴充為尋找世界表象背後的真實不變動內容。

在我們面前呈現的這個世界通常被認為「表象」，也就是變動雜亂的。這種狀況在我們的語言上也是相同的，即便我們相信人類是理性的，且對於事物的理解可以達成某種一致性。邏輯在此的作用就與我們在下一節所討論的形上學相類似，即除去那些雜亂的內容，呈現出那絕對不變動的基礎。我們可以以文法作為例證：當我們學習外國語言時，最大的困難之一就是該國語言的文法。例如英文中現在進行式的基本文法結構是「主詞＋be動詞＋V-ing現在分詞」，我們可依此建構起I am reading這樣的句子。但相同的，我們所使用的中文也有文法，只是我們在中文語境中不會注意到我們的文法使用。例如東京大學外語語言軟體模組中有介紹中文的文法，像是第一課陳述句就介紹中文基本文法為「主語（S）＋動詞（V）＋目的語（O）」。

文法的存在一方面說明我們的語言具有特定不變動的基礎，另方面其成為理性的基礎，我們得以溝通與陳述。為此，當我們使用語言描述世界時，即是透過語言傳遞我們將客觀物理世界轉變為帶有意義之周圍世界的作用（一如1.14-15所言）。也是在這樣的基礎上，我們可以合理解釋為何我們在聽外國人使用中文說話時，即便他的中文表達不合文法或不準確，我們仍然可以掌握他的意思：因為我們是在同一套符號系統內傳遞承載意義的信息。

不同向度的邏輯建構

本書與本章在討論邏輯時，主要是以西方傳統三段論證以及當代數理邏輯為主。但邏輯作為一種對世界樣態的描述不只有西方的系統，還包括著不同國家民族的思維運作。以下列舉三個面向的邏輯建構為例。

印度的邏輯	1. *Nasadiya Sukta*，是《梨俱吠陀》第10曼陀羅的第129首讚美詩。探討宇宙的起源，其中「不存在的不存在，存在的也不存在」涉及懷疑論與不可知論的思維運作。 2. Nyaya學派，建立完整推論模式的內容：完整推論包括一個開始的前提、一個支持的理由、一個合理的例子、一個實際的應用和一個最終的結論。 3. 龍樹中觀的四角論證系統，包括四種樣貌： P＝存在； -P＝不存在； P & -P＝存在與不存在； -（P & -P）＝既不是存在也不是不存在。
中國古典邏輯	最著名的為公孫龍子與墨家的墨辯等著作。 1. 公孫龍子著名的兩個邏輯論證分別是「白馬非馬」以及「離堅白」。白馬非馬強調白馬的範疇與馬的範疇彼此不同，討論白馬時排除其他顏色馬匹，但馬的範疇卻可涵括所有馬匹的可能。因此，白馬不是馬。離堅白，又稱堅白石，強調眼無法看石之堅，手無法觸石之白，故白與堅兩者可被分離。因此一塊堅硬白石中，堅、白與石彼此互不相關。 2. 所謂墨辯指《墨子》中六篇文獻：〈經上〉、〈經下〉、〈經說上〉、〈經說下〉、〈大取〉、〈小取〉。這六篇文獻討論包括認識論與古代中國科學發展的內容。其中〈小取〉提到「或、假、效、辟、侔、援、推」等七種推理形式，為邏輯推論的討論文獻。
伊斯蘭哲學內的邏輯運作與對中世紀哲學的影響	伊斯蘭哲學的內容受到Aristotle邏輯理論的影響，並在與信仰內容結合後產出其獨到的邏輯思維。這種思維日後影響中世紀士林哲學學圈。以下舉出兩例作為說明： 1. Al-Ghazali：討論哲學家的謬誤時，舉出20條哲學家們思維上的錯誤。特別在因果律的思考上，Al-Ghazali認為因果關係可被打破，不過其前提是在神的全能當中。他並不是說因果關係間沒有聯繫的可能，而是說因果關係不具有絕對的必然性。或者應該被理解為：即便我們透過（大量）觀察我們必不能絕對肯定因果關係具有關聯性。從信仰的角度來看，我們所信以為真的因果關係其實是神已預定的創造規律，必要時神可以透過全能創造一個因果關係與我們現在所知都不同的世界。（黃鼎元，2021：116-117） 2. 雙重真理理論：在十三世紀巴黎大學中出現雙重真理論，認為在哲學與神學上理論即便彼此矛盾，但仍然可以同時為真。主張者之一為Siger de Brabant。

形上學的基本概念

形上學的存在與邏輯／三段論證有關。三段論證是透過語言與推論認識、描述與定義世界的模式。三段論證的成立與形上學有關，而三段論證又做為將世界符號化方式的一種，所以我們此處將從形上學的基礎出發，作為帶到三段論證的基礎。

一、形上學是什麼？

「形而下謂之器，形而上謂之道」這句話可以作為形上學的概念基礎。我們面對的世界是一個有各種各樣現象的世界，各種變化豐富的現象看上去雜亂無章，但若我們仔細觀察，這些看上去雜亂無章的現象背後還是可以找到固定的規律。因此「形而下謂之器」表明我們所看到的這個世界雖然是一個一個具體的對象，「形而上謂之道」表明在這個複雜世界的背後還是有一個可被觀察的規律。這也是形上學一詞的概念。形上學英文metaphysics由兩個希臘文組合，一個是*phisics*，指這個物理的世界，另一個是*meta*，這個詞其中一個意思是在某物的後面，所以「*meta+phisics*」表明在物理的世界背後還有與之運作相關的規律——雖然這個詞的來源也和一個哲學史的公案有關。Aristotle在編輯著作時將這本著作放在物理學的後面，所以原本在「物理的後面」（在*phisics*的*meta*）是編排上的意義。（然而據說中世紀神學家認為在此*phisics*的*meta*是指更高的神學思想。）這個詞後來被賦予更多的意義：我們可以說，形上學是現代自然科學作為理解或解釋世界之方式以前，用來解釋世界運作的一套方式。

根據Aristotle所言，以及後世透過將形上學的方法與結論應用在不同的對象上，我們可以將形上學區分為普通形上學與特殊形上學。普通形上學以所有的存在作為研究對象；特殊形上學則透過形上學的研究方法應用在不同對象上，探討人的存在（哲學人學）、神或超越者的存在、還有與我們個人相關的討論（例如自由與否）。

二、針對變動與不變動的研究

在眾多對象中要找到那不變動的本質／意義，就回到形上學所說，詢問有什麼是表象下那基礎的原理。按照Aristotle所言，任一對象為「改變＋未改變」的組合。那些在改變的因為是依附在外面的，所以會以「依附體」加以稱呼；未改變的那個（通常是內在於該存在者）被稱為「自立體」或「實體」。Aristotle提出不改變的那個是內在的那一個，而外在的部分。為此，凡是事物都是可以由「自立體＋依附體」所組合。這種組合可以改寫為語句的基本結構：「主詞（S）＋謂詞（P）」，其中主詞也就是主體，謂詞也就是客體。這是Aristotle對世界進行的分類，其中主體為一項，客體共有九項。全世界可依這樣的分類區分為十大類。Aristotle的分類方式被稱為「範疇」（category），是一種對世界分類與理解的方式，也就是為世界賦予意義的認知方式。

範疇或世界分類、世界結構等概念在於表達，語言和世界息息相關，和語言使用能力有關。因此「語言——思想——世界」三者彼此有密切的關聯。

範疇：理解世界的符號系統

我們可以以這樣的方式來理解範疇的概念：

如果世界是一個巨大的表象系統，那麼在這麼巨大系統的背後是否有一個基本分類的規律？

或者在面對這麼巨大的表象系統時我們有辦法進行分類嗎？

Aristotle：依據語言結構「S＋P」將世界區分為一項可變動的與九項會變動的部分。

詞性	範疇內容
主詞	實體（僅有一項，且為不會變動者）
謂詞	分量、性質、關係、場所、時間、位置、狀態、動作、被動

Kant：知識論上的哥白尼革命。透過主體的認識能力與條件建構起對世界的認識。

主體認識兩項能力	
時間	空間
內在知覺的形式條件	外在知覺的形式條件
直覺或內在狀況省察的形式	認知外在一切現象之形式
兩者同時並存，雖邏輯順序上時間先於空間	

十二範疇		
概念	判斷種類	範疇
量	普遍	全體性
	特殊	眾多性
	個別	單一性
質	肯定	實在性
	否定	否定性
	無限	限制性
關係	定言	實體性
	假言	因果性
	選言	相互性
狀態	或然	可能性＼不可能性
	斷然	存在＼不存在
	必然	必然性＼偶性

Whitehead：將世界所有存有區分為八大種類

1.現實物（actual entities）、2.攝受（prehension）、3.集結（nexus）、4.主觀形式（subjective forms）、5.永恆對象（eternal objects）、6.命題（propositions）、7.雜多（multiplicities）、8.對比（contrasts）

Peirce：在1867年的著作《論範疇的新分類》（*On a New List of Categories*）中為世界加以分類，內容參見2.9。

此處分類參沈清松，1989；黃鼎元，2021。

UNIT **3.11**

三段論證

除符號邏輯外，三段論證則是另一種透過語言理解世界及意義的邏輯系統。提到三段論證，我們普遍容易想到「凡人皆會死，蘇格拉底是人，所以蘇格拉底會死」這樣的傳統三段論證內容：這是我們最容易接觸到論證形式，並可透過此基礎形式，理解三段論證的建立及對世界的理解。

一、語言的基本結構

我們在前面提到，語句的基本結構為S+P，其中S為主詞，P為謂詞，而P可被用以描述S的特性。在S+P的語句中，只要加上數量與性質即可對所有事態加以描述。數量部分一共只有三種可能：個別的一個、全部、以及其中一部分。個別的一個或全部因為數量上就是一個對象或集合的全部，所以以「全稱」稱呼；其中一部分則因為是全體中的一部分，所以以「特稱」稱呼。性質方面則有兩種可能，即肯定／否定。因此一個S+P語句在數量上全稱／特稱，性質上肯定／否定的組合下，語句就與四種可能性：全稱肯定、全稱否定、特稱肯定與特稱否定。為了在推論上較為容易清晰分析內容，故根據拉丁文*affirmo*（我肯定）與*nego*（我否定）中的A、E、I、O命名四種命題為：

1. A命題：全稱肯定，例如：凡是寫書的人都很辛苦。
2. E命題：全稱否定，例如，凡是寫書的都不辛苦。
3. I命題：特稱肯定，例如：有些寫書的人很辛苦。
4. O命題：特稱否定，例如：有些寫書的人不辛苦。

二、三段論證的組成

三段論證所使用的語句結構基本形式與上述相同，每一個語句都具有S+P的形式，並以至少三個語詞及三個語句，包含大前提、小前提與結論，組合為一個完整三段論證（完整三段論證結構請參考右頁）。在組合上還有以下規則：

1. 不論大前提、小前提以及結論，都可適用於A、E、I、O四種命題。不過並非所有命題組合都是有效論證。三段論證必須遵守八條規則，這八條規則可以視為在透過語言理解世界（及其意義）時，不能錯誤理解的規定，以免描述或推論上產生錯誤。
2. 大小前提中，中詞可能的位置有四種排列組合可能。這四種可能分別以拉丁文字母的1-4描述為：I、II、II與IV。
3. 大小前提與結論都可以使用四種命題中的任何一種，中詞也有四種排列組合的可能，所以三段論證的格式一共有：「大前提4種命題X小前提4種命題X結論4種命題X中詞四種位置＝256種可能」。每一個三段論證的組合都是一種格式，格式與格式間在符合規定的情況下可以互換。

三段論證可以被這樣理解：透過中詞的中介作用，連結起主詞與謂詞之間的關係，進而對世界或對象加以描述，也就是將客觀物理世界轉化為周圍世界的推論過程。三段論證可以給出定義，並透過對對象的定義，給出字詞意義，從而建構起對世界萬物加以描述的基礎，將世界萬物作為對象加以符號化。

三段論證的基本組成

$$大前提：主詞＋中詞$$

$$小前提：中詞＋謂詞$$

$$結　論：主詞＋謂詞$$

其中主詞簡寫為S，中詞簡寫為M，謂詞簡寫為P，並依據A、E、I、O四種語句形式與中詞的四種位置排列組合為256種論證格式：

大前提　　　　　小前提　　　　　結論　　　　　中詞

A、E　　　　　A、E　　　　　A、E　　　　　I、II　　　　　256種

I、O　　　　　I、O　　　　　I、O　　　　　III、IV　　　　格式

四種命題　　　　四種命題　　　　四種命題　　　　四種形式

中詞依據大小前提中的位置可排列為以下四種

I	S——M M——P S——P	III	M——S M——P S——P
II	S——M P——M S——P	IV	M——S P——M S——P

A、E、I、O四種語句間的關係可透過「四角對當法」確認其關係為矛盾、大反對、小反對及差等的關係，從而進行語句間的換質／換位。

關於三段論證的運算規則須遵守以下規定：

規則一：名詞只能有三個。

規則二：結論周延名詞前提中也必須周延，否則會有以偏概全的問題。

規則三：結論裡不可有中詞。

規則四：中詞至少周延一次，若不周延則論證無效。

規則五：兩前提均否定則沒有結論，因為無法讓三詞之間產生關聯性。

規則六：兩前提皆為肯定時，則結論必須肯定。

規則七：結論要隨較弱的前提。所以

1. 前提中命題一肯定一否定，則結論應隨否定命題。

2. 前提中命題一全稱一特稱，則結論應隨特稱命題。

規則八：兩前提均特稱時沒有結論，因為兩個特稱前將導致各詞之間都不周延，產生無效論證。

參錢志純，《理則學》，2000：85-90。

現驗證三段論多用范恩圖解（Venn diagram）方式加以進行。

UNIT **3.12**
邏輯與計算

語句既然可以表達意義，那麼就意義的表達來說，語句在推論上的正確與否與意義的表達彼此相關。我們確認意義的方式，與語句的推論過程有關，這部分涉及我們對邏輯的理解。

一、邏輯的意義

前面提及邏輯與語言有關，可被簡單理解為語言的道理或規則。我們也提到，邏輯（logic）一詞語希臘文的「道」（logos）有關，可被認為是說話的事理，或表現為我們語文中的文法規則。但是邏輯雖然包括與計算相關的內容，計算卻並非邏輯的全部，推論合理與否的規則或語言與外在世界的對應關係也相同是邏輯所注重的議題討論。

邏輯與外在世界的關聯性正是我們在前面所提語句對事態描述的內容。我們的句子彼此之間有關聯，必須符合文法規則才能正確傳達意義。我們使用句子描述外在世界時，也有與外在世界對應與否的問題，對應與否的句子有時我們以「陳述句」或「命題」稱呼，且不論陳述句或命題都可產生真假與否的問題——正是在這個前提，才出現B. Rusell著名的討論「現在法國國王是禿頭這句話是否為真」。為了能夠處理語句上的真假問題，邏輯學家發展出一套邏輯規則及其公式，透過對文法規則的理解，確認語言與意義上的關聯或句子間是否符合規範。

二、符號邏輯系統

邏輯學家在理解語言結構時，透過語言基本結構的S+P，並透過不同符號將語句化約為最基本的語言結構，列出五種語句結構：

1. 連言，and，符號表記為A・B，為兩個關係鬆散的句子連結。
2. 擇言（選言），or，符號表記為AvB，為兩個可供選擇句子的連結。兩個句子表為可同時發生，但也可能有互斥狀態。
3. 否言，not／no，符號表記為-A，為對句子之否定。
4. 條件句，If……then……，符號表記為A→B，表兩個句子前後成因果關係，屬於相當強的語句型態。
5. 雙條件句，If and only if，中文通常譯為若且唯若、當且唯當，符號表記為A≡B，前後兩語句可互為因果的語句結構。

上述句子中的A與B都代表一個語句的符號化在邏輯演算中，我們透過將語句符號化，用以進行推論與驗算，並稱之為命題。根據上述五種語句結構，我們將事態濃縮為一個又一個的邏輯語句，並用以表述世界的樣態與意義。為了要確認不同語句間的關係，邏輯學家透過真值表（truth table）推算語句間的關係，或者透過語句間的邏輯關係確認其證明上的合理與否。我們在右頁所列出的邏輯運算規則，便是為了確認語句間的關係而建立的運算公式。

符號邏輯是用以研究語言的意義與規則關係，但是既然語言本身是複雜且多意的，為了嚴謹緣故符號邏輯建立起自己的符號與運作規則。由於這些規則有其使用上的規範，並且成為一套完整的符號系統，所以現在學習與計算符號邏輯如同學習另外一套不同的符號系統。

符號邏輯推論規則舉例

語句邏輯規則如下

一、含蘊的論證形式＝推論規則

MP（Modus Ponens）	A→B A ∴B	MT（Modus Tollens）	A→B -B ∴-A
HS（Hypothetical Syllogism）	A→B B→C ∴A→C	DS（Disjunctive Syllogism）	AvB　　AvB -A　　-B ∴B　　∴A
Simp（Simplification）	A・B ∴A A・B ∴B	Conj（Conjunction）	A B ∴A・B
Add（Addition）	A ∴AvB	CD（Constructive Dilemma）	A→B C→D AvC ∴BvD

二、等值的論證形式＝推論規則

DN（Double Negation）	A :: - -A
DeM（DeMorgan's Theorem）	-(p・q) :: -p v –q -(p v q) :: -p・-q
Comm（Commutation）	(p v q) :: (q v p) (p・q) :: (q・p)
Assoc（Association）	[p v（q v r）] :: [(p v q) v r] [p・（q・r）] :: [(p・q)・r]
Dist（Distribution）	[p・（q v r）] :: [(p v q)・(p v r)] [p v（q・r）] :: [(p・q) v (p・r)]
Exp（Exportation）	(p・q)→r :: p→（q→r）
Contra（Contraposition）	(p→q) :: (-q→-p)
Impl（Implication）	(p→q) ::(-p v q)
Taut（Tautology）	p :: (p v p) p :: (p・p)
Equiv（Equivment）	p≡q :: [（p v q）・(q v p)] q≡p :: [(p・q) v (-p・-q)]

18條公式根據Tidman&Kahane（1995）、莊文瑞（2015）編排。

1. 上表18條公式外另外還有條件證法、間接證法、述詞邏輯規則7條。

2. 語句關係的符號可有不同表示但相同意思方式，例如「-」與「~」相同表達否定。

3. 含蘊規則為單向性，且不可逆。

4. 等值公式為雙向的，可互相推論。

5. 除此以外，尚有述詞邏輯公式，以及IP與CP等不同的證明方式。

第 **4** 章

宗教符號學

●●●●●●●●●●●●●●●●●●●●●●●●●●●●●● 章節體系架構 ▼

宗教與符號

宗教是我們日常生活中時刻經歷的對象，也可能是我們內心的依託或眞實經歷的特定經驗。宗教的對象除了現世的實踐外，也包含對於超越向度的理解。宗教爲能幫助現世的信眾理解超越的世界，或理解超越界的對象，常使用大量符號作爲理解的依據：這裡所說的符號，不只是雕像、畫像，還包括儀式、建築以及語言等與宗教表現相關的內容。

一、宗教符號的範圍

當我們提到宗教符號時，大部分人會想到各式的雕像，或者代表單一宗教的特定符號。但如前言所提，宗教符號包括雕像、畫像、崇拜的儀式、宗教建築、宗教人所說的語言或所讀經典等，都與宗教符號有關——宗教本身作爲一種實存現象，基於其建立的世界結構，若不使用大量符號（或是語言）則常難以表現那個超越我們感官所能直接把握的超越世界。對信徒（或更爲專業的講法「宗教人」）來說，他的生活因爲宗教建立的世界結構，其實已經「符號化」。這種符號化包括相信自己的經歷驗證宗教所建立世界觀的某一部分，或是將世界理解爲與非信徒不同的存在樣貌，這些都是將宗教符號落實於生活中所得之結果。宗教符號的範圍之所以如此廣泛，與符號的作用有關。

二、符號為宗教提供的作用

按照Louis Duprè（1996：139-142）對於宗教符號的分析，宗教在使用符號時，特別將符號作爲意義載體的側面發揮出來，以致當其使用符號（symbol）時，建構出與使用記號（sign）不同的樣貌。

Duprè認爲，記號作爲一種形式，僅僅幫助我們面相這個記號所指向的那個對象內容，因爲記號的目的在於指稱某種未被直接給予的事物：在此意義下，所有符號都是記號。但反過來說，記號卻不是符號，除非記號作爲表象與呈現所指之物時，就可以成爲符號。

符號對人來說是特殊的，雖然所有存在者都能使用符號／具有指號作用，但人在使用符號時這些符號自帶意義且是唯一的意義承載者，其作用並非僅僅讓人注意到所指之物，同時還可以辨別所指之物的意義及內容。Duprè認爲，符號不是只將知覺符號的人以各種物理或心靈的方式帶到那個事物面前，而是以呈現與取代的雙重意義來表達所指稱的對象。這使符號能夠呈現記號所沒有的獨立性，而且當我們知覺到的不再只是記號與所指之物間的單義關係，而是一再顯示所指之物新面貌的豐富意義。爲此，所有符號都可以顯示出一種超乎自身且在可被認知樣態之外的某個實在界——這對宗教來說變得重要，因爲宗教建構起與現實生活重疊的聖界，這個聖界需要透過符號加以區別。符號在此變得具有雙向性：一方面符號藉由自身的辯證過程建構起指稱的對象，即便該對象與符號實際所指已有出入；另一方面符號這種可被詮釋的內容，卻能幫助宗教人在使用符號時，即便用到了原本現實生活中已經具有意義的符號，也能避開符號所指稱的意義。因此（宗教）記號或符號被用來指稱另一事物的客觀形式，而被用來解釋符號時，其意義也與用來解釋普通記號時已經不同。

宗教的特定代表符號及其意義

　　世界上的各大宗教都有屬於自己的特定符號，也就是看到那個符號就會想到那個宗教。這些符號及其意義並非隨意選取，通常與信仰或教義有關。以下列舉數個大型宗教作為例證。

宗教	代表象徵	象徵符號的意義
基督宗教	十字架	十字架原是羅馬刑具，基督宗教相信，耶穌基督被釘死在十字架上，並在三天後死裡復活，從此戰勝死亡並賜予人全新的生命。其中天主教的十字架上掛有耶穌，旨在強調紀念耶穌為人受死，基督新教的十字架是空的，強調紀念耶穌基督死裡復活。
伊斯蘭教	星月符號	不論星星或是月亮，均可以與《古蘭經》中所提到，先知穆罕默德所帶來的天啟，能在漫漫長夜中照亮人類的方向有關。雖然十四世紀開始就已有伊斯蘭軍隊使用這個符號，但一直到1960年代開始，伊斯蘭民族主義運動興起，此符號逐漸被用於公共場合，至此大家已為此符號是自古便有，忽略一些歸回伊斯蘭信仰的學者，對此符號使用的反對。
猶太教	大衛之星 金燈台	大衛之星，又被稱「大衛之盾」，由兩個三角形組合而成的六角星，雖然出處不清楚，且並未出現在聖經或傳統文獻中。其可表達神的保守與對以色列的看顧。最早出現大衛之星可追溯至三世紀，但經過漫長的歷史，一直到1879年第一次錫安主義大會上才正式被接納為猶太教的特定符號，並於1949年以色列復國後放置於國旗上。 金燈台則是從古以色列時其即具有之崇拜器具，表達神在人的中間，並透過7個燈台表明神聖的意義。
佛教	卍 法輪	「卍」字符不只出現佛教，包括印度教或耆那教，都將符號（卍）視為神聖的符號。在佛教的使用中，除了有願眾生自行化他的積極意義外，也包括佛菩薩清淨莊嚴、慈悲智慧與功德圓滿。 法輪又稱梵輪，一說是以古代戰車的迴輪，比喻佛法可碾碎一切眾生迷惑，另一說轉輪聖王轉動金輪，消除一切世界苦厄，成就圓滿完美世界。
道教	陰陽魚圖 太極圖	陰陽雙生的太極圖表達陰與陽的相生與對世界的理解；道教的教義也多與這種對世界的理解有關，並依此建立屬於道教的宇宙論。陰陽雙方並非對立，而是彼此交融，互相吸引，彼此流轉。
神道教	鳥居	鳥居作為神道教的符號，雖然在細節上有不同表現手法，但都被認為是連結神明居所與人類世界的通道。其組成以兩根支柱和一或兩根橫樑組成。 鳥居對我們來說之所以熟悉，一方面鳥居通常是觀光旅遊的景點，另一方面在日劇或動漫中鳥居也常常出現。

關於宗教及其代表宗教符號，內政部全國宗教資訊網內〈宗教知識家線上百科〉下有「宗教符號」項目，可作為認識宗教符號的最基礎入門。此處文字參考了該項目。

UNIT **4.2** 宗教結構

符號對於宗教之所以重要，除了意義承載與指稱外，還包括成爲神聖與世俗之間關聯性的中介。這種符號與結構意義，可在Mircea Eliade的理論中找到支持的基礎。

一、宗教是神聖與世俗的結構

Eliade認爲，宗教的基本結構是：「聖（sacred）——俗（profane）」。（Eliade，1987：20-65）有時我們會以「彼岸（other side）——此岸（this side）」作爲另外一種說法，這種說法來自於原初民族在河邊生活，將過世者葬於對岸，利用空間區隔出聖界與俗界後，基於語言禁忌所用的代稱。宗教結構在使用上，與後文將要提到的空間符號學有關：例如進到教堂或寺廟會有明顯對於空間感受的差異。這是因爲對宗教人來說，走進一個宗教場所意謂著空間性質改變（Eliade稱之爲同質性／異質性的差別）。要能夠「走進」就表示空間上有所區隔，這種區隔預設在性質改變的那個點有一個符號幫助我們注意到這裡空間不再一樣。這個符號之所在，Eliade認爲是神聖力量的直接顯現，以「聖顯」（Hierophany）稱呼，並在其下依據區分方式不同再區分爲「神顯」（Theophany）與「力顯」（Kratophany）。

對非宗教人來說，雖然他們沒有信仰，但他們在生活中仍採取與宗教人相同的空間區隔。例如畢業的學校、發跡的地點、戀愛或告白的場合，都是與日常生活有所區別的空間。我們在第六章討論空間符號學時將指出：能夠被結構化的世界對人類來說就是被組織過的世界，也是有意義的世界。例如城牆被視爲爲隔絕秩序與渾沌的分野。

二、宗教符號作爲中介

基於宗教結構的特性，只要能溝通聖俗界線的通道就都可以被視爲宗教符號。Eliade認爲神聖對世俗的闖入造成聖界與俗界的區分，所以聖顯所在可被認爲神聖對世俗的突破點，此突破點具有通道的意義及作用。當我們提到「通道」時，其作爲象徵符號既可以是具體的（例如進入宗教場所前的樓牌），也可以是抽象的（一例如「進入禪定」）。通道的作用是能在給出意義的兩者之間，提供溝通作用的那個象徵之物，因爲宗教的此岸與彼岸可能是具體的物像，也可能只是一種抽象意義。聖顯之物的那個符號，彰顯出對宗教人而言，他所在的位置正是世界的中心；此聖顯乃神聖帶入或拋入，所以此聖顯意表與神聖之共融交往。

基於這個緣故，任何一神聖符號均可表達此處時間與空間上的異質性。例如時間上宗教人期待那個黃金年代，起初創造的美好上古記憶。在此意義下，回憶中的時間就是所謂傳說或神話的時刻，而傳說與神話也成爲對過往時間的記憶方式（雖然Eliade也向我們展示了，神話可以在短時間內被形成的過程）。時間的記憶在與儀式及符號結合後，形成節慶或慶典；對非宗教人來說，神聖時間則轉變爲具有重要意義的，或社會集體意識認同的那些日子（此點我們將在4.5說明）。

宗教結構的範例：耶穌基督作為象徵符號

我們在此將使用「耶穌基督」，這為基督宗教所相信的救主，來說明聖俗結構間宗教符號的應用與意義的賦予。根據J. Pelikan（1994），耶穌作為一個宗教符號，在不論其真假或存在與否的前提下，於每個世紀都有屬於那個世代的符號象徵即被賦予的意義。

形象＝符號	符號的意義
猶太拉比教師	在一世紀時被認為猶太教的教師，強調以色列真正傳統。
歷史的轉折	福音書作者強調耶穌作為基督，對人類歷史的意義。
外邦人的明光	從希臘哲學與羅馬宗教中找到了耶穌的地位與價值。
萬王之王	基督宗教帝國逐步建構的歷史，並在君士坦丁大帝那獲得最後真正的勝利。
宇宙性的基督	在三至四世紀新柏拉圖主義中，耶穌基督被設置為宇宙的意義，成為 *logos* 的中心。
做為人子	在五世紀時被認為耶穌基督的道成肉身，顯示出真正的人究竟為何，並在哲學家奧古斯丁的基督教人類學中呈顯出來。
藝術的靈感	在八至九世紀，於聖像、畫像與建築上提供靈感來源。
釘十架的基督	於十至十一世紀被賦予基督宗教救恩事工的藝術符號意義。
統治世界的修士	在十一至十二世紀時，耶穌基督的形象被與修道院及隱修制度結合在一起，愛耶穌基督的人必須恨惡世界。
靈魂的新郎	中世紀神秘主義的發展中，將耶穌基督視為靈魂的新郎，是作為新娘之靈魂所期望結合的對象。
神人二性的楷模	最完美的神／人，足以提供改革的基礎與動力。
普遍的人性	在文藝復興與人文主義運動中體現出人性的價值。
永恆的明鏡	宗教改革中，被賦予改革宗教的基礎與泉源，成為反對腐敗制度的真正動力。
和平的君王	不論宗教改革或宗教戰爭，都以耶穌基督為正義而能帶來和平的真正君王，實踐從中世紀十字軍東征以來的為主而戰。
倫理的教師	十八世紀後的啟蒙運動，在學術與歷史方面呈現出他作為倫理教師的教導。
屬靈的詩人	浪漫主義與唯心論的文學活動中，被塑造為對抗正統僵化之理性的創作源頭。
解放者	帶領社會反抗不公不義的模範。
屬全世界的人	任何人，任何種族都可以在耶穌基督身上找到自己需要的符號與形象，甚至為之詮釋特定的意義。

上表為根據J. Pelikan《歷代耶穌形象》（1994）所整理。

UNIT **4.3**
世界觀的結構與符號化

如果我們以聖與俗之間的關係作為對宗教結構的理解，身在世俗世界的信徒其實是以聖界所啟示之世界觀作為生活的基礎。這就是Eliade所強調：世俗必須按照神聖的模式建構，使自己成為神聖的仿效者。

一、對神聖世界的模仿

對聖界的模仿起自於我們生活兩個不同層面：神聖與世俗的區別，且這種區別在世界各地的人們生活中都可以看見。（Pals，2005：214-223）聖界是那超自然的、非凡的與值得紀念的事物所組成；俗界則相反，充斥人類事務的虛幻與容易消散。從空間來說，神聖世界井然有序且盡善盡美。當世俗世界的人們與神聖相遇時，他們驚訝於那種超然力量，並在本質上感受到一種自己無法理解的對象。對古時的人來說，這種神聖力量的存在既普遍，對他們的生活來說又具有決定性的關鍵，可以影響到他們生活的每一個層面。神聖權威既然掌控著一切，古時人們就願意認真對待並精確的確立這些神聖規範。其中，符號就是一種規範的表徵。舉凡神聖殿宇的屋舍、禮儀的規範確立、個人的動作行為，均與神聖啟示的秩序有關──反過來，也可能認為自己的行為可以干擾神聖權威的決定。

宗教符號在這個意義下，變成神聖秩序在這個世界那種代表記號。對原初民族來說，神聖時間與空間是一體兩面或同時開展的。例如原初民族在建設村落時，是根據創世神話中神對世界的創造與安排而進行，其中就同時涉及時間（創世神話中神創造的安排）與空間（所有村落屋舍的位置需符合創世神話的內容）兩項要素。

二、世界觀

聖俗間的重疊，表現在宗教人對聖界的模仿。這種模仿不只是將神聖模仿至自己的生活空間，還包括以聖界啟示之世界觀作為思考的基礎。過往原初民族所接受與認定，自己的生活世界必須配合創世神話所開展，到了現代則轉變為世界觀。世界觀，或被Gorden Kauffman稱為世界圖畫的那種思考方式，在兩個條件下可以發揮其應具備的功能：（Kauffman，1993：47）

1.能夠幫助人們組織與解釋自己的經驗，讓人可以跟這些經驗彼此協調，使生活可以進行。

2.根據這種依據所提供的意義及動機，團體或個人可以與（嚴重的）災難、困境與麻煩中對抗，並得以持續堅持下去。

宗教人的世界觀，是他生活的依據或準則，這些依據與準則來自於神聖世界。原初民族透過創世神話建構他們的生活世界，現代人則透過（宗教內啟示之）世界觀來決定他的日常生活。從人類思維的角度來看，Kauffman提醒我們，這種世界觀總有不足的地方，也不會有一種世界觀可以囊括所有經驗以至於可以用以解釋所有現象。世界觀在面對不同經驗或挑戰時，需要參考其他觀念與價值，以致能重新建構或修改調整。

基要主義作為符號與世界觀

> 1. 基要主義（又被稱為基本教義派，Fundmentalism），因為相信特定世界觀\結構，或是以這些價值觀作為絕對的信念基礎，從而產生對事件與世界的認識及解釋，可套用在社會、宗教、政黨等範圍內。
> 2. 近年易因為宗教人士發言產生衝突，且不論東西方都有明顯團體。
> 3. 基要主義在全球化的視野下，成為一種特定對人理解的符號。

特徵：

1. 在宗教交談理論上常與獨斷論（dogmatism）立場等同，被認為是保守與頑固的主張。
2. 定義或字詞使用上常被混淆或添加情緒性的解讀。
3. 比較理想的理解：他們想要用比較保險與安全的態度接受或驗證自己以外的觀念，以面對來自世界的全面衝擊，不論在社會上、政治上還是 宗教方面 皆然。

在全球化的狀況下，學者對基要主義提出他們成立的基礎：例如George M. Marsden（1980：4-5）認為：神學上的基要主義是為對抗現代化神學所產生的特定神學系統。

我們可以觀察到，任何宗教都有因對抗全球化而產生的基要主義。

基本教義派的思考符號＝如何理解世界

1. **複雜的（世界解釋）系統與簡單的答案**	2. **封閉的循環系統**
宗教上的基本教義派，常帶有一套幫助宗教人理解世界的複雜解釋系統。但因為複雜的背景從而使答案簡單化。可能會使原本完整的東西因為過於簡單而產生誤解：例如贖罪卷的理論與應用。	對於世界的理解，或理解背後的教義系統雖然複雜，但是內部邏輯上可以自圓其說。內部的思維系統常有循環性質，所以在跟這類基要主義信徒說話時，會覺得他們似乎在思維上打轉而無法理解外在世界。這種系統的成立，也有賴於基要主義內部的封閉性。
3. **挫折的處理與合理化的面對**	4. **生活實踐**
封閉系統呈現的言行特色是二分法，且沒有中間值。外在世界給出的挫折合理化解釋為世界墮落的實證，以及參與在此一團體內自己為正確的符碼。我們在這裡可以看到善惡二分的符號，如何被內化在基要主義的思維內。	產出格格不入的解釋模式 和基要主義的人對話，第一個感覺常是：他所說的與我們對世界的認識不一樣。這是基要主義生活實踐中某些方面的特色。基於上面所提封閉循環系統建立的世界觀，我們常覺得他們所說內容荒謬不堪。

可以注意到幾個基本教義的思維符號：

1. 有一特自己內部的符號（理解）系統，用語與世俗語詞同字不同義。
2. 專注不同群體間的差異更勝於用以團結差異群體的方式。強化差異性的方式是「對抗」。

基本教義派主張＝
宗教聖界啟示＋演繹而出之宗教內哲學主張＋對世界觀點之政治立場

UNIT **4.4**
神聖空間

在Eliade的理論中，神聖空間與神聖時間的概念正確來說應該是「此處即聖界，此處即凡俗」。聖界與凡俗之間的重疊，表現在空間與時間這兩個抽象符號上，也形成對宗教符號解釋的一種基礎。

一、空間對神聖的模仿

Eliade觀察到，原初民族在空間上有對原初神聖規律模仿的行為。原初民族希望自己能圍繞著神聖的中心點居住，這個神聖中心點是聖顯的所在，並且透過上升的符號，將天地／聖俗之間加以聯繫（通常這個上升符號以柱狀物作為象徵符號，被稱為宇宙軸）。依據這個神聖中軸，四周的世界得以被劃分為不同的方向區域，重複著神聖宇宙展開出四個方向的關係。一些地區村落建立在十字路口中間，村落與四個方位象徵了宇宙與四個方向的關係。原初民族的世界對神聖世界的重覆與模仿極為看重，神聖軸可能是一個柱狀象徵物，也可能是一座山，或是一棵樹。

雖然不同文化間在對神聖模仿的表現上會有差異，但模仿神聖或神盛典的作用對這些文化的影響卻顯而易見。因為除地理位置上的模仿，宗教建築（或是一般屋舍）的建設，也必須重現原初神話中創世的過程：原初神話中神明在混沌中擊敗邪惡勢力，當一棟房舍被建立起來時，建設的過程也必須符合這種神聖秩序建設的過程。人類之所以需要不斷重覆與建構這種神聖秩序，是基於自己對自己所具有之疏離感的恐懼。原初民族因為這種疏離，產

生了對天堂（也就是聖界或傳說中那個年代）的緬懷，所以需要透過對神聖秩序的模仿以肯定自己的渴望，回到神聖領域的那個時空內。

二、宗教場所作為神聖空間

不只原初民族，不同的宗教內都有這種對神聖規範的模仿：哥德式建築（Gothic architecture）可以做為範例。哥德式建築透過高聳表達出神聖的威嚴，尤其尖肋拱頂所呈現出向上的視覺暗示，既顯示聖俗間的距離，又顯示出聖俗在空間上的重疊——這種對符號的解釋與建築本體的工法在執行面不一定相同，但對於應用在神聖空間的解釋上卻能富有意義。哥德式教堂另外使用花窗玻璃作為建築物件之一。最開始時乃應用傳自阿拉伯國家的彩色玻璃技術，建構起得向當時不識字之民眾宣傳聖經故事（或流傳於民間之聖人故事）之作用。除顏色上的象徵性，也透過採光不足建構的壓抑性，表達世俗對聖界的渴望。

對非宗教人來說，空間的聖俗區分相同存在：對某人來說，那個地點特別具有意義，那個地點就可以是他生命當中的聖界。以墳墓這種象徵生死區隔的地點為例，墳墓——城鎮間通常有空間上某個象徵之物的區隔。這種區分出生死界線，或可以被視為聖俗界線的空間，常伴隨都會傳說／鬼故事的存在。關於空間及其被賦予的意義，可參見空間符號學中的討論。

作為神聖空間的天堂

J. B. Russell在《天堂的歷史》中，透過歷史（歷時性）角度分析「天堂」這個在西方宗教中被認為是最終的神聖空間，其概念具有如何的發展與內涵。天堂之所以成為最終的神聖空間，除了人會思考「自己死後要往哪裡去」這一問題外，也包括基督宗教教義中，當人死裡復活後身體／靈魂的作用，這問題涉及空間與時間。

作為比喻的概念	對天堂的描述通常包括一些重要物件，例如有園林、樹木、樹林的組成，形成類似羅馬文化中「香舍麗榭」或「義人群島」的概念。若以城市比喻，多使用耶路撒冷作為符號。而自然環境則包括天空星象、苍蒼燦爛的景象。
耶路撒冷作為樂園	基督宗教的天堂觀念，本質上是猶太教式的，但也受到希臘羅馬文化的影響。組合而成復活的義人將「向上升」而進入樂園＝耶路撒冷的概念。
天堂的教義發展	從最早基督宗教神學家相信神國迫在眉睫並即將來到，從而發展出世界末日的概念，到後來轉變為蛻變過的伊甸園與天上的耶路撒冷。此時復活的教義與天堂逐步連結，經由教父哲學的思考，產生出對天堂在教義上的理解。
教義分裂	基督宗教的擴張，在地理位置上為日後產生東西方差異做了準備。東西方對思想根源的接受，以及天堂究竟為何，或是人復活後的身體及時空狀態均有認知上的差別。
天堂體驗之旅	根據教父時期教義，中世紀天堂被逐步認定為完美的社群，每個有分於其中的信徒都能享受到無盡的歡樂。若要預先認識天堂，可以透過教會制度（或加入修道院），因為塵世的教會就是天堂的先行體驗。
中間狀態的問題	人若要從塵世進入天堂，是否會經過一個所謂「中間地帶」，也就是煉獄的問題。如果天堂是種至福，人在進入之前是否需要先行在一個地方等待審判？這個問題為中世紀後期所產生，對進入天堂資格的思考。
天堂作為神聖終極空間	文藝復興時期，經由但丁《神曲》所描述，天堂成為一個得勝者前往的最終獎勵，且具有明確空間性質，在進入前必須經過中世紀所謂的中間狀態。J. B. Russell認為，到了但丁的時候，我們所接受的天堂概念已經完備成形。

表格乃根據J. B. Russell《天堂的歷史》所整理。

關於天堂的補充
1. 但丁之後，天堂概念仍然持續發展。至但丁為止，建構出來的乃是我們對於天堂概念的最基本架構與內容。
2. 我們所稱為「天堂」（Heaven）的那個終極神聖空間，在基督宗教內較為正確的指稱應該是「樂園」（Paradise）。

UNIT **4.5**
神聖時間與節期

除了空間上可以區分為神聖與世俗，時間也有聖與俗的區分。宗教節期對於信徒來說具有特殊意義與重要性；而對非宗教人來說，他們可透過節慶的區分感受到不同的氛圍，他們的生活與生命中也有類似具特別意義的符號性日期。

一、透過神話對神聖時間的指涉

Eliade認為，神話本身也是一種象徵符號，能夠提供通往超自然的途徑，也可以成為禮儀習俗的規範，或是對遠古時代的追念。（Pals，2005：214-223，關永中，1997：141-162）神話自帶時間性，可被稱為神話時間。每個民族雖然對神話時間理解不同，但都認為神話事件是在神話時間內展開，且能夠明確將神話時間與歷史時間彼此對立與分辨。就宗教人的表現來看，時間、人物參與、事件以及禮儀都是循環的：神話時間與現時時間呈現為聖——俗關聯，那時的創世神話可透過現時的禮儀崇拜不斷重現。當人參與在神話聆聽或禮儀演出時，他將自己投射在那個神聖時間內，好使自己得以不斷重複更新。

雖然那時的創世神話已經過去，但我們可透過不斷重複的儀式重建那個創世的神聖時間，或那個得到生存（意義）的神聖時間點。神聖時間也因而具有下節將要提到的「戲劇構作」特性，特別在與儀式結合後，神聖時間／神話被以戲劇或儀式方式重現時，就讓宗教人回到了那個神聖時間點。戲劇構作不一定是故事性或戲劇性的，更有可能是以象徵符號建構起整個儀式的戲劇構作內容。

二、神話時間的日常實踐

神聖時間對非宗教人來說相同具有特殊意義：例如生日或特定的紀念日。以結婚紀念日為例，過往常聽到一種婚姻情感中的抱怨是，另一半忘記結婚紀念日是哪一天。在語境中產生對忘記的抱怨，表達出該日子與平常日期在意義上的差別，才會對此種遺忘產生不悅。

跨年可能是宗教人與非宗教人間重疊性最高的神聖時間。Eliade向我們展示世界與時間更替循環間的關係。（1987：73-76）對原初民族來說，有時候「世界過去了」與「一年過去了」是相同的意思，因為宇宙蘊含生命的整體，所以與生命相同會有出生、成長乃至死亡的過程，並在新年的第一天重獲新生。因為宇宙與時間之間緊密相連，不論宇宙或「年」都是神聖實體，或是具有神聖性質的創造物。在此前提下，不論時間或世界／宇宙，都會藉由更新的創造而重獲新生。世界每一年會更新一次，到了新年這個世界就將回復神聖性。對宗教人而言，新的一年代表世界的更新；對非宗教人而言，其更新表現在跨年倒數與全新一年的歡樂，還有生活實踐中為新的一年訂下目標與計劃的實踐方面：因為是創新的一年，所以要進行與去年（＝舊的一年）不同的生活創新。就此來說，不論神聖空間／時間，對於人而言其意義不在於有無與聖界接觸，而在於人的本質是宗教人，且會為自己透過神聖時空間的聖俗關係者找到依循的典範或自身存在的意義。

神聖時間在生活中的應用：節期或節慶

如果打開月曆／年曆，我們可以從紀念日或節慶看到神聖時間在生活中的應用。某些節慶對我們不一定有意義，但對特定團體人物來說卻有重要的指稱與豐富的意義內容。

1月	1月1日元旦：從12月31日－1月1日，跨年對原初民族具有重要的意義，象徵時間從毀滅走向重生的新生過程。這點不論是否為宗教人都會有相同行為模式／結構。
2月	2月14情人節：英文Saint Valentine's Day表達節日起源來自反對不許結婚禁令的神父Valentine。其他來源傳說還包括基督徒Valentine神跡說法，或是羅馬牧神節。
3月	3月12日：植樹節，孫中山先生的逝世紀念日。 3月14日：日本白色情人節，世界圓周率日。 耶穌受難日通常落在3月19日至4月30日之間，第一次滿月後的第一個星期五，復活節則是接下來的星期日。
4月	4月4日：兒童節——4月5日：清明節。 通常會有連續假期，部分學校連接於春假。
5月	5月1日：勞動節。 5月第二個禮拜天：母親節。臺灣從1999年開始，一些宗教團體將佛誕日連結於此日合併慶祝。
6月	6月1日：國際兒童節。 6月第三個星期日：部分國家訂為父親節。
7月	7月4日：美國獨立紀念日，可能是較多人所記得之非本國的國慶日。 7-8月連結為暑假，是大多數人的記憶。
8月	8月8日：因為88發音與爸爸接近而被定為父親節。 8月最後一個星期日：祖父母節，2010年8月29日為首屆祖父母節，由中華民國教育部所發起。
9月	9月28日：因為是孔子誕辰紀念日，所以訂為教師節。
10月	10月10日：中華民國國慶日。 10月31日：蔣中正誕辰紀念日。
11月	11月1日－2日天主教諸聖節，隔日為追思亡者節。常與萬聖節合併。 11月12日：孫中山先生誕辰紀念日。
12月	12月24日：平安夜。 12月25日：聖誕節、或行憲紀念日。

關於上述各月份節日的神聖時間符號性質：

1. 一個日期被賦予特定意義＝那個子與其他時間不同，所以那個日子可被視為「被符號化」的結果。

2. 此處未列處以農曆為依據的傳統三節：新年（通常是1-2月）、端午節（通常是5-6月）與中秋節（通常是9-10月）。雖未列於上表，但讀者在不用多提的情況下卻仍會記得，因為這屬於我們已經被賦予意義的特定節日。

3. 特別列出可能令某些人不快的節日，是要強調「日期——意義」間的可改變性質。在社會集體意識下，符號及其意義可能會改變的現況。

UNIT 4.6
宗教禮儀作為符號的概念

宗教既有神聖空間／時間的區隔，故從而開展出儀式，且不同宗教有自身的儀式內容——雖然其中有部分符號要件類似，例如做為潔淨用的水。宗教透過儀式實踐讓宗教人得以依循特定規律生活，並使生活產生因為神聖意義而有的規律，或從聖界的啓示明白人生的方向與意義。

一、儀式的功能

宗教儀式作為宗教符號的一種，主要的功能在於讓宗教人得以組織、辨明而支持人生經驗，並為自己的生命賦予一種獨特的意義。（Dupre，1996：162-171）這部分功能類似我們前文（4.3）所提到，宗教所建構起世界觀的意義。雖然儀式具有象徵性，但儀式不能直接等同於他們所象徵的功能，因為儀式作為象徵的一種，在行為上其實與一般生活中的行為無異。但是儀式並非重複這些動作所代表的日常行為，而是在宗教的聖俗分野中，從聖界這一更高視域出發以賦予意義儀式相對應的意義。這是宗教儀式所具有特殊的性質與意義，致使任何儀式在理解意義的前提下不可被隨意等同一般普通行為：這也是過往某些人隨意開宗教玩笑或惡意以搞笑態度模仿宗教儀式，最後會受到責難的原因。若把儀式化約為日常生活的普通行為，將使此過程與目的產生變質，因為宗教儀式的重點在能夠透過聖界從而轉化生命，這樣的行為並非模仿可言。

二、宗教儀式的特性

儀式的特性在於能在俗界表現出聖界的內容。許多學者研究表明，「宗教儀式——遊戲」間具有某種特定關係。遊戲可能是人類在意識到事物的神聖秩序後，所採取最為原始的表達方式，遊戲的意義在此與我們一般所說的「玩遊戲」意義既類似又不相同。遊戲能夠讓我們看見神聖如何透過儀式運作在世俗內遊戲的比喻，並不是說宗教內的儀式也是種假裝或虛假，彷彿聖界不存在一般。比喻的意思是在表明：雖然從旁人的角度來看，宗教儀式好像在向一個不存在的空氣對象祈福，但就事實而言，宗教人卻確信並且確定自己的行為具有實在性。他在做的，是一種向聖界所能進行的神聖表達。在此，遊戲與儀式間的類似性在於生命的轉化，只是宗教人以儀式轉化生命。

若我們引用Eliade的理論，可以認為即便非宗教人也相同具有宗教儀式的行為模式，那些行為模式如同一種象徵符號，貫穿在我們的生命及日常生活。這種儀式與符號間的關係才是戲劇構作真正的內容，也就可以解釋為何一些宗教儀式是以動作或特定抽象符號加以表達：因為戲劇並非指可被直接理解之敘事內容，而是透過特定符號（包括器具、手勢、行為甚至抽象記號）指稱聖界的過程。例如我們可能曾經把尺插在筆上，「假裝」那是一架飛機；我們可能也曾在過斑馬線時刻意只走白色部分（或刻意不踩到白色部分）。雖然一般人認為那是幼稚行為，但在進行的當下，這個行為已將我們的生活世界加以轉化且賦予新的意義。就此角度而言，非宗教人與宗教人其實所為相同。

儀式與遊戲

按照Duprè（1996：162-171），遊戲與儀式間有相似作用：在此人需要將生命轉化為遊戲＝儀式，不論在宗教內或外均相同。

都具有「現實——假裝」的作用	是一種戲劇構作的過程
1. 儀式／遊戲是在獨立的領域中活動，進行時均與日常生活保持距離，並在面對艱苦世界時創造出假裝的世界。 2. 遊戲具有的假裝特性，能讓人接觸到事物及表象下的神聖秩序，再用簡單的方式重新表達。 3. 儀式／遊戲相同擁有自己的時間空間，兩者相同被圈起來的，因此「慶祝＝玩得愉快」之特性讓遊戲與儀式相互依存 4. 遊戲作為對聖界的指稱，在此世界有自己的規則與玩法，並且建構出自己世界中的榮譽及階級。	1. 儀式將季節性或歷史性的事件從時間中提取出來，賦予永恆結構從而可以不斷重複。 2. 根據儀式／遊戲間的關係，初民信仰雖然並未嚴肅區分儀式＝宗教，遊戲＝非宗教，但卻能自覺是比賽／遊戲的發明者，透過儀式認知並重現那個真正實在界＝聖界之所在。 3. 儀式在此能將存在的重要時刻轉化為戲劇，並藉此為宗教人的生命給出結構，並能使某些事件被符號化，重現成為可被理解的有秩序綜合體。
作為範例：小朋友們自己建構出來的遊戲往往有自己的階層與意義，從此可讓我們明白，為何儀式具有戲劇構作性格。	作為範例：基督宗教在聖誕節慶祝活動中重現耶穌降生，既為儀式，又是具有戲劇構作特性的儀式。

作為比較

遊戲／競賽	儀式
被分別出來的舞台 例如大富翁或下棋在用的棋盤	被分別出來的聖地（或聖顯）
玩得愉快	慶賀用語
分出勝負時帶出的離異效果	進行過程後伴隨的平衡寧靜
對真實及實在蠻不在乎	因真實及實在感到暈眩
人類認為自己是規則的發明者	人類僅是在過程中接收進行的方式

根據Eliade對儀式的定義：儀式是藉著重現存在之初行徑來為存在重新奠基。因此並先有神話才有儀式，而是儀式引發了神話的出現。

產出儀式的另外功能：

1. 儀式的結構是為群體而非個人，所謂儀式主義者在宗教內其實是不存在的，雖然每個人總能在儀式內找到自己的歸屬。
2. 儀式另外功能在於協助定義人與自然間的關係，因為原初信仰認為：人是從自然界而來，且需依靠自然界而生。

UNIT 4.7
儀式範例：聖事

儀式能夠組織人生，提供對事物判斷的基準，因為其作為（宗教）符號，指涉人生命中的某些部分。若思考宗教儀式對人的影響，基督宗教（尤其是天主教）的七件聖事是具影響代表性的宗教儀式之一。

聖事對基督宗教來說具有重要象徵意義：即便基督新教在宗教改革後將聖事數量降低到耶穌基督親自設立的洗禮與聖餐兩項，聖事的作用對宗教來說仍具有重要性。我們在此可以中世紀重要哲學家Thomas Aquinas為例，說明聖事的意義與符號性質。

根據Thomas Aquinas對聖事的理解，聖事之所以可成為一種宗教符號，是因為其具有兩個重要特性：（黃鼎元，2009）

一、聖事具有的類比性

Thomas Aquinas認為，聖事可以呈現出「肉體生命——屬靈生命」間的類比性。（*Summa theologicae*, III, Q.61, A.3）。基督的救贖在意義上表達出基督為人受苦的過程，而聖事就象徵與表達出基督為人受苦的過程。聖事作為一種符號，能夠讓人的生命得以聖化。為此，人會需要一些有形的可見符號，幫助自己在現世生活中讓自己可以確信自己的信仰。

二、聖事具有的模仿性

由於Thomas Aquinas認為聖事具有比例上的完美，所以聖事成為一種對超越世界的模仿。（*Summa contar gentiles*, Vol.IV, ch.56）人受限於自己的身體與感官，要把握聖界的對象並加以理解，需要透過可感知的事物才能對超越的對象加以理解。

屬靈生命——墮落肉體之間需要一個符合比例的記號加以結合溝通聖俗，Thomas Aquinas認為那就是聖事，因為是對基督救贖的模仿。

三、在聖事中使用的象徵意義

透過對聖事的理解，我們也可看出在聖事中相同具有特定的符號使用。例如《天主教法典》847條理提到，施行聖事時，如需使用聖油，應使用橄欖油，或其他植物油，由主教最近所祝聖或祝福的聖油。不過也有不在此限的情況，例如999條2項規定，在緊急情況下任何施行此聖事的司鐸可不受限；或是迫切情形下可以使用舊油。為什麼施行聖事在細節方面，連用什麼油都要詳加規定？從幾方面可以理解這種細緻規定的原因：首先是「橄欖油」，在聖經中常被用來當作神的賜福、或象徵聖靈的工作，其次，基督宗教在這方面透過與猶太教相同但意義更加豐富的事物作為符號，也將新約根源連結於舊約，從而表明神的心意從創世開始持續並進展至當今的世界。第三，《天主教法典》做為指導守則，可在儀式與聖事的實踐上避免爭議，從而表達教會大公且普世性的象徵。因為「聖事——聖界」間具有內在關聯性（Duprè，1996：171-179）。聖事並非魔術，而是超越實在界的一種符號姿態，並因而形成符號系統的一種普遍形式。而信徒就在日常生活中，因著他與超越界的關係而理解個人的存在具體性質：這就是聖事最實質的功能之一。

基督宗教七聖事

　　聖事，可被理解為聖與俗之間重要的連結儀式。基督宗教有所謂七件聖事（按照《天主教教理》1667-1690條另外還包括聖儀與喪禮）。不是所有基督宗教的教派都接受七件聖事，例如基督新教只接受洗禮與聖餐：這是一個區分基督新教與天主教的簡易符號。

七件聖事與人一生的各階段能夠相對應，所以七件聖事象徵了人的一生
其順序如下

聖事	時間	意義
洗禮	出生時 成為信徒時	基督新教相同接受的聖禮，是指接受洗禮成為信徒的儀式。此儀式日後產生爭議為：嬰兒洗禮是否有效？部分基督新教教派不接受嬰兒洗禮，認為考慮到受洗者的心智成熟與否，認為一定年齡以上受洗才有效。
堅振	成長後	在眾人面前承認信仰的儀式，通常接受嬰兒洗禮的教派會有這項儀式。可以理解為：嬰兒洗禮是父母的決定，堅振禮是當事人自己的信仰宣告。
聖體	聚會中	基督新教相同接受的聖禮，我們較為熟悉的名稱為「聖餐」。在聚會中透過餅（麵包）與葡萄酒（或葡萄汁）進行的聚會。不同教派因為對聖餐性質的理解差異，衍生出化質說、紀念說、臨在說的解釋。不論哪一種，通常都認定必須受洗了的信徒才可以進行。受洗在這裡變成身分認定的符號。
和好	日常生活	即為過往被稱為「懺悔」或「告解」，並被誤以為是進入小房間說「神父我有罪」的那個行為。和好是透過一對一自己承認錯誤，獲得幫助鼓勵而能重新站起來再出發的牧靈，而非一些錯誤觀念中認為只有神父可以設面罪過的辦告解。
聖秩	任聖職時	可被理解為聖職就任禮儀。現在社會對是否只能有男性可以任職產生爭議，例如基督新教已經出現女性神職人員。
婚配	結婚時	雖然基督新教不接受此儀式為聖禮，但卻相同看中婚姻的價值，若有因新人結婚也是教會大事。此聖事作為儀式的一種，在現今社會相同受到挑戰：尤其在同婚可否被接受上受到衝擊。
病人 傅油	病弱、衰老 臨終前	常被誤以為是臨終前的聖事，但其實聖經的記載為，有生病者均可請長老透過塗（橄欖）油象徵神醫治的臨到，或表達生命屬於神的信心。

關於上表應注意：

1. 順序並非按照《天主教教理》的順序，而是以象徵人一生的順序排列。
2. 其中不少聖事在當代產生爭議，表達出聖事做為宗教符號的一種，或宗教符號在當代的實踐中，意義內容可能隨著時空環境改變增加或刪減。

UNIT 4.8
儀式中的獻祭

宗教人嘗試透過儀式重演這個神聖世界，因為在創世神話裡神明以特定方式從混沌中創造這個世界。當宗教人透過戲劇特性方式重現創造天地的過程，他讓自己以這種方式象徵性的參與在創世的過程中。儀式的存在反過來為世界區分出神聖與世俗既重疊又分離的那種辯證關係。

一、獻祭作為聖俗間的溝通

Dupré認為，如果儀式活動是因為人類對自己目前狀態的不滿感受，那麼在其中所進行的獻祭／祭祀的主要目標便是幫助宗教人讓自己可以跟不同領域間產生更換與交流的作用。（1996：180-188）在E. B. Tylor那裡，他已經注意到祭祀此一行為在聖俗溝通上的意義。祭祀的概念形成禮物的概念，也就是具有取悅的意涵。Tylor的祭祀概念，若以禮物加以理解，就仍然是人類中心主義的想法，也就是將人類存在投射到自身以外的作法——Tylor面對的問題是，人類在有鬼魂／神明觀念之前，祭祀活動可能就已經存在，那麼獻祭作為一種符號就不再能只是當作禮物看待。

一些研究指出，如果祭祀是先於有神明而有的活動，那麼這些活動的神聖性可能反過來使得獻祭的物件聖化或神化；甚至有可能神話中的神明犧牲是因為存在一種祭祀儀式所以才有此類神話故事出現（例如端午節與屈原間的關係）。其中最為特別的兩點是：吃的儀式，以及因為吃的儀式所以需要存在的動物。關於吃的動作在宗教符號中扮演如何象徵性，我們將在後文說明（參見4.17），而因為吃所需要的動物作為宗教符號則引起不同面向的理解與討論。

二、獻祭中的動物

動物在獻祭中扮演重要的角色：作為代替人犧牲的那個犧牲者，也成為獻祭後可能被共享的那份祭物。這種食物類型的宗教符號可能在長遠的時間後因為不同文化環境消失，其精神卻以不同的形式保留下來。其中一個特殊例子為猶太人的「阿撒瀉勒」（*aazā'zēl*），可直譯為*Azazel*或直譯為scapegoat（替罪羊）。阿撒瀉勒出自《利未記》，是猶太人贖罪日中，透過放逐代表承擔罪惡的羊表達罪惡遠離的意涵。就阿撒瀉勒的禮儀來說，其作為一種特殊的宗教符號，由聖俗界線的世界組成獻祭的對應。羊只是猶太人最易取得的動物之一，儀式開始時不具神聖性，但是當大祭司按手後，這隻羊就成為一個特殊的記號。

替罪羊在最初的獻祭中，僅僅只是被打發離開人群，象徵罪惡離開這群人——不論後面是如傳說中放逐至曠野不管死活，或如《塔木德》（*Talmud*）所記載要被特別丟下山壁。但替罪羊作為一種象徵符號，日後不論在聖俗領域都產生影響。基督宗教認為，耶穌基督就是那隻替罪羔羊，在逾越節被殺而承擔人類罪行。在我們一般生活語境內，那個被推出來代表所有人錯誤的人也被稱為代罪羔羊。若要理解這類動物作為獻祭，我們需要考慮環境。也是在這一點上，世俗人與宗教人對動物獻祭此一符號行為的意義產生歧異：即便相同是宗教人，也會因所處宗教文脈不同產生理解與意義解讀。

動物作為一種獻祭宗教符號建構的聖俗交錯關係

前提：在聖俗界的辯證過程中，宗教人以各種方式參與在聖界
其中獻祭儀式（特別是以動物獻祭）為參與的主要象徵符號之一

聖界

俗界

俗界的宗教人以獻祭、符號與儀式參與在聖界的神聖啟示中。

宗教人透過符號與儀式回返現實世界內獲得生活的依據與準則。

以動物為獻祭方式在當今社會產生的符號——文脈衝突
可以歸結為下兩個問題

| 問題一：過往對於動物獻祭的行為在今日是否仍然適用？ | 問題二：如果仍然繼續獻祭，其意義或作法能夠被轉換其他形式＝符號嗎？ |

問題一的範例：遠古宗教有「人犧」或「活人獻祭」的儀式，但今日已不適用，因為人作為一種宗教符號被賦予更多更豐富的意義。

問題二的範例：現在還應該獻神豬嗎？
不能有其他方式避免對動物的虐待或殺害嗎？

以神豬作為問題二的實際內容

神豬：據考證起源於日治時代，常見於客家地區義民慶典，現今臺灣最有名神豬慶典之一可能是三峽區清水祖師廟所舉辦。神豬是透過養得很重的豬隻，一方面表達對神明的虔誠與感恩，一方面相信可以為來年帶來好運。儀式結束，飼主會將神豬分解後作為禮物送給在場的群眾。

受到質疑的聲音：神豬其實是虐待動物

根據臺灣環境保護聯盟環境資訊中心，以及臺灣動物社會研究社的研究，神豬飼養帶有以下的虐待行為：

1. 下窟增肥，限制豬的行動。
2. 強迫灌食。
3. 移動與秤重中的精神壓力。
4. 不人道的死亡方式。

此處所列四點根據臺灣動物研究社（2019）文章〈神豬重量比賽〉撰寫。

動物作為一種符號，在獻祭儀式中扮演重要角色，但也因為「動物」這個符號被賦予較過往更為豐富的意義，所以受到質疑與挑戰。相同受到質疑的範例還有被稱為「世界最血腥祭典」，在慶典中動物被宰殺的尼泊爾加迪邁節（Gadhimai festival）。

UNIT **4.9** 宗教語言㈠

我們在宗教符號這一章裡討論宗教語言，是因爲宗教語言本身即爲一種宗教符號。對於宗教語言的研究有許多，也可以單從語言學的角度來理解。我們以下將以三節的篇幅來討論

一、語言與宗教語言

雖然宗教有各種各樣象徵符號，但如果不能透過語言的表達，那麼符號對超越世界的表達在意義上就無法明確掌握。不論語言或文字都是典型的符號，而字詞在功能上不論表達或使用也比單純的圖片或聖象還要清楚。我們使用的字詞若在一定的脈絡下可被用來指稱不同事物間的關係；如果缺少脈絡，字詞就會跟一些不被理解的宗教符號一樣，成爲一種缺少被理解意義的符號。不過原則上人類的語言還是可以被視爲溝通與思想交換上的理想符號，所以雖然有使用上的困難，我們仍然以語言做爲宗教思想的表達或解釋工具。

語言本身的自我滿足與經驗連結成反比：語言越能自我滿足，就越難以與經驗連結。宗教語言雖然使用我們日常生活所用的詞彙，但這些字詞所指稱的對象與經驗卻與我們生活經歷到的好像是截然不同的世界。這是因爲宗教語言在使用上有宗教人所熟悉，屬於自己的語言脈絡。（Dupre，1996：148-155）

二、宗教語言的實際脈絡

宗教語言自己成爲一個完整脈絡，是因爲語言具有足夠彈性，可以被用來明確指稱一個獨特且超越我們所能經驗的實在界。對於非宗教人來說，這個實在界既夢幻又不切實際，但對宗教人來說，這樣的實在界確實存在且眞實異常。（Dupre，1996：189-197）

這裡所說的實在界，即爲本章開頭所提到，與俗界相對的那個聖界。宗教人會在宗教中會發現一個新的實在界，他雖然可以使用符號去表達，但若要明確指稱那個實在界就非依賴語言不可，甚至要讓宗教符號要成爲明顯宗教之物也需要語言的幫助。問題是信徒認爲的眞實在非信徒看來只是主觀經驗的投射；然而，信徒相信某個眞實是因爲，他不是在邏輯上任意選擇一個觀點當作立場，而是因爲他相信那是眞的，而且宗教符號與語言的指稱對他來說不僅是有意義的而且帶有眞理。他所使用的宗教語言具有實際稱呼那些對象的作用，他在自己的主觀經驗和他人所能經歷的世界客觀當中安放一個實在界，並且使用我們都能理解的語言加以描述。

當我們說這些宗教語言本身具有實際脈絡時，一方面是指對信徒來說，這些語言的內容都是眞的；另一方面卻也是指不論非信徒相信與否，這些語言就能自成一套系統。我們可以想像這種語言的使用就像玩一個遊戲一般，這套語言有自己的規則，用詞在裡面也有自己的意義及價值。這個想法來自維根斯坦（Ludwig Wittgenstein）「語言遊戲」（language game）的概念；同時也可以用來解釋，爲什麼當我們在某些信徒身邊聽他們說話的時候，他們可以彼此理解而我們完全不知道他們在說什麼；因爲我們不會玩他們的語言遊戲。

宗教語言的範例：Pseudo-Dionysius

我們在4.9至4.11將以Pseudo-Dionysius作為宗教語言的範例

關於Pseudo-Dionysius
1. 被認為是一位西元四至五世紀左右的哲學家。
2. 他的名字就是一個符號：假託《新約聖經·使徒行傳》中亞巴略的官員戴奧尼修斯（Dionysius，和合本聖經譯為丟尼修）之名，寫下符合新柏拉圖主義的宗教神祕主義著作，並在中世紀很長時間裡對基督宗教神學研究有影響。日後被證明著作為假託之作，曾經被冷落一陣子，但又被證明理論與新柏拉圖主義有關而重新受到重視。

重要著作

《論聖名》（*Divine Names*） 理性層面處理對上帝名字的稱呼 宗教語言的層面	《神祕神學》（*Mystical Theology*） 經驗層面處理對超越經驗的感受 宗教經驗的層面
《天階體系》（*Celestial Hierarchy*） 討論天上天使的階層與存在 對超越世界的符號描述	《教階體系》（*Ecclesiastical Hierarchy*） 討論現世教會的禮儀與意義 對實存世界的儀式理解
十封書信（集）（*Ten epistles*） 上述四本著作內容在教會生活與治理中的實際應用	

Pseudo-Dionysius宗教語言範例一：天使學

Pseudo-Dionysius是西方天使學的重要里程碑
他在《天階體系》中定出西方天使學的不同階層＝各種天使的符號系統
這些天使的符號系統在後世成為影響西方天使學的重要基礎
由最高至最低的各階級天使（符號）如下

撒拉弗	帶有火的使者，或是傳遞熱的使者。
基路伯	這個字的原意是「充滿知識的使者」，後來引申為能夠認識及看見神的力量。
寶座	此名號表示一方面這些天使超越塵世的缺限，另一方面又保持著向上超昇與向下分別的性質。
主治者	表達向神不斷的上昇，並象徵自由及不為世俗所束縛的態度。
掌權者	表達採取神聖行動中所具備那不可動搖的勇氣。
執政者	以不混亂的態度與專心的心志愛著神。
權能天使	指那些擁有和神相似之君王權力領導權的天使。
天使長	自前面所列舉七階層的天使得到啟示，之後將這些信息告知天使。
天使	將從天使長所獲得的信息告知人類。 天使長與天使自成一個體系。

UNIT **4.10**
宗教語言(二)

三、宗教語言的類比性

宗教語言與其他科學語言、生活語言間的不同在於，宗教語可以用來指稱一個對信徒來說，更為根本，但同時對他來說也是主客觀合一的世界。對信徒來說，他會希望透過藉由可以被認為是客觀條件的工具，幫助自己與他人肯定超越實在；與此同時他常會覺得詞不達意，並且認為語言不可能被用來描述客觀的意義——雖然與此同時他自己是用語言反對語言。

有的哲學家認為我們可以透過類比（analogy）的方式來理解宗教語言的使用方式。類比一方面能包容信徒在使用宗教語言時蘊含的主觀經驗，另一方面也能透過語詞讓其他人理解信徒的經驗內容。但是類比的使用會產生一種宗教語言特有的困難：如果我要正確說出關於超越對象的某些特徵，就代表我已經可以正確理解這個超越對象，而且知道如何有意義的說明或是討論。但如果我要討論的是超越對象，表示這個對象的存在已經超越了我能夠認識的內容，我們又怎麼有辦法與能力對這樣的對象討論和給出定義呢？有的學者認為，宗教語言會使用多重意義來表達這些超越的對象，也就是一個字詞可能有多個不同的意義。但多重意義也帶有兩個問題：

問題一：我們不確定宗教語言何時要以類比何時要用多義，所以若要定義宗教語言的內容可能徒勞無功。

問題二：宗教語言描述聖界——俗界間的關係，但我們對這兩端的內容在關聯性上其實無知。

總之，類比應該被認為是一種為建立有意義宗教語言的邏輯工具，或許無法提供超越對象與聖界的實際內容及信息，但卻是可被用來溝通的描述方式。（Duprè，1996：197-202；Peterson等，2003：295-8）

四、宗教語言的弔詭性

Duprè認為，宗教語言也是一種弔詭的語言。這些語言在描述神聖事件時語詞的性質被轉換，使得這些語詞不再適用於原本意義。這種弔詭性質是基於以下兩個宗教人的經驗而產生：

1. 宗教人一向認為超越實在世界與我們的現世並不是分離的，因為超越實在世界就是他生活當中所經歷的超越向度。

2. 宗教語言並非隱密的語言或咒語，這些語詞的意義對於非信徒也是開放的，只不過非信徒因為不瞭解使用脈絡而感到疑惑。

不過，當我們說宗教語言具有弔詭性質，不等於說宗教語言沒有意義，或是宗教語言會自相矛盾，而是基於宗教語言的內容不容易化約為非宗教的說法。有些宗教語言可以得到適當的轉換而讓非信徒理解，例如「教會主日會後有愛宴」的意思是，「教會禮拜天聚會結束後，信徒們會聚在一起吃午餐，彼此分享生活點滴」。但不是所有宗教語言都可以這樣化約與轉化，特別是教義的內容通常不能被化約，否則這些教義內容反而不能夠被理解。這種弔詭性是基於宗教語言依賴日常語言，但反過來卻不是如此；兩者之間的關係是單向的。（Dupre，202-208）

Pseudo-Dionysius對宗教語言方法的解釋

Pseudo-Dionysius以文字描述信仰內容,並透過文字爲特定符號賦予意義。他提出宗教語言有三種描述方式:

描述方法	代表著作	說明
肯定之途 又名表詮法	《論聖名》	雖然人所能想像到的完美與神所擁有的完美截然不同,但人可以把受造物中的完美歸諸於神的本性。
否定之途 又名遮詮法	《神祕神學》	Pseudo-Dionysius認為,人僅能透過否定感覺與概念的方式來描述神,此點呈現出宗教語言的弔詭性。後來此方法表明我們所有的語詞都不足以形容那位超越的對象。
超越之途 又名超越法	《天階體系》 《教階體系》	由於神的完美超過我們與萬物,所以從神聖恩典而來的知識內容遠超過我們所擁有的觀念。後來此方法演變為:有關超越的對象,其存在樣態遠超過我們所有語詞使用的內容。進一步,唯有神聖啓示內容能表明。

此處以《論聖名》一書爲例

按照Pseudo-Dionysius在書中所提供的原則,對神的稱呼應該按照以下方式進行:
1. 若要以語言指稱神,首先只能使用《聖經》啓示出來的名詞。(超越之途)
2. 我們在《聖經》以外還有肯定的方式,是透過符號來表達。(肯定之途)
3. 實際上沒有任何名詞或表述真的可以指稱神,因爲創造者與受造者間存在無法跨越的鴻溝。我們只能先把最受人敬重的名字保留給神。(否定之途)

《論聖名》書中舉出的範例

第一組	善、光、美、愛、出神、熱誠 在這一組,Pseudo-Dionysius討論神與惡之間的關聯
第二組	存在、典範
第三組	生命
第四組	智慧、心靈、道、真理、信仰
第五組	神的大能、正義、拯救、救贖 在這一組,Pseudo-Dionysius解釋神與不公平之間的關聯
第六組	關於神的大與小、同與異、類似與不同、靜止、運動、平等
第七組	全能、神的先在、永恆與時間
第八組	和諧、真正的存有、真正的生命、真正的力量
第九組	超乎諸聖、萬王之王、萬主之主、萬神之神
第十組	完全、太一(the One)

Pseudo-Dionysius, 1987;黃鼎元,2021: 246-247

UNIT **4.11**
宗教語言㈢

五、宗教語言作為象徵符號

　　宗教語言雖然是「語言」，並且帶有文字，但仍然被認為是符號性的或是象徵性的。宗教人士會希望透過解讀宗教經典，看到別人所沒有看到的內容。例如《聖經》中有大量的數字以及各種各樣的符號，這些究竟是象徵的意義還是真實的意義，都引發了眾多討論——《約翰福音》文後記載使徒打魚打起153條魚，153條究竟真的有153條魚還是那用來比擬世界的民族數量，甚或當時的國家數量？在《利未記》中記載能吃與不能吃的動物，究竟是因為那樣的動物真的「不潔淨」，還是像後世一些宗教領袖所解釋那些動物象徵著某一些信徒的「生命景況」？

　　雖然語言能提供對宗教描述超越實在界所需要的工具，但嚴格來說只有符號能夠提供宗教語言所需要的基本條件。在說話的情況中，說話的人必須具備主觀投入，認定並相信自己所說為真；另一方面說話的人也必須確定他所描述的對象具有超越性質。當信徒參與在宗教禮儀，或使用宗教符號時，對信徒來說這些實際經驗的內容帶有主觀認定。但在主觀認定的前提下，這些內容並沒有被客觀化所以需要比理性討論更為投入主體的經驗。雖然嚴格來說，所有的語言表達都帶有一定的客觀性，但是當我們將宗教語言視為一種符號時，語言／符號的表達更能夠保留說話者的主觀經驗。為此，信仰主陳述自身經驗的語言，通常就是一種宗教的語言。只是這樣的特性會使當信徒在宗教生活實際操作語言的層面，所有用字都將具為隱喻

的作用。有的研究者根據這種符號的主觀性認為，不論宗教符號或對符號解釋的語言，在他們象徵的主觀狀態外我們無法找到客觀指稱。但對信徒來說，這些語言的問題並非在於他們不能夠指稱外在，而是因為他們用以指稱的外在超過我們感官所能直接把握。宗教語言基於兩個原因必須成為象徵的，才能發揮語言的作用：

1. 宗教結構既然為聖——俗，我們又是處於世俗的人，那麼我們使用的語言僅是適合於世俗世界的語言。我們如何能用世俗的語言描述超越的聖界？

2. 使用語言進行描述的是屬於俗界的人，如果聖界的啟示使用俗界所使用的語言，那麼我們的語言能正確將聖界的啟示描述出來嗎？（Duprè, 1996：208-215，Peterson等，2003：300-310）

　　我們在此為宗教語言提出簡單的結語：「宗教語言實際操作內容＝文字描述＋解釋＋生活具體實踐」，且正因為需要落實在信徒的生活實踐中，宗教語言及文字才會形成一種描述超越聖界的象徵符號。對信徒或宗教人來說，宗教語言作為一種符號語言，是他幾乎唯一能用來指稱超越實在的工具，也因為如此，宗教人無法不去使用。宗教人不是不能使用推論或邏輯語言來表達，因為這樣的語言使用可以將超越界的符號，透過某種程度上的概念化或解釋，讓非信徒可以理解。我們從4.9到4.11的右頁以托名戴奧尼修對天使體系、神的名字、以及教會聖禮及階層的描述就是宗教語言作為象徵號的例證。

《教階體系》的禮儀與符號語言

Pseudo-Dionysius在《教階體系》中按照煉道——明道——合道的順序，依序說明教會禮儀的內容。

禮儀	目的＝煉道	儀式＝明道	意義＝合道
入門禮	為避免新入教者靈性虛弱，所以準備入門禮儀做為門檻。	由祭司主持，讓入門者登記，以動作表達對罪惡的憎惡。 需要三次進入水中，並更換衣服。	作為入門者的引導，讓入門者可以開始過信仰生活。
聖餐	被喻為聖禮中的聖禮，目的在透過儀式與神合而為一。	需要讓慕道者離開。 以詩歌、祈禱以及分發聖餐進行。	作為模仿，通過上帝所設立的禮儀與生活方式建立符合上帝的生活，並在聖餐中獲得神聖恩典。
膏油	與聖餐相同作用。	由神職人員帶領會眾為膏油祝禱，以用於其他聖途。	展示出聖潔之人如何將馨香之氣藏於心中，以效法神聖之愛的作為。
聖職與祝聖	建立起入門者、潔淨者與聖職者（含祭司與執事）的體系。	任職時，領受聖職者按照規定動作承認自己的身分。	領受聖職者透過動作表達在神聖之前的降伏，祝聖者透過動作表明其權力來自超越聖界。
	建立被引導的各個階級，包括初進入信仰者與修士等人的身分及規範	修士承認自己行為的禮儀，包括剃髮、更衣與平安吻。	修士的存在在於讓自己盡可能透過對神聖太一的模仿，從而讓自己生活聖潔且臻於完美。
安葬禮儀	為聖潔的信徒提供進入神聖的門檻，證明基督在人性上的完美典範。	依據不同級別（級別根據上欄所提）有不同但相似的儀式，並使用到前面所提之膏油。此儀式也要求讓慕道者離開至神聖區域外，因為不可有任何神聖儀式外露。	表達所有過聖潔生活者都有來世盼望，並透過膏油使其聖潔。透過整體儀式表達復活的整全。

根據Pseudo-Dionysius（1987：200-259）整理。

作為完整教會禮儀＝人一生的符號
教階體系透過符號表達人一生的身分與向超越界爬升的意義

Pseudo-Dionysius在《教階體系》中所提出的各項聖禮，不論數量或內容皆與當代基督宗教之聖禮有所出入。

UNIT 4.12
宗教的惡

從前面的討論可以發現，不論宗教語言或實際進行儀式內容，其作為符號的重要作用之一，是讓宗教人能在這個混亂的世界裡成為脫離罪惡的聖潔生命。對宗教人來說，惡作為一種符號，或一種對狀態的指稱，不只是單一的具體行為，而是整個世界混亂的那個總體象徵。

一、惡的符號性質

在我們提到宗教中的「惡」，其作為與善的對立，常被認定包括各式各樣惡行。不論東西方的宗教內都存在表達惡的某種特定對象，那種對象可能是具有位格性的，例如撒旦；也可能是某些對行為的描述，例如佛教的三毒「貪嗔癡」。惡之所以需要一個明確的符號或對象，是因為空泛的惡我們難以想像，唯有具有的形象才能與此連結。不論以有位格方式指稱，或透過特定行為的描述，其作用都在於可以透過具體的符號提醒宗教人或信徒應當避免的行為。這種替代為應用一元素理論的解讀方式，以使不具體的對象（惡）能被一個具體的符號（撒旦或行為）取代後指稱。根據這種理解方式，宗教上惡的存在需要從宗教所建立的世界觀加以理解：若沒有如此理解將犯斷章取義的謬誤。

二、惡與懺悔

Paul Ricoeur描述，惡與懺悔之間有緊密的關係。（1967：101-108）人關注自身身上的惡，是一種對自身關注的表達。人自身所帶著的惡，其實需要進入現實的轉變，從而變成容易在過錯——犯過錯間的轉變。這種轉變是一種對自我的重新規定，並在這種關注自己存在的表達中產生宗教懺悔意識。我們在描述惡的時候，容易基督宗教所謂的原罪產生關聯，但是惡與原罪之間並不是絕對的關連：我們可以透過哲學檢驗惡的符號與性質，但對於罪的存在卻不是那麼容易加以檢驗。

這種關注自身及惡相關的討論，可以在「神話」的概念中看到。神話並非借助形象或寓言加以解釋人類起源的事件，或某些習俗的由來，而是最早與發生事件有關的口頭講述，是對事件的描述，好使禮儀與獻祭的行為有所依據。所以神話的作用，是以籠統的方式，讓人藉以建立了解自身行為與思想的一種描述手法。因此，神話的符號功能，其實是揭示並顯露人和人所視為神聖事物間的連結能力。根據神話，人能夠定位自己，人也能夠明白神聖事物、儀式與自身之間的關聯性。

神話不只是表達人與神聖事物間的關係，也在特定意義上將「罪惡——褻瀆／罪」的關聯性表達出來。當神話敘述這些事件的發生，不只是將罪惡進入世界的方式表達出來，也是從中將人對自身存在的體驗加以講述的方式。只是這種對存在的描述是負面性的，這與懺悔語言對人存在自身的揭示有關。懺悔語言在此包括三種語言面向：

1. 無識別能力、 2.含糊多義、 3.令人反感。

因此懺悔語言作為最原始與最少被虛構的語言是一種象徵語言：褻瀆是在具有瑕疵或污點的符號下才能被表明，而罪是在未達到目標或彎曲的符號下被表明。

作為惡的象徵：七罪宗

七罪宗並非出自於聖經，但是為人熟知關於基督宗教中，對惡的描述符號。七罪宗可視為對惡及其衍生行為的總綱，在此符號發展的歷史上被對應多種惡魔、天使、行為、動物。所以可被視為基督宗教對惡此一行為理解上的總綱。七罪宗主要的內容，以及關聯的惡魔符號列表如下：

七罪	內容	代表的惡魔
傲慢Pride	被認為是七罪中最嚴重的，也是所有罪的根源，也被認為是魔鬼最喜歡的罪。這項罪在本質上認為自己比別人更好，在最原初是因路西法想要自比上帝產生的罪。	Lucifer路西法 傳說中墮落的天使長，魔鬼（撒旦）之首
嫉妒Envy	因為看到他人所擁有的人事物而對自己的狀況不滿足，並想要搶奪或毀滅。	Apollyon（亞玻倫） 來自地獄的魔鬼使者
憤怒Wrath	憤怒是復仇的願望。也可以指無法控制的生氣、或尋求報復的作為。	Samael（薩麥爾） 猶太傳說中上帝的助手
懶惰Sloth	不願努力，包括身體、心智以及靈性上的放縱。也包括不願意負該負的責任，或不願行善及做該做的事情。	Belphegor（貝爾菲格） 來自亞述帝國的神明
貪婪Greed	對錢財的貪心，也可被應用於對任何事物的浮濫追求。	Mammon（瑪門） 聖經中提到的錢財之神
暴食Gluttony	常被認為與暴飲暴食有關，但可以泛指為任何對食物的浪費與沉迷。	Beelzebub（別西卜） 蒼蠅王，聖經中的鬼王
色慾Lust	強烈的性欲或肉體上不願遵守上帝創造秩序的性行為。	Asmodeus（阿斯魔太） 《多俾亞傳》中的惡魔

關於七罪宗應該注意的是：

1. 早期教父時期曾將悲傷／絕望（*Tristitia*）納入作為罪的一種。
2. 每種罪可以對應多種動物或是特殊惡魔。

七罪宗對生活層面影響甚鉅，在此僅舉出兩方面例證

宗教生活領域	影視作品領域
有相對應於七罪宗產生，與七相關的各種德行，用以幫助信徒對抗七罪宗。《天主教教理》1803-1845條記載七項德行。 這些德行與七罪宗的關係不一定直接對應，應該視為提醒信徒的生活實踐。	七罪宗的概念多次以全部或個別內容出現於影視作品，例如好萊塢著名電影*Seven*（中文譯名為：《火線追緝令》），便是根據七罪宗為基礎建構的犯罪驚悚片。日本漫畫家鈴木央於2012-2020連載漫畫《七大罪》（七つの大罪）後也被改編為動畫並製作手遊。

UNIT **4.13**
神話的符號性質

神話透過法律工作的層面,肯定人類存在的價值與意義,並提供儀式的建立與說明。過往對神話的理解方式有許多不同面向,包括認為是幻想的故事、為傳統尋找的說詞、古代人對事物與我們不同的描述方法。但若與我們於此處所提到的惡、罪以及文後將提到的褻瀆或不潔相提並論,神話則能夠提供人類為自身尋找存在根源的基礎。

一、解除神話中的歸罪要素

Ricoeur在兩篇論文中詮釋神話在歸罪與懲罰的意義:在於訂定人的地位。首先是〈對歸罪之解除神話〉(Recouer,1995:377-396),在其中他提到解除神話,也就是讓神話不再是那些純粹的故事,而是將神話視為一種承載意義的敘事符號,需要否定傳統以重新獲得象徵。否認傳統是指,否定神話並解除神話中的神祕意義,目的在於顯明人性被創造的人類起源學;獲得象徵則是解放神話的象徵意義,尋找背後的啟示力量,從而建立人性。因此,Ricoeur在理解神話,尤其是與罪、褻瀆、不潔或是宗教上的惡這類相關的神話時,是從人類存在的角度理解這些對自身存在狀態的敘述。所以所謂的「歸罪」,目的在於從原本屬於人類生存義務的道德觀,回歸到欲求存有或讓自己努力存在的倫理學之中。把歸罪神話視為一個符號,並為之解除神祕,是因為在神話中基礎倫理學本來應該與歸罪相連結,但因為神話敘述的手法,使基礎倫理學遭到破壞。Ricoeur在此所說的倫理學不只是討論應或不應為之的規範,更是對我們存在的努力確認以致能從奴役到幸福的存在歷程。所以這種歷程將神話去神祕性後重新得到釐清。

二、詮釋神話中懲罰意義

如果去除歸罪的結果是讓我們可以重新發現人類努力存在的歷程,那問題會轉變為:如果歸罪被解除神祕後,「惡」作為一種象徵還能意指什麼?這個問題等於在問:歸罪去除神祕化後,原始情境是否可能被重新詮釋為人類存在的起源符號,並對人類命運進行根本意義上的研究?Ricoeur認為,這些符號將使罪行朝向兩個方向前進:不義/惡的開端。但面對不義與惡,人類始終希望能夠補正,所以在〈對懲罰之神話的詮釋〉(Ricouer,1995:397-421)中,他解釋神話中的懲罰概念。

「懲罰——神話建立」之間其實有一合理性的難題。懲罰的意義在於,犯人作為一意志主體,因為受罰而消除了他身上的惡(行),所以是在一個人犯了道德惡後被施加某種物性惡,且在兩者之間應符合比例原則。問題是,為何物性的惡可以等同道德的惡?痛苦與犯行間如何等同?這是因為,懲罰中使用了法律語言,這種語言作為文化產物,本質上是存有學的關係,把人與人之間的關係類比出來。所以聖約的律法相同可透過轉喻的方式類比人與人的關係,且意義並未窮盡。為此,懲罰需要轉喻。

受難的人物代表

　　西方文化中有幾位著名的受難代表，包括約伯（Job）、普羅米修斯（Prometheus）以及薛西弗斯（Sisyphus）。我們可以應用Ricoeur對歸罪與懲罰的概念，來重新詮釋這三位著名的受難代表。

人物	約伯	普羅米修斯	薛西弗斯
文獻	舊約聖經《約伯記》	《神譜》	《伊利亞德》《奧德賽》
故事	約伯是一個義人，但被捲入神與撒旦之間的一場爭辯：撒旦認為若約伯什麼都失去後就不會再敬畏神，但神認為約伯會持守對神的信心。當約伯失去一切後，與探望他的朋友展開一場對信仰與自身存在的辯論對話，探討信心與信仰的意義。最終撒旦打賭賭輸了，神也將約伯失去的一切加倍的賜給了約伯。	普羅米修斯是創造人類的神明之一，但人類被創造後，基於宙斯禁止人類用火，以致人類生活困苦，就從阿波羅那裡偷了火給人類，改善人類的生活。此舉觸怒宙斯，以致宙斯將普羅米修斯鎖在高加索山的懸崖上，讓鷹啄食他的肝，隔天肝又再次長出來再讓鷹來啄食，使他每日承擔周而復始的痛苦。普羅米修斯最後是被海克力士所解救。	作為科林斯城的創立者，薛西弗斯以聰明著稱，並靠著他的聰明累積財富人脈。據說他欺騙並囚禁了死神，以致因為沒有人進入冥界，使冥王黑帝斯無法收到祭物。日後又再欺騙黑帝斯並毀了與他之間的約定，致使薛西佛斯受到懲罰：必須將大石頭推上高山，但薛西佛斯每次在快完成時，石頭就會滾回山下，導致薛西弗斯必須永無止盡的工作。
符號意義	約伯是無辜受苦的代表，但透過受苦卻能證明人的信念、信心以及存在價值。約伯關於信仰的探討也成為基督宗教中對信仰與苦難間關係討論的重要文本。	普羅米修斯在神話中被認為是人類文明的起點，火常被用以代表文明（例如網路著名嘲諷語言「已知用火」）。普羅米修斯也可被視為反抗神明的人文精神。	薛西弗斯一直被認為是徒勞無功的象徵符號。卡謬在《薛西弗斯的神話》透過這個神話說明荒謬的意義，並指出人應當反抗荒謬從而充實自身的存在。

　　三位人物的共同點：

1. 都介在聖界——俗界間，因為某種兩界對抗而被捲入受難中。
2. 受難本身是有意義的，只是能否被理解或識別。若無法理解，甚至無法轉化時，這種受苦就是沒有意義的。

UNIT **4.14**
創世洪水的範例

不論神話的內容是歸罪或懲罰，都與人的惡有關：人因為惡而被歸罪，因為被歸罪所以受到懲罰。神明懲罰人類的故事，在各民族中都可以看見，其中最有名的一種是洪水神話。雖然最有名的洪水神話可能是挪亞方舟，但事實上在不同民族與神話中都可以看到類似的故事。

一、解讀方式

如果將大洪水視為一個純粹的神話，確實會產生許多當代科學難以理解的困難。對於宗教人來說，此信仰記載內容可被視為歷史史實，並且帶有特定的價值及意義；但對非宗教人來說，洪水是一個神話，除非特別給出寓意上的解釋，否則我們無法從洪水神話中獲得，除了故事以外的什麼特別內容。然而人類學家注意到，所謂洪水神話不僅限於一族一教內，而是在世界各民族都可看到結構或內容相似的敘事結構。目前在全世界已經找到超過200則以上的洪水神話，且不限於中東地區，一如Alan Dundes在《洪水神話》（2013）所提到的——雖然他的理解是將洪水視為羊水，方舟視為子宮，洪水經歷為我們所有人經歷過的生育過程之的轉喻方式。

二、洪水神話的結構

洪水神話做為世界上最普遍的神話類型之一，其敘事上有類似及相同的符碼。大部分的故事包含以下幾個重要的符碼：
1. 充滿罪惡（或負面行為）的人類。
2. 執行懲罰的神明。
3. 預先告知的警告：被通知者通常在德行

上是正面或好的。
4. 作為脫逃的容器：通常是以船為主，但有時也包括其他可以包容人類或動物與食物的容器。
5. 結尾包括獲得公正報償的懲罰，以及倖存者透過獻祭重建關係。

雖然大部分洪水神話都有上述的符碼，但也有少數不同或出入。

三、依附洪水神話產出的附加產物

當我們理解洪水神話，並將這類神話視為一種符號時，我們要討論的是這些神話內關於意義傳遞的部分。神話作為一種符號，做為儀式成立的基礎或提供儀式所需要的意義基礎，具有以下兩種符號上作用：
1. 特定的節慶或儀式：基於「洪水＝懲罰」的概念，許多慶典儀式與此產生關連，或根據洪水神話找到成立的根基。洪水既然被視為對罪惡的修正或懲罰，那麼在洪水過後需要某些特定的儀式，或象徵之物來提醒並紀念這個重大的事件本身。
2. 依附在洪水神話上的其他解釋：洪水神話也為一些生活現象提供需要的解釋（及其根基）。挪亞方舟的洪水神話解釋了彩虹的來源，而猶太人傳說中狗鼻子是濕的也與挪亞方舟有關——據說在汪洋上漂流的方舟有地方破裂漏水，正巧被經過的狗發現。其中一隻狗用鼻子頂住漏水的地方，另外一隻則去找挪亞來修補。為了紀念狗犧牲自己拯救了整艘方舟，上帝便讓狗的鼻子保持濕潤，好讓人記得這件事。

洪水神話的範例

世界上有相當多的洪水神話，我們在此僅列出以下幾個作為範例。

創世紀	人類多了起來後，因為罪惡極大，所以上帝要用洪水毀滅世界。其中只有挪亞一家人是義人，所以上帝要挪亞建造一艘方舟，將動物與食物裝上船。經過40晝夜的大洪水，全地都毀滅了。當洪水退了，挪亞離開船艙，向上帝獻祭。上帝和人類重新立約，並設立彩虹作為證據，不再用水毀滅世界。
吉爾伽美什史詩	由於神明Enlil覺得人類罪惡與吵鬧，所以將要用洪水毀滅所有生命。為此，神明Ea指示Utnapishtim製造一艘名為「生命保護者」（Preserver of Life）的巨船，這艘船極為巨大，長寬高都至少200英尺，內部共分為七層。他將家人、親戚、村裡的朋友，還有動物與食物都帶上了船。大洪水過後，Utnapishtim和妻子離開船後，向眾神獻祭，並受神明的讚許。
中國神話	版本1：水神共工與火神祝融交戰，因為祝融擊敗共工，共工一怒之下一頭撞上世界支柱不周山。不周山倒塌後，天上的河水沖入人間引發災難。後有女媧補天拯救人類的故事。 版本2：共工作亂，導致洪水為患，後共工之亂被女媧平，才將洪水平復。
《佛說法滅盡經》	討論佛法末法時期的狀況，經中記載「劫欲盡處，日月轉促，人命轉短。四十頭白，男子淫佚，精盡夭命，或壽六十。男子壽短，女人壽長，七十九十或至百歲。大水忽起，卒至無期，世人不信，故為有常。眾生雜類，無有豪賤，沒溺浮飄，魚鼈食啖。」
燈猴	臺灣民間傳說中，燈猴因為生氣人類忘記為他貢獻，所以到玉皇大帝面前搬弄是非，誣告人類。玉皇大帝因為相信了所以命令龍王以洪水在除夕滅絕臺灣。眼見勸告無果，土地公向人類通知滅亡的消息。臺灣的人民先送回供奉的神明，再讓所有活著的人都團聚一起，長輩將紅包發給晚輩當作黃泉路上的旅費。後來玉皇大帝在看到眾神求情後查看實情，認定燈猴說謊所以懲罰燈猴並收回毀滅的命令。
南島民族 撒奇萊雅族	撒奇萊雅族定居後，因為懶惰自私對天神不敬，所以天神降下洪水。逃難到砂婆礑山上的剩餘族人，獻上頭目女兒達娃和少年納姆赫。兩人坐上獻祭用小船沉入水中，洪水才退散了。

由於洪水神話研究眾多，此處表格乃以維基百科上與大洪水相關之條目，包括英文版Flood myth與中文等相關條目，作為基礎所撰寫。另外也可進一步參考Alan Dundes的《洪水神話》（2013）。

依附洪水神話所帶出來的現象

1. 特定的節慶或儀式。
2. 依附在洪水神話上的其他解釋：例如猶太人傳說中狗鼻子是濕的緣故。

UNIT 4.15
褻瀆的概念

罪的表現，與不潔、歸罪、懲罰有關，這些在神話故事內又爲儀式建立起可做與不可作行爲的規範。從另一方面來看，歸罪與懲罰的具體表現可以和褻瀆連結在一起。褻瀆的概念容易與宗教有關，並且通過不潔的概念強化或連結。我們在這裡別討論關於褻瀆的問題：這是宗教人對他人行爲評判的重要概念。

一、褻瀆作爲禁令

Ricoeur對褻瀆進行一系列的分析。（Ricoeur，1967：25-46英文）褻瀆通常被視爲一種受到遺忘的過錯意識要素。嚴格來說，褻瀆與不潔是連結在一塊的。褻瀆往往透過不潔的符號加以表達，雖然嚴格來說我們不容易在這些行爲內找到可爲個人加上罪名的物件。當人害怕不潔時，那種因爲害怕不潔所帶出的懲罰會強化「罪惡——災禍」間的聯繫。在此情況下，所有的失敗都被視爲是褻瀆的符號，也就是認爲在褻瀆與失敗、受懲罰之間畫上錯誤歸因的等號。

這種不潔／褻瀆的體系中，特別強化了對性的禁令。Ricoeur認爲，雖然性——兇殺在表現形式不同，但行爲的實質面是相似的。不論兇殺，或是性方面的褻瀆，不論哪一種不潔都需要通過接觸，或是因爲接觸所產生的傳染有關。但是受難的罪惡假想會與過錯聯繫在一起，褻瀆作爲行爲上的罪惡關係，需要透過代表懲罰的受難加以補正。當我們將違背禁忌與受難間的關係視爲罪惡與報復間的關係，受難便具有徵兆的價值與作用。在此，人的受難來自他的不潔，也就是證明神明的清白，

從而建構起受難與罪惡的合理化。當人在害怕與驚恐中體驗到的褻瀆和受難間的聯繫，並且經過長時間的合理化的組合，將會建構出初步的因果關係，並將受難——褻瀆間的關係表現爲道德上的罪惡與受到報復的結果，也就呈現出善有善報及惡有惡報的報復理論。

二、因褻瀆所受痛苦的意義

褻瀆作爲一種使人害怕的感受，主要在於讓人問自己這樣的問題：「我犯了什麼罪得去承受這種命運與痛苦？」當問題產生，並透過語言深化倫理的意義後，褻瀆與受苦間的關係將以三個連續階段加以表達：

1. 會害怕報復，是因爲報復不只是犯罪者被動著在那裡等著受苦，也是因爲因褻瀆而有的報復蘊含公正的懲罰。因褻瀆被報復的這件事是正義的，因爲若一個人因自己的過犯與罪被處罰，是因他的過犯與罪應當被懲罰，所以其中災難作爲報應的內容對褻瀆的人來說適合於比例。

2. 受懲罰與結果間有時沒有目的也沒有所需要的結果，例如舊約聖經中的約伯故事，此時「過錯——處罰」間的關係不再是爲了處罰，而是透過受苦的過程讓人獲得並肯定作爲人的價值。

3. 如果對公正懲罰的要求中加入對「義」關係的預期，亦即期望某種正確的關聯性，不論這種關聯性來自神與人之間或人與人之間，那麼單純的害怕就得到昇華，甚至可以從有良心的人生中消失。

褻瀆與潔淨

褻瀆、不潔、玷汙、禁忌四個概念在宗教上可以彼此聯繫在一起。

禁忌 因為禁止所以從情感上對懲罰的預期和防範，其表達方式是道德的無上命令型態。	玷汙 引起他人心中表示潔淨或不潔淨的詞彙，並因此成為褻瀆與否。	不潔 透過某些行為所帶有的性質，使單一行為具有（道德上的）不乾淨表徵。

褻瀆
1. Ricoeur的分析中包含了禁忌、玷汙與不潔的成分。
2. 不論在客觀與主觀方面都具有的共同特點：好像是某種會傳染的東西，或者是害怕那種預期到因為禁止所以會帶來報復之天譴。
3. 對於儀式所禁制的對象／行為來說，褻瀆本身＝罪的符號。褻瀆作為罪的符號是經過語言／語詞進入人類的生活世界。這種語言的規範和對不潔情感的教育有關。儀式是符號性的，所以不只是動作或手勢，而是透過這些符號為自己創造能傳達由祭祀激起情感的符號語言。
4. 「褻瀆——表示褻瀆詞彙」間的關係表達了「潔淨——不潔淨」的原始符號，建構出聖／俗間的關係，並建構出神聖場所／公共場所的神聖性。

水的作用，使得即便沐浴儀式也並非簡單的沖洗，而將帶有對潔淨的想像。

作為潔淨中界與象徵的水

不同宗教對於「水」都有其符號上的使用，此點或許根據人類生命與水之關係，還有水在普遍意義下都具有潔淨作用有關。以下略舉範例。

宗教	水的作用舉例
基督宗教	洗禮：將透過儀式與主同埋葬同復活。
猶太教	作為潔淨使用，具有潔淨的功能：如餐前的洗手，或生活中關於清洗的規範。
伊斯蘭信仰	作為潔淨用，淨身可再細分小淨與大淨。臺灣大的火車站在穆斯林祈禱室內或附近均備有淨下設備。
佛教	水可比喻十種善法，也有以水供佛，比喻清涼無垢。
道教	水為與聖界溝通的媒介，另外也有用符水之儀式。
神道教	參拜前應至手水舍淨行潔淨，其順序為取起柄杓後，先洗左手，爾後右手，接著以左手掌捧少量水漱口（不可直接以柄杓就口），最後沖洗柄杓手柄部分。
印度教	恆河作為一條河，其身分是女神。恆河的水可以洗淨人的罪孽。印度教重要節日多在恆河邊舉行，這條河流也與印度教信徒生活起居息息相關。
古埃及宗教	水是世界的起頭，也是人類的根源。可能與尼羅河季節性氾濫的背景有關。

1. 「水」此一符號對於各宗教而言都具有豐富的意義與內涵。
2. 將水視為一個宗教符號，與將水視為具有位格性的崇拜對象，是兩件不同的事。

UNIT 4.16
禁忌的宗教符號

前述關於惡、褻瀆等宗教內容，在宗教內多以負面陳述表達，並呈顯爲被禁止的命令形式。這些命令形式可能是負面表述的法規或格言，也可能表現爲不可以進行的某些行爲。禁忌不只是簡單的不可以從事某件事而已，James G. Frazer認爲其背後還預設一套對世界理解的符號系統。Frazer所認爲的符號系統與巫術對世界的理解有關。

一、禁忌與巫術

Frazer對巫術的理解不是從超自然力量的角度思考，而是從如何理解世界的規律這一角度看待。（Frazer，1991：21-23）巫術在此不帶有鬼神力量，其原理作爲理解世界的符號系統，旨在說明不同符號間如產生交互作用。對施行巫術的人來說，他盲目相信根據相似與接觸規律所接觸到的範圍不只侷限於人類活動，而是對全世界所有事物都合適。巫術其實是一種歪曲的自然規律體系，也是一種錯謬行動指導準則。巫術嚴格來說，是一種對自然法則體系的陳述方式，嘗試描述世界上各種事件發生的規律，就此意義來說巫術是一種「理論巫術」；若就視爲爲達目的所必須遵守的規範時，則又可被稱爲「應用巫術」。但是不論哪個角度，都是看上去好像有因果關聯，實質上卻沒有眞正進行邏輯推論就得到的結果。根據順勢與接觸這兩種規律所建構出的巫術系統，都可被放置在交感巫術的總名稱下，因爲這兩大類巫術都認爲，物體可以通過某種神祕的「以太」——某種被相信具有連結能力的能量——連結得以進行交互作用。Frazer

的評論是：雖然概念上與科學是相似的，但卻做了錯誤的假設，一種爲能說明如何透過空無一物之物理空間進行作用而假設的存在。

二、作爲禁忌的生活實踐

我們或許不清楚這種禁忌與巫術系統的關係，但在日常生活中我們卻時常實踐這種不當的因果關連：這被稱爲是歸因謬誤的思考模式，其實也影響到宗教符號與儀式上的使用或建立。我們容易傾向於相信，只要自己做了某件事就能導致某個好的結果發生，反之亦然。錯誤歸因是Frazer理論的應用。行爲與結果間看上去有那樣的作用與關聯，但事實上可能只是自己的暗示，或是因爲歸納少數次數的成功便推廣至生活中的所有部分。

這一類禁忌，若按照Frazer的說法，其實是巫術一般性理論的特術應用。Frazer認爲理論巫術是僞科學，而應用巫術則是一種僞技藝——在僞技藝之下，還可再區分爲積極巫術，也就是法術；或是消極巫術，也就是禁忌。如果禁忌是不可以從事某件事，那麼法術可說是透過做某件事以達成自身的目的。明顯的例證是星座運勢：晨間新聞所提供，各星座的今日運勢某個程度上可被稱爲Frazer理論意義下的積極巫術。雖然不是我們一般理解的法術，但卻和Frazer在《金枝》所描述原初民族爲要達能目標而採取的行動相似，只是符號運用上不同而已。只是這個做爲所依靠的是某種我們以爲來自超自然實際上卻只是我們對世界理解的一種錯誤因果關係而已。

《金枝》中的符號系統建構

Frazer在《金枝》（*The Golden Bough: a Study in Magic and Religion*）一書所言

人類思想是不斷前進的，並由三條線交織而成

黑線（巫術） —— 紅線（宗教）—— 白線（科學）

根據Frazer（1991:21-23），巫術思想原則可整理列表如下：

巫術的思想原則	相似律 1. 同類相生＝果必同因 2. 巫術是根據這個規律而延伸，透過僅僅只是模仿類似的動作就可以實現任何想做的事情。	根據這樣的律則的法術稱為： 1. 順勢巫術：錯誤的把彼此相似的東西視為同一類。 2. 模擬巫術：透過動作行為上的模擬使對象符合需要的結果。 3. Frazer認為，用順勢來稱呼這一類巫術是比較好的，因為模仿或模擬會限制巫術使用的範圍是根據相似的聯想建立起來的規律。
	接觸律 1. 物體一經接觸，即便中斷實體的接觸後還會繼續遠距離的相互作用	1. 根據這條原則，一個人相信他可以透過與這個人相關的某物施加作用，不論這個東西是此人的一部分，或只是被他觸摸過的。 2. 基於這條律則的法術為接觸巫術：錯誤的把接觸過的東西視為總是聯繫在一起的。

操作原則：通常相輔相成，不過順勢／模擬巫術可以自己獨立完成，但接觸巫術需要在依靠前兩者才能進行運作。

Frazer另以兩張圖說明系統中巫術在思想與實踐上的關係

根據Frazer（1995）頁23及33繪製。

Frazer的解釋

1. 順勢或模擬巫術，常通過偶像之作用達到將可憎之人趕出世界的目的而實行，但也在少數的範例上被用在良善的願望上。（1995：25）
2. 關於人與物之間存在著超距離的交感作用的信念就是巫術的本質，巫術持有的，絲毫沒有如科學所可能持有的對這種距離的懷疑。（1995：35-36）

UNIT **4.17**
宗教符號的生活範例㈠：飲食

飲食的文化不只是生活當中的重要議題，對宗教來說也是極為重要。既然祭祀的主要目的，在於希望神明接受禮物後可以恢復神人之間的關係，那麼我們就可以理解其中所具許多與飲食相關的儀式：有學者也認為，是先有這些飲食的儀式，之後才出現對這種儀式解釋的理論系統。

一、作為禁忌的飲食符號

Frazer透過原初民族的實際範例，向我們展示即便是食物，也與禁忌有關。（Frazer，1991：304-305，307-309）。對原初民族來說，任何飲食本都帶有危險，因為他們相信，吃東西的同時靈魂可能從口中離開，或被在場的敵人以巫術擄掠。對國王的保護更加嚴密，因為他們相信看見國王吃喝的人會立刻死亡。除了飲食的禁忌，即便吃剩的食物也具有禁忌的性質。Frazer認為這是基於巫術的交感原理，吃進肚子的食物與尚未吃進的那些食物只要屬於同一份，就可以透過傷害還沒吃進去的食物來傷害已經吃下同一份食物的那個人。未吃下去的食物包括骨頭果皮都可屬於這個範疇。所以原初民族會把未吃完的食物，以銷毀或埋藏的方式使其不被其他敵人找到。Frazer給出他所認為真正合理的解釋：若不銷毀而任食物腐爛所造成的傷害將非常嚴重，但是在理解此一狀態的過程錯誤參雜沒有根據的恐懼與錯誤的因果關係。

二、作為參與聖界活動的飲食行為

若將禁忌視為聖俗界線中避免冒犯聖界的消極層面，那麼積極的飲食活動就是宗教人積極參與聖界的宗教活動。

對宗教人來說，儀式與獻祭既然都是讓自己實際參與在聖界內的活動，那麼如何進行就必須依據聖界所啟示的進行方式。飲食方面也不例外。飲食文化之所以相同，是因為「吃」的這個動作本身就是一種配合聖界的基本儀式，是表達自身信仰以及自屬屬於聖界的重要行為符號。對宗教人來說，飲食這件事受到諸多限制：食材的來源、準備的方式、烹煮的作法、實際實用的順序，每一項都受到宗教規範的限制。就非宗教人來看，飲食受到限制似乎不自由，但對宗教人來說，飲食的限制僅是慣常的生活習慣，自然的如同有人早上起床會先喝水一樣平常。透過這樣的行符號能夠證明自己參與於聖界的身分，或根據信仰教義產生自己與他人之差異。

飲食的符號，可以以「祭祀＝奉獻＝分離＝（化為）神聖」的等式來表達。飲食中所使用食材的區別原則乃是根據聖界的啟示而產生，並根據此點達成讓自己作為神聖的身分，與其他做為世俗之人身分有所區別的結果。如果食材是相同的，那麼就在處理方式上有所差異，或是食用方式上產生不同。以「血」為例，血及其製成品是我們生活中所習以為常的食材，如豬血糕、五更腸旺等食品均與之有關。但猶太人的信仰中，因為相信生命就在血中，如「惟獨肉帶著血，那就是他的生命，你們不可吃。」（《創世記》9：4），所以影響到猶太人在吃肉前會先將血液放掉的宰殺習慣。此點從而影響到後來基督宗教及以基督宗教為名的教會或教派對於血的看法與習慣。

宗教飲食禁忌的範例

　　以下各宗教的飲食禁忌＝宗教符號，是根據相關信仰的討論網站與內政部全國宗教資訊網所歸納而得。

宗教	飲食的禁忌
佛教	1. 最基本的飲食禁忌：戒葷與腥。雖我們常以葷素區分作區別，但嚴格而言，葷指帶有很重味道的蔬菜，包括大蒜、蔥與韭菜，即通稱「五辛」或「五葷」的蔬菜，腥則是指各種動物的肉，或更廣泛的包括蛋與奶（即與「奶蛋素」有關的禮儀）。 2. 基於教義中對清境的追求，以及戒貪的修行，具有刺激性的產品也在禁戒範圍，包括菸酒類產品。
道教	不吃之食物有其規範，例如： 1. 三厭：泛指三種腥味肉類食品，天厭指雁子，地厭指狗，水厭指烏龜。 2. 四不吃：也可稱為四大葷。上述狗因為對主人忠心所以包括其中，雁因為失偶後將孤單終身所以也不吃。另外兩種為牛，因為終身勞累所以不可吃，魚鳥則因孝親所以不可吃。
猶太教	1. 猶太教在《利未記》11章中有一完整段落對猶太人飲食的規範，可作為飲食禁忌的範例。凡是潔淨的動物都可吃，不潔淨就不可吃＝可憎的。 2. 這一章的區分相當細緻，大致上可以區分如下： 　(1) 陸地上的，蹄分兩瓣與倒嚼的可吃，但是倒嚼或分蹄的不可吃。 　(2) 水裡的，有翅有鱗的都可以吃，但是無翅無鱗的當以為可憎的。 　(3) 天空飛的，列出五大類別不可吃的動物。 　(4) 昆蟲類的，有足有腿在地上蹦跳的可以吃，但是爬行當以為可憎。 　(5) 小動物類，四足的走獸或用掌行走的，是不潔淨的。 3. 現在可透過 *Kosher*，也就是猶太食品認證來確認該項食品的製作符合猶太信仰規範。
伊斯蘭信仰	1. 基本上禁止吃自然死亡的動物，也禁止吃動物的血液，另外禁止食用誦非安拉之命而宰殺的動物。豬確實是伊斯蘭信仰禁止食用的食物之一，但過往我們過於放大這個飲食符號而忽略其他伊斯蘭信仰在飲食上的堅持。此外，伊斯蘭信仰也禁止使用會喝醉或是有毒的飲料。 2. 可以透過 *Halal Certification*（清真認證）來確定所使用的食物是否符合伊斯蘭信仰規範。除食物外，這項規範還包括藥品與化妝品等類生活用品。

1. 請注意：這裡所提的飲食禁忌僅是從大方向、大範圍或宗教經典內所記載，在實際宗教生活的實踐上，還存在有更為細緻的規範與內容作為禁忌的符號。
2. 所有宗教信仰對於「誤食」其實都有相當彈性，特別是針對不知情的誤食，通常會給予相當的補贖以讓信仰者挽回。

吃人肉的爭議：
1. 即便有「食人族」基於某些信仰／信念吃人肉，人肉仍然不是普遍的飲食對象。此點與我們理解人類這種符號的內涵有關。
2. 通常會被接受的吃人肉狀態，多與極端情境有關：戰爭圍城、災難狀態。

UNIT 4.18
宗教符號的生活範例(二)：衣著

和飲食相同，衣著雖然與社會符號學所關注的價值系統有關，但對宗教人來說同樣具有表達自己身分的符號作用。與飲食不同的是，如果我們與一位宗教人在一起但沒有涉及飲食時，我們或許不一定知道他的宗教人身分；但只要這位宗教人穿著特定宗教衣著，我們可以一眼就看出他所屬宗教。

一、積極意義：宗教的代表服飾

作為生活的一部分，衣著與飲食相同，在宗教內有自身所屬的規範：因為衣著作為個人信仰的符號代表，表達他對這個信仰規範的遵守及服從。為此，宗教在積極層面會對信仰者提出衣著的規範，這類規範有兩種積極意義：

1. 對身分的界定：衣服作為符號，首先表達出一個人的身分與所屬，一如學校的校服或系服。宗教內衣服也具有相同作用。
2. 對教義的遵守與表達：宗教人所穿的衣服有時也與教義或信念的表達有關，為此，舉凡一件衣服的配色、鈕扣數量、使用如何的材質、以及衣服表面配置的飾品，都需受到規範。尤其在需要執行聖禮的禮服，或是特定地位的代表人物身上，其穿著必然受到規範。

為此，宗教在衣著上對一般生活也會加以規範的，例如《申命記》22：11提出對衣服製作的規範為「不可穿羊毛、細麻兩樣攙雜料做的衣服。」衣服與食物相似，從原料、製成、到穿著者的身分（「誰可以穿？」這樣的問題）、甚至穿著的場合，都有明確規範。因為宗教人的衣服，除了遮蔽身體或保暖通風的功能外，本身

就是一種象徵符號。

二、消極意義：不可以穿的

除了積極意義上表達應當穿著的衣物，消極方面則是透過不可穿的衣服作為生活規範。例如上述《申命記》中，記載「婦女不可穿戴男子所穿戴的，男子也不可穿婦女的衣服，因為這樣行都是耶和華—你神所憎惡的。」（參《申命記》22：5）；同樣在聖經中，也規範若是衣服不潔淨時應當要如何處理。

宗教對衣服的應用因為涉及實際生活，所以做為消極的禁止相較性比較少。可能也因為衣服會隨著時代與社會的改變，而產生不論在原料或款式上的差異，所以禁令部分偏向於原則而非實質。但是有兩點值得我們注意：

1. 對於性的保守態度：大部分與宗教相關的衣物都有消弭性徵的功能。其穿著不外是寬鬆、深色、隱蔽等設計。一般宗教內雖然不以性為可恥之事，但也普遍認同過度強調性徵可能引發的負面效果，所以宗教衣物較不會有明顯性徵的表達。這點也可理解宗教對比基尼泳衣這類身體露出部分較多的穿著為何有所保留。
2. 宗教與衣著間最為密切的，是伊斯蘭信仰的衣著。由於其衣著相較於非信徒而言更有特色，所以容易引人注意。伊斯蘭信仰的衣著考慮當地氣候與性徵消弭等問題，有其自成一套衣著體系，而成為一種信仰、文化與生活結合的符號系統。這種體系並非網路梗圖所嘲諷的情況。臺灣地區有許多信仰伊斯蘭信仰的朋友，他們的衣著值得我們留意。

宗教服飾的實際範例

我們在此舉出二個宗教團體衣服的範例，分別是基督教、救世軍，以及慈濟功德會的衣服。

範例一：基督教救世軍

根據基督教救世軍的官方網頁，基督救世軍從1865年開始活動，1878年當William Booth擔任大將時更名爲救世軍，採用準軍事結構，所以軍官和成員穿著軍裝。對救世軍人來說，軍裝是看得見的信仰符號，但也歷經不同年代的轉變。例如傳道部的首批佈道家穿著傳教士服、長禮服式軍服、高帽子與黑領帶。女性佈道家則穿著素面連身裙、頭戴類似貴格會的小帽。當1878年成軍後，經眾人同意，以維多利亞式軍裝爲範本作爲全體軍制服。不過救世軍保留彈性，讓各國制服可因氣候、環境等因素有所調整。我們可以符號學三角形理解救世軍制服。

詮釋項：對信仰的表達，如自己是屬基督的軍人、服膺於基督的帶領

記號：軍制服　　　　　　　　對象：救世軍所屬的人

範例二：慈濟功德會衣服

若以慈濟功德會爲例，慈濟制服可作爲積極意義下的衣著選擇範例：

慈濟制服除了對外一般制服作為辨識認同以外，作用還包括： 1. 展現禮儀之美。 2. 學習規範以節制個人行為，可被視為實現自我修行的目的。 3. 服務社會的決心以承擔佛教徒的本分使命。	
制服符號	**符號內涵**
藍天白雲制服	為慈濟最著名志工制服，最初由美國分會開始使用。意涵為要有像藍天般的寬闊胸襟與白雲般的潔淨作為。
灰天白雲制服	白領灰上衣搭配白褲，可做為工作服使用。此套制服為培訓志工所用，顏色的差異僅表達加入的先後順序，與階級高低無關。灰天白雲另外表達為新發意菩薩。
女眾志工 「八正道」制服	以制服上八顆釦子表達佛教精神與慈濟人內涵，八顆釦子表達正語、正定、正見、正思惟、正精進、正命、正業與正念。
志工證上蓮花	慈濟志工衣服左上角會配戴志工證件，證件名字下方另設三朵不同顏色蓮花座為工作識別，與階級無關： 1. 藍色蓮花：已受證委員。 2. 綠色蓮花：男眾慈誠隊或加入慈誠懿德會者。 3. 紅色蓮花：慈濟榮譽董事。

上表根據慈濟官方網頁下「認識慈濟」內之〈慈濟制服〉所撰寫。

UNIT **4.19**
神祕經驗：宗教符號的應用極致

宗教符號的應用中，使用最為特殊的屬於各宗教所欲達到的宗教經驗極致：神祕主義（mysticism）。由於這種超越的神聖經驗不易被我們直接以感官把握及理解，故各宗教對於神祕主義的描述大多使用多樣性的符號與象徵加以表達。

一、神祕主義是什麼？

宗教內的神祕主義強調人所達到的境界，一種與超越對象合而為一的境界。（關永中，1989：40）學者關永中認為，神祕主義追求與一超越對象合而為一的境界是所有宗教都有的共同特徵。這裡的對象不一定是有位格的神，可能是自然環境，也可能就是某種境界。所以他將神祕主義區分為四種類別：自然論、一元論、一神論與巫祝論。雖然我們在這裡提供了對神祕主義——或用宗教哲學角度來說，可以稱為神祕經驗（知識）論——的定義，但對讀者而言，或是對非宗教人來說，這可能仍然難以理解：究竟什麼是「與一個對象結合」？這種經驗究竟要如何說明？如果有人想要理解這種結合背後的理論，我們是否可能加以解釋？因為這種經驗超過我們語言所能描述的範圍，所以各宗教擁有神祕經驗的宗教人必須使用大量象徵符號來比喻／類比這種經驗內容。我們注意到，神祕主義者喜歡使用詩作作為表達經驗的方式，這可能與詩這種寫作方式可以有更多意向性有關：因為透過較為寬廣的比喻和符號運作，可以讓提供經驗者有更多使用比喻及符號的空間，以利對這種不易以感官把握或言語傳遞的經驗加以說明。

二、符號的象徵：以基督宗教為例

我們在此以基督宗教的神祕主義為例，說明這種使用宗教符號的傳統、象徵以及解釋方式。基督宗教的神祕經驗強調靈魂與神合而為一，並認為在這種結合中人並未變成神。但有限的人要如何與超越神聖實體結合，或是這種結合的狀態要如何描述，就有賴於宗教符號的使用。

基督宗教神祕主義從聖經找到需要的符號基礎：《雅歌》這卷書卷。除了詩歌的描述外，基督宗教神祕主義者常用一些符號來表達人應該透過如何的方式讓自己不斷向神前進的努力。以下列舉幾個常見的符號：

1. 對於階段的描述：神祕主義者認為人朝向神前進的努力是可以具有階段性的，不過對於有幾個階段則根據個人經驗提出不同建議。

2. 用來表達向上的符號：由於基督宗教認為人是透過努力「向上」與神合而為一，所以也常見到可用以表達往上爬升（ascendus）的符號。例如以梯子來表達往上爬升：梯子的符號最早可見於雅各天梯，一方面象徵爬升，另一方面樓塔的房間也可比喻人心靈裡的各種認識能力。「登山」也可被用以比喻往上爬升的動作。例如我們在右頁所列舉，基督宗教神祕主義的代表人物十字若望（John of the cross, St.，1542-1591），就曾手繪「登山地圖」，說明靈修者在攀登靈性高山時沿路會經過的各種風景。登山作為符號，日後被宗教交談學者用以表達諸宗教殊途同歸，或兄弟登山各自努力的比喻。

十字若望的「黑夜」符號

（聖師）十字若望
基督宗教神祕主義集大成的代表者，除書信與詩歌外，還包括數本重要著作：

《攀登加爾默羅山》（*Ascent of Mount Carmel*）
《心靈的黑夜》（*Dark Night of the Soul*）

《靈歌》（*Spiritual Canticle*）、《愛的活焰》（*Living Flame*）

十字若望在著作中以「黑夜」作為符號，建立起說明靈魂如何朝向與神結合之目標前進的指引，這個指引本身就是大型的宗教符號系統。之所以以黑夜作為符號，理由有三：

1. 對一切世俗慾望必須消除，這種棄絕對人來說如同黑夜。
2. 靈魂要與神結合需要相信，相信對理智來說如同黑夜一般黑暗。
3. 在今世，神對於靈魂而言因神聖之光過強，照耀後如同黑夜一般。

—— 《攀登加爾默羅山》卷一，第2章

根據《攀登加爾默羅山》與《心靈的黑夜》

黑夜共有三個＝三階段

第一個黑夜	第二個黑夜	第三個黑夜
可對應於煉道	可對應於明道	可對應於合道
初學者煉淨感官	有程度進修者的靈魂想要與神結合	靈魂受到神聖之光照耀的真正結合
又可稱為感官的黑夜	又可稱為心靈的黑夜	
對靈魂而言，如同黃昏進入夜裡的階段。	比第一個黑夜更為黑暗，如同靈魂進入深夜一般。	接近黎明破曉，靈魂的黑夜準備結束，是最不黑暗的黑夜
消除較為低階的感官本性	消除較為高階的心靈理智	靈魂進入到與神的結合
1. 當靈魂的慾望被逐漸消除時，靈魂如同留在黑夜裡一般的痛苦。靈魂需要克制感官的慾望才能讓神聖之光照耀，因為欲望會使靈魂盲目，無法明辨神聖之光的照耀。 2. 是引靈魂進入第二個黑夜的預備，此時靈魂的感官不再被欲望控制，感官獲得平靜，靈魂獲得真正自由。	1. 克制了慾望的靈魂需要以信心為根基，克制理智的本性運作，獲得從神而來的超性運作。 2. 在此運作狀態下，人的理智、記憶與意志都將經歷虛黑暗，才能獲得超性運作而穿越黑夜。 3. 此階段容易產生被稱為「默觀」的神聖知識，是指對神聖本性的認識。	神以其神聖之光超性的照耀靈魂，是靈魂與神的完美結合
進入的方式分為主動與被動： 1. 主動是指以基督的意念為生活的根據，並放棄感官所期望的歡樂。 2. 被動是指不做什麼，而讓神在靈魂裡面工作。	人應當盡可能空虛自己，目標是超越一切達致一無所知。為此靈魂應當走上聖經比喻的窄路，不在依靠心靈的本性運作，因為現世沒有任何受造物在本性上能幫助靈魂與神合而為一。	獲得全福神視的恩典，並在離世後進入榮福婚禮的境界。
可對應於《攀登加爾默羅山》卷一。	可對應於《攀登加爾默羅山》卷二與三及《黑夜》。	可對應於《靈歌》及《愛的活焰》。

UNIT **4.20**
宗教符號詮釋的爭議歷史範例：聖像之爭

　　對於如何理解宗教符號的意義，以及宗教符號實際應用在生活中的狀況，對宗教人乃至他們所處的時代，常有重要的影響。我們在此以發生在八至九世紀的聖像之爭作爲範例，說明對宗教符號意義理解上的差異所產生的爭論甚至迫害。

一、聖像的作用

　　聖像在基督宗教歷史上所指爲，關於耶穌基督、馬利亞、聖人等等的畫像或雕像。按照基督宗教較爲嚴謹的教義，這些聖像可能會被認爲是取代神的偶像，因而成爲被賦予偏向負面或邪惡意義的符號。但是不論在聖經中或現實生活，都有我們所提一元論式的符號理解方式。早期聖像也有類似作用：透過雕像或畫像，讓信徒可以認識聖經或信仰的故事。但隨著基督宗教日益壯大與發展，出現有信徒把聖像與神聖力量等同的崇拜行爲。「聖像＝神聖力量」是最簡單一元論式的符號理解，但這樣的理解卻違反基督宗教信仰核心。因此，反對使用聖像者通常會以這樣的理由，指出聖像在這方面成爲偶像，使信徒信心不專一。但是支持使用聖像者通常相信，信徒有明確分辨的能力，可以區分出對神的信心與使用聖像間的差異。論爭不是突然出現，其實從三至四世紀就已經可看到討論。

二、大馬色的約翰

　　在這場爭論中，支持使用聖像陣營中 John of Damascus 是重要代表人物之一。大馬色的約翰著作頗多，但因爲聖像之爭緣故，他最爲人熟知的著作爲《論聖像》（或稱爲《駁斥反對聖像者》，*On the divine images: the apologies against those who attack the divine images*）。根據大馬色的約翰所說，神因爲道成肉身，所以與我們的物質世界產生關聯，並爲物質存在賦予激烈的改變：因爲神賦予物質可以表現出神性崇高以及反映神聖實體的存在樣式。結論可以被推導爲：雖然我們可以透過物質來認識神，但我們並非崇拜物質，而是崇拜那爲創造物質的神。他在兩件事情之間做出區分：眞實的崇拜——尊敬。這兩者的差別，可以做爲繼續使用聖像，以及把聖像視爲偶像間的差異。約翰認爲，人對於神的敬拜必須是希臘文的 *latria*（絕對的敬拜）；但如果人是採取 *proskynesis*（尊重或尊敬），就可適用在任何聖像上，因爲聖像是神大能的聖禮管道。（Olson，2002：356-358）

三、聖像之爭作爲範例對我們的影響

　　對於這種宗教符號的歷史，若使用索敘爾所謂「歷時性」的研究加以考察，對我們現代生活會有許多幫助及提醒。對一般人來說這可能不是什麼嚴重的事，但若能夠瞭解脈絡與細微符號上的差異，可以讓我們看到這種對特定符號的執著將如何影響到生活上的各種大小事情，並從小細節看出使用者的背景。舉例而言，baptism 這個英文字是指洗禮，而一些教派認爲眞正的洗禮必須表現出與耶穌基督一同埋葬再復活的動作，才能象徵信徒的重獲新生，所以他們在使用這個詞的時候會特別以「浸禮」或「受浸」來強調這個詞的符號性。負面例證方面，恐怖組織ISIS曾根據反對偶像崇拜之理由，破壞佔領區內包括清眞寺在內的歷史文化遺產而受到譴責。他們的破壞也與上述一元論式的符號理解有關，雖然背後可能也包括對伊斯蘭信仰的扭曲。

聖像之爭發展歷史

我們在此列出反對聖像使用以及迫害支持者的歷史發展脈絡。

利奧三世 以前	教會使用聖像，包括圖畫或雕像，教育信徒，並且提供做為信徒靈修、默想的教材。聖像被信徒認為是「天堂的窗口」，可以做為自己的代禱者。 六世紀時聖像被當作「文盲的課本」，能用以教育提醒無法閱讀聖經或教會文獻的信徒。
利奧三世	正式開始對聖像進行破壞與反對：可能因為想要打擊國內修院與教士的力量，或是基於想要復興帝國，以及他所認定對信仰的忠誠。 725年，利奧三世下令打碎據說有神能的基督聖像，從此論爭正式開始。726年，他進一步頒布《禁止崇拜偶像法令》。君士坦丁堡主教澤曼反對利奧三世，所以利奧三世免除他後改以自己人任職。但當時羅馬教宗額我略二世不承認這個新的主教。John of Damascus也站出來論著力挺使用聖像的觀點。
君士坦丁 五世	為利奧三世之子，遵從父親反對聖像之政策，於754年召開宗教會議，一方面肯定父親政策路線，一方面宣布詛咒澤曼與John of Damascus。君士坦丁五世進行的工作包括銷毀藝術作品、清洗教會牆壁上之畫像，並對擁護聖像者加以迫害。
伊琳娜 女皇	君士坦丁五世的兒子利奧四世因為年幼繼任，所以由母親伊琳娜女皇代理朝政。她看起來對聖像採取較為寬容的態度，但事實上這種寬容來自政治意圖。她立自己人Tarasius為君士坦丁的新主教，並結合教宗哈德良一世，於787年召開被稱為「第七次大公會議」的宗教集會，恢復對聖像的使用權力。
利奧五世	815年，利奧五世召開會議，重申聖像崇拜禁令。他先免除主教Patriach Nicephorus的職位，重新推行君士坦丁五世的聖像禁令，並否認第二次尼西亞大公會議的決定。
米海爾 三世	年幼繼位，母親狄奧多拉皇后屬贊成聖像使用一派，重新頒布尼西亞法規，並申明反對破壞聖像的立場。843年她放逐時任主教約翰七世，改由與自己相同立場之美多迪烏斯一世取代。聖像之爭到此暫告一段落。雙方達成協議：以沒收財產直接充公不發還教會，聖像自此開始不受破壞。

表格根據Gonzales，2008：195-203；Olson，2002：355-358整理。

除了左頁關於聖像之爭，「聖像」作為符號的意義外
我們可利用符號學四邊形說明政治權力在聖像之爭的符號意義

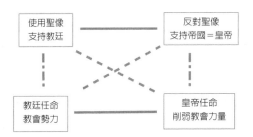

根據符號學四邊形來看，若把聖像與政治權力意義連結，可表達出聖像作為政治上任命權力的符號，也可幫助我們理解在聖像做為宗教符號外，與政治勢力結合的作用。

147

UNIT 4.21
作為範例之神聖數字

數字在宗教內不只是被用以當作對世界的描述，另外也是一種傳達特定神聖意義的象徵符號。這種神聖數字的使用不只出現在宗教經典中，也表現在特定作為神聖空間的宗教建物內。

一、畢達哥拉斯學派

Pythagoras即為數學上畢氏定理中的那位畢氏。Pythagoras與數學的關係不僅是與計算公式有關，其因為宗教因素而相信數學研究是淨化靈魂的方式之一。為研究靈魂的淨化與不朽，Pythagoras認為沉思能夠有益靈魂的健康。對他來說，音樂——數學間有著高度關聯，因為數是自然界中最先存在的對象，而整個宇宙就是一個巨大的數目或音階。為此，數不只是抽象對象，還包含特殊實體。Pythagoras對於完美數字也極感興趣，例如6就是一個完美數字，因為6＝1＋2＋3＝1×2×3。（Stumpf & Fieser，2014）我們在Pythagoras這裡看到的，是以數字做為神聖符號的一種方式。在Pythagoras之後，柏拉圖又再一次以數字為理型世界中真實存在的樣態。因為數作為抽象符號，可以表達超越感官認識的對象及其內涵。Pythagoras對於數字的理解與使用，和他所處時代的宗教背景有關；而他使用數字的方式，讓我們看見數字可以不只是測量與計數使用，還可以在賦予意義後用來解釋整個世界與宇宙的運作。

二、神聖數字在宗教中的應用

Pythagoras的例證讓我們看見：人類似乎強烈傾向於為數字賦予意義，好用以理解或解釋事件的規律。可能因為數字本身

雖然可用來指稱實際對象，但作為指稱對象的同時卻又可被認識主體賦予詮釋項的意義內容。如果單純只是數字，那麼這個數字可以與現實相對應；但在宗教符號的使用上，一個數字被賦予意義後就不再只是那個數字，而是更多的被賦予來自聖界啟示或宗教人從中發現的意義內涵。例如666在聖經內被用來指稱魔鬼的代表數字，但是網路上常以666代表很棒或有趣的意涵，在新北市666路則可指景美——石碇間的公車。

以純粹數字做為某種可指稱聖界之符號的，不論東西方均有：如生辰八字可被視為一種為數字賦予意義的宗教符號。更進一步，關於數字以排列組合應用並認為可獲得超越界信息的範例也不在少數。以希伯來宗教為例，猶太人數字學中用22個希伯來字母對應數字，從而計算或賦予某些名字在數字上的意義。例如聖經《以斯帖記》中提到一位想要滅絕猶太人的大臣哈曼，若以希伯來文拚出「惡人哈曼」，再將每一個希伯來字母對應的數字全部加總，可以得到666這個數字，致使一些宗教人士認為此數字正可表達魔鬼想要毀滅上帝計畫的意思。《馬太福音》一開始記載了三組14個人名組合的家譜，而以色列著名君王大衛的名字用數字加總後也是14，所以有的宗教人士認為這可證明此家譜是該書作者例證耶穌基督與大衛間的密切關係。上述例證皆可證明身處俗界的宗教人試圖透過神聖數字為記號，嘗試參與在聖界啟示內；爾後再透過回返於世俗世界內使用這些數字，使聖界痕跡落實在俗界內。

宗教內神聖數字的實例

　　許多宗教都有特定神聖數字，我們這裡以基督宗教的40，7，以及12兩個數字作為範例，說明聖經中被賦予意義的神聖數字如何到實際的宗教建築上。

40	1. 挪亞將方舟造好後，神降大雨40天作為對世界的審判。 2. 摩西40歲時離開埃及皇宮，前往曠野開啟新的人生。之後受神呼召，到何烈山上40晝夜，領受十誡。 3. 以色列人因為犯罪得罪神，在曠野漂流40年。其中吃神所賜的食物「嗎哪」40年，直到進入迦南地這天上的食物才停止。 4. 約書亞請十二個支派各派一位探子進入迦南地偵查，他們偵查40天後回來。 5. 以色列兩位重要的君王：掃羅登基時40歲，大衛做王40年。 6. 先知以利亞逃亡時，走40晝夜前往何烈山。 7. 先知約拿到尼尼微城宣告審判信息為：40天後這城將要毀滅。 8. 耶穌禁食40晝夜，後來在曠野40受到撒旦試探。
7	1. 神用六天創造世界，第7日為休息的日子，是為聖日。 2. 挪亞方舟帶上的動物，潔淨的畜類要帶7公7母。 3. 約瑟解法老的夢，法老夢的內容為7隻母牛與7個穗子，象徵7個荒年。 4. 除酵節節慶中吃無酵餅7天，第7日要向耶和華守節。 5. 希伯來人作奴僕的只能服事希伯來主人六年，第7年可以自由離開。 6. 約書亞帶領以色人攻耶利哥城時，由7個祭司拿7個羊角走在約櫃前。第7日要繞城7次，祭司要吹響號角。 7. 以色列被擄歸回的時間是70年。 8. 先知但以理看到的異象是以象徵符號為表達：70個7，7個7與六十二個7。 9. 耶穌餵飽眾人是用7個餅與幾條小魚。 10.《啟示錄》中描述末日審判，以7個教會為例，並有7位天使執行審判的災禍。
12	1. 約瑟後改名為以色列，共有12個兒子，並被認為是猶太人12支派的起源。 2. 以色列人出埃及時曾在以琳那裡待著，那地有12股水泉。 3. 和神立約，或要堅定信仰時，通常以12塊石頭做為約定的象徵符號。例如在吉甲立約就是使用12塊石頭。 4. 所羅門的聖殿有12隻獅子站立，獻祭中包括12萬隻羊。聖殿前有12隻牛馱著大型水缸。 15.先知約拿前往尼尼微大城宣傳悔改信息，神說那城不能分辨左手右手的有12萬多人。 6. 耶穌依據以色列12支派選立12位門徒。 7. 耶穌醫治的對象中，一位是患12年血漏病的婦人，一位是12歲的閨女。 8. 未來的新天新地，神的城門以12顆珍珠形容。

神聖數字可落實於宗教建築內

以輔仁大學校園內之教堂淨心堂為例，於入口處在瑪利亞畫像旁有12顆星星，另外於正堂中有12扇窗戶與12道小門，即是以12此一神聖數字為符號表達信仰。12扇窗與12道小門是最原初設計時即已規劃，所以可視為對神聖數字＝符號的應用。

UNIT **4.22**
死亡與永生

宗教結構以「聖界——俗界」為其結構內容，宗教人對於聖界的特定想像不只限於此世如何將聖界實踐於俗界內，也包括對未知的死後世界認知及理解。因為死亡是人類必然面對的事實，但我們對死亡後的世界其實一無所知。

一、避諱死亡

根據《教育部重編國語辭典修訂本》網站，若輸入「死亡」，並查詢義類關鍵詞，可以找到166則相關資料，也就是包括死亡一詞在內共有166個語詞、成語、句子用以說明死亡此一狀態；其中例如歸西、狐兔之悲、回去、黃泉等詞，均是以另一符號或語詞指稱死亡。這種對於死亡狀態之稱呼，可能因為年紀、輩分、身分產生不同描述狀態的情況，反應出因為對死亡狀態的未知，所以透過語詞符號指稱以對應現世想像的結果。

雖然許多宗教人士或有過瀕死體驗的人，告訴了我們關於他們的自身經驗或聖界啟示。但從知識的角度來說，我們對這類資訊抱有的不是知識，而是信念：因為此類資訊並不能獲得所需要的證實，而這類證實必須至少可被經驗所把握。確實，許多資訊都有類似的作用，但面對死亡我們會有特定語詞或符號建構。將死亡擬人化（像是死神）的作用，或認定天使的引導工作，反映出人對於死後世界因為未知而產生的符號代稱，即便指稱的對象在詮釋項上會有無限多種理解。這些理解如果被我們視為對現世生活的反映，可以看到許多相類似的符號指稱。一些學者認為包括天堂或地獄都是人類將現世中的美好或邪惡投射至此符號上的結果。

二、對永恆的想望

除了對死亡的符號代稱，人類對世界或時間的終點也有類似想像，而「世界末日」的概念就是對世界與時間終點的想像內容。時間的終末對人而言具有魅力，所以特定時間點常被建立為轉變的符號，一如「千禧年」西元2000年的前十年甚至更早，許多宗教以其為世界終末而產出對末世的想像。好萊塢電影的世界末世通常是天崩地裂的毀滅，而宗教內的時間終末卻是善惡二元的決戰，以及屬善良一方絕對獲勝的戰爭想像。以《死海古卷》這部1947年所發現的文獻為例，其中最有名的書卷之一是《光明之子與黑暗之子的戰爭》（*War of the Sons of Light Against the Sons of Darkness*，又稱為《戰爭卷軸》），該書描述對基提人（黑暗之子）的作戰起源，說明戰爭時宗教儀式、募兵規定、戰鬥方式與凱旋詩歌——也包括若戰敗時應如何鼓勵。這種善惡二分與對立的戰爭模式，在啟示宗教中，不論猶太教、基督宗教或伊斯蘭信仰中都可看到。

這種對永恆的想望，相關的符碼能夠成為一套對末世描述的符號系統：這套符號系統可依據自己的規範完成需要的理論建構，其中的符碼則是依據聖經關於末世啟示內容加以建構。我們在這裡看到符號詮釋的可能性及危險：可能性是指，對末世符號的詮釋如何在文脈中找到對應的字詞或語言，從而轉化生活中的應用及實踐；危險則是指，在理解末世概念時的脫離文脈。不過，與末日相關的這類符碼在東方並非不存在，只是東方較不會強調「末世」的概念語詞。就空間角度而言其實也相同，此部分可參考6.13。

對於靈魂的理解

　　與死亡、永生、末世、天堂或地獄等生命終末後的存在場域，其預設著靈魂不朽的存續。Massino Leone向我們展示希臘文化——猶太教——基督宗教如何傳承與吸收靈魂概念的轉變過程，以說明不同文化間如何透過語詞與符號產生對彼此的影響。

```
┌─────────────────────────────────────────────────────────┐
│                        基本前提                           │
│        我們對靈魂的理解包括變化性、敏捷性、渴望出眾、超凡        │
└─────────────────────────────────────────────────────────┘
```

 實際應用

時期	對靈魂的理解	符號意涵
希臘	希臘人對靈魂的想像包括： 1. 作為符號的嘴巴：是身體裂縫，生與死的交界，讓靈魂可以離開身體作為死後存在之旅的通道。 2. 對靈魂的敘述不是象徵性的，而是敘述性的，因為人類生命要素不是抽象的，而是與死亡故事有關的。 3. 靈魂的變化性不是可不可能，而是如何描寫。 4. 強調了靈魂的獸性符號表徵。	希臘時期靈魂具有四個特點： 1. 人們可以發現靈魂的一般表徵與生者不同。 2. 靈魂具有騰空能力，且可操控被動主體，屬於特殊能力的展現。 3. 象徵性中雖有轉化，但飛行本身是精確想像。 4. 嘴巴作為邊界，靈魂有可能臣服於惡魔行為而離棄身體以致不再回到身體內。
猶太人	猶太人對靈魂的認識 1. 更多基於對呼吸的想像，並描述生死的過度故事。 2. 以耶路撒冷作為靈魂離開嘴巴後的方向，強調入口與出口的方向性 3. 對死亡有精確描述：卡巴拉教團提到903種死亡方式，而《塔木德》提到最溫和與最痛苦各一種。 4. 一種死亡的逆轉：若死於耶和華預定者，是回到神那裡接受神的親吻，獲得活力的呼吸。	猶太人與希臘人的相似重疊：身體的包裹、死亡的瞬間＝生死過度的邊界、嘴巴與周圍豐富的語言場域，抽取行為的行動主體。 而差異性在於： 1. 耶路撒冷是濃縮為一個明確目標想像，但在雅典卻還是無限巨大的生死鴻溝。 2. 神在生死過度中扮演的重要角色。
基督宗教	基督宗教提出新的理解方式： 1. 生死間的鴻溝與不穩定性彼此交織。 2. 範例：財主與拉撒路的故事。 3. 嘴巴作為靈魂離開的通道，靈魂向上飛升的場景描述。靈魂同時具有物質與非物質性特性，前者表現在地獄受苦，後者表現在不受物理限制。	比較三者的意涵可得： 1. 主體性概念的可塑造與可變動。 2. 古代文明可經由符號、話語及文本連續性的轉變而傳遞至現代。 3. 身體中的行動主體性原則不是一個穩定的永久特性，而是短暫元素，其不穩定在死亡敘事中得到強調。

上表參Massino Leone，2018：114-148所整理。

第 **5** 章

社會符號學

●●●●●●●●●●●●●●●●●●●●●●●●●● 章節體系架構

UNIT **5.1** 社會與社會符號學

「社會」是什麼？從廣義角度來看，可以指人類當中社會關係的總體，或是人類關係的整個組織，並包括所有一切人與人的關係：無論直接或間接，有意識還是無意識。從狹義的角度來看，則特指特殊和較為具體的人類結合。可以是有組織人們的集合體，在共同地區內擁有共同文化，且彼此合作滿足基本需求，因此成為功能上的特殊單位。為此，若有一個團體可被定義為社會，就具備以下特點，包括：明確疆域、擁有來自生殖過程的世代交替、多元且滿足社會生活的需求、以及某種意義上的「政治獨立」。（莊克仁，2017：47）這個群體在其文化共同基礎下對特定概念透過符號方式加以表達與理解的活動，就是社會符號學的基礎。

一、仍然與索敘爾有關的開始

學者們普遍認為，即便是社會符號學這一受到馬克思主義影響而產生對集體符號運作活動思維的學科，最初開始還是與Saussure有關。我們在前面提到過，Saussure將語言活動放置在社會維度下，以至於任何社會成員在使用語言或文字時都不是自由的：一個社會中的成員在使用文字、語言或任何符號，都須依據他身處社會所訂下的系統與規則，不可任意變化使用。因此，當符號在社會大眾中被使用時，是一種集體社會產物，無時無刻都受到這些規範所制約。從這個角度來看，Saussure對符號在社會與個人間的張力有著深刻的觀察。

二、成敗皆為Saussure

按照Saussure，語言／言語皆為社會產

物，而言語是語言的應用，是語言在實際社會場域中被實踐與操作的手法。但也是在這樣的前提，Hodge & Kress認為他限制了社會符號學開展的意義。（Hodge \ Kress，2012）就社會與語言的關係方面，Saussure繼承W. Von Humboldt的語言觀念將語言視為一在社會活動內有規律的系統，致使語言具有與社會相類似之結構，語言可作為一表現觀念的符號系統。所以在Saussure那邊，符號學可以演變為一種研究社會中符號生活的科學。但是Hodge \ Kress也指出，當Saussure透過一系列象徵系統二分法為語言提出新的理解時，卻同時也為符號學帶來負面發展：這並非指他為此系統命名為符號學後未對此系統進行研究，而是當他以二分法處理這個符號系統時，把整個系統區分為符號系統以及符號系統以外的諸現象，爾後繼續將符號的各層面進行二分對立：例如符號系統下再區分「語言系統──其他系統」，語言系統下再區分「語言──言語」，諸如此類。Saussure建構的這套符號學架構 \ 研究進路雖然明確，卻也排除符號系統以外所有現象，但是這些現象正是社會符號學得以建構的基礎。為此，Hodge \ Kress認為，當Saussure建構起符號學基礎的同時，限制了符號學的發展。

為此，我們在此章將特別研究社會符號學的相關主題：我們並不處理所有社會符號學的內容，而將焦點放在個人受到社會影響卻不一定自覺的範圍內，包括意識形態與自我認知、身體的符號學、性別書寫、語言──反語言以及公眾知識與陰謀論等相關的議題討論。

社會符號學的基礎議題

兩個基本定義如下：

社會	社會的定義可以區分為廣義與狹義的兩種。就廣義來說，是指人類關係中的總和，包括人類關係的整個組織、人際關係——不論直接、間接、有意識或無意識。就狹義來說，則特別是指特殊的或較為具體的人類結合。在狹義方面的社會可以指有組織人們的集合體，在同一共同地區內，彼此合作以滿足基本需求，並有共同文化，所以在功能上是特殊團體。為此，所謂社會團體具有幾個重要的特徵，包括：有明確的疆域、來自生殖人口的新陳替代、包羅萬象的文化得以滿足社會生活的所有需求、並且是政治上具有獨立性——特指社會不能是其他系統的附屬體系。（莊克仁，2017：47）
意識形態	意識形態的概念來自於法國哲學家Antonie Destutt de Tracy於1796所提出的法文字idéologie，該字詞原意是理想的科學，由idée（理念）與ologie（學問）兩個字所組成。這個字詞原本的意思是探索思想觀念的性質與來源之間的關係，並討論思想與實踐間的關係。（莊克仁，2017：47）

在此意義下，Saussure對符號——社會的理解為：

1. 歷時性，對一特地對象在跨時間領域中被使用可能的研究。
2. 共時性，特定語言群在一定時間內或體系內的使用，其中又可區分為組合軸＼選擇軸＝聯想軸。
3. 最終所有符號都具有雙重形式：能指＝意義載體＋所指＝概念＼意義。

上述議題的基礎為：符號系統是一種複雜的社會制度，一方面處在使用它的集體大眾之中，同時又處在時間的連續之中，因著時空保有符號使用的持續性，使得符號具有其穩固性、同一性、強制性，因而難以改變；但另一方面，因著意符與意指連結的任意性，在理論上使得人們在符號材料和概念之間。

為此，我們於本章將根據以下主題加以討論：

主題	內容
身體的符號學	身體的符號學、腔調與模態、懲罰與規約、網路中的自我身分認同。
性別書寫	性與符號建構、Freud與Lacan的性慾符號、實際應用：情慾書寫的問題。
語言——反語言	語言的作用與反語言的呈現，連結上陰謀論的使用。
公眾知識與陰謀論	知識與權力、陰謀論的概念、知識的社會性、教育符碼的階級複製：Berstein、知識的後現代性：Lytoard。

UNIT 5.2
身體的符號學

身體作為一種符號，其在社會中可做為展現集體意識的場域。身體不只是一種物理或生物意義上的存在，也包括其在使用上是否符合此社會規範內的規定。例如語言中「坐有坐相，站有站相」，即是一種社會集體意識應用在身體上所產生的符號指稱。

一、身體的意義

作為存在於社會中的人，身體可以以屬於符號展示的一種，並首先是作為符號載體的意義。搭配在不同的意識形態之下，身體可以承載不同且彼此矛盾的意義：例如做為自由及自我的展示以及保守價值觀執行的工具。不論哪一種，其作為意識形態展現的場域表現出不同文化背景與價值觀下的符號作用。為此，我們的身體不再是物理與生物學上的意義，而是成為社會意義下的身體（及其使用）。

二、社會意義下的身體

社會意義下的身體已不只是物理意義，而是為物理意義的身體再賦予新的內容物。社會意義下的符號又基於現實與虛擬空產生不同於對身體的認知。

1. 現實的身體：符合規範。身體在社會意義下需要符合規範。作為規範，身體的姿態符合特定的規訓或要求，並通過合宜教育及訓練使身體符合社會規範之要求。作為訓練，則透過正面或負面的練習讓身體的姿態可以符合（或被要求符合）規範。對身體的控制與訓練，可以透過教育方式建立。例如教育部體育署在九年一貫教育的課綱下，針對

幼兒、國小1-9年級三階段（1-3年級、4-6年級、7-9年級）以及高中均設計有健身操（並提供教材與教學影片）。按照網頁上所言，其目的在「享受運動遊戲的歡樂，豐富校園生活，養成規律運動習慣，培養活潑和樂觀的態度，保持良好兒童體適能」，因此內容上根據各項運動的基本設計表現為全身性身體運動。（參教育部健身操教材下載網頁）所謂「合宜的」乃是基於社會意識形態下所建立的動作，雖然表達為生物學式，但仍符合社會所期待的成長過程。現實的身體也以符合社會期望的方式進行生活與勞動的活動，並被特定社會意識形態賦予身體作為符號所應當具備的意義內容，例如對女性強調生育的重要性。

2. 虛擬的身體：符合想像與期待。虛擬空間，尤其指網路上的虛擬狀態，起源於我們對於身體的投射與想像，尤其在網路上所建構的真假之辨。頭貼的使用、拍製的技巧、分享的照片，都為我們建立對身體的虛擬幻想。除了我們在後面（5.9）所將提到，語言——情慾之間對身體的理解外，我們在網路上所看見的圖片，不論其作為情慾書寫與否，總是建構出理想化的身體。例如健身廣告或是健康飲食／藥品廣告內對身體的描述，相同屬於虛擬的身體內容：那個身體並非我們現在這個物理性或生物性的身體，而是透過實際媒介（如健身活動或需服用的飲食藥品）從而建構起來的理想對象。

身體作為符號的意義

身體從來都不是自己的：在社會特定意識形態的意義下身體因為與他人接觸，從而產生人際互動（或反過來不願與他人接觸所以產生缺乏的人際互動）。我們可以從四個面向理解身體作為符號的意義究竟為何？

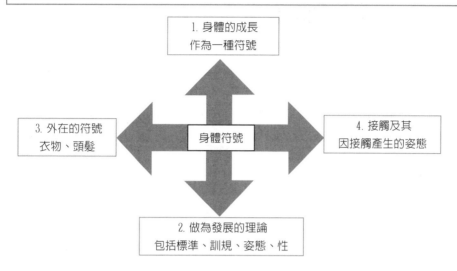

其中：

1.身體的成長	身體的成長雖然是自然的，但受到意識形態規約，表現為醫學上的常態分布。例如幾歲的平均身高體重與心智發育應該表現為如何的狀態，從而判斷父母——孩童間的關係。
2.發展的理論	對身體的控制表現為發展的理論：例如父母所擔心，至幾歲時應該要學會的身體控制技能，包括排泄、慾望控制、語詞使用等。另外在何時適合學習技能也是被討論的議題：雖然人的一生是不斷學習的過程，但此處更有強調合宜時機的問題。
3.外在的符號	根據身體處於不同階段及歸屬，外在符號對身體產生特定規約作用：頭髮的長度與顏色、如何包紮頭髮，衣服的穿著是否合適歸屬，都對身體及其行為產生規範。例如我們在前章4.18部分所提到宗教團體的衣著。
4.接觸的姿態	根據上述符號，我們定規出合適的接觸方式：不論是工作上的或是人際交往間的。身體在此是社會性的，無法依據自己喜好而決定。

劉伶	竹林七賢中的劉伶（約A.D. 221-300）喝酒後即脫衣裸體，遇有人進屋指責他為何不穿衣服時則言「我以天地為棟宇，屋室為褌衣。諸君何為入我褌中？」其對身體及其衣服的使用違反一般人所接受的社會禮儀意識。
繭居族	特別指因為無法融入社會而窩居在家的人，其常與不事生產或浪費人生的概念畫上等號，而忽略其心理可能出現的狀況。這種標籤表現為他們對身體的使用方式不符合我們現代社會中以身體作為勞工基本工具的概念。

UNIT **5.3**
身體與語法表達

身體作為社會符號的表達，除了前一節所提關於身體在使用上的符號意義外，還特別呈現在透過身體所進行的語言表達上：這一點，包括表現在腔調及表達，R. Hodge \ G. Kress為我們說明了其間的關聯性。

一、語法表達與社會意義

R. Hodge \ G. Kress提示我們，不論群體大小，都需要群體成員以特殊標記來賦予身分與凝聚力，使之與其他群體所有分別。理論上，這些標記可能不帶意義，只有單一群體標誌功能。但在實踐上，這些符號系統攜帶有更為重要的社會意義。建構標籤可以對構成群體的成員資格加以界定，從而宣示出特定社會關係，並以元符號的方式傳遞與群體相關的意識形態。R. Hodge \ G. Kress認為最為明顯的包括三種：

1. 風格（style），即所謂「風格即人」。在今日我們的用法上，用來指稱個人特定所屬的流派、學院、主題、甚至時期——雖然在界定上有其困難。
2. 腔調：哪一國的人講話之腔調就是那國人特徵的元符號，能夠將這國人與其他人區分開。
3. 語法：語法的核心是正確使用的方式與語言的規則，這些概念既屬社會範疇，又屬可用以比較的範疇，並可對一群人說話所歸屬的體系做出明確區分。

二、腔調與語法

我們這裡特別強調腔調與語法，因為在語言和意識形態間，在被編碼到語法和使用規則中的特定語言體系和統治 \ 被統治群體的社會意義與功能間，存在一種內在關聯。這是因為不同地區在構成語言的詞彙、語法乃至語用結構上彼此不同。正是這樣的差別，造成語法上的區分，使得非此群體內的人（不論是外國人或外族人）難以理解掌握，像是中文中是否加「子」這個詞。在此，語言成為群體成員資格的便利標記。語法的意義在於：若說話者遵守特定規定，就將自己標示為這個語言群體內一個正式守規則的成員。反之，那些不遵守這些規定的成員被貼上「他人」的標籤，因為他們不屬於我們這些使用相同語言的成員內。

這種腔調的差異性，可作為元符號被理解。其通常不會獨立運作，而是搭配在其他符號體系才能被凸顯出來。腔調的威力也不在自身，其能量乃是社會性的，並非語音本身所固有的。例如《士師記》中的屠殺就是透過發音體系差異而發生的事情（參見右頁說明）。我們所熟悉日文中所謂關西腔，就是這種口頭語言的語音體系。為此，所有單一符號可通過不同語詞 \ 腔調得到肯定，社會差異可以在口頭語言體系的諸多層面得到表達。R. Hodge \ G. Kress提醒我們，Saussure有注意到語音腔調現象，也注意到了語音體系的變化。其實Saussure已經注意到語音變化的動力來自語言以外，也就是社會的本身；但可惜的是，因為他把社會維度排除在語言研究外，並且因為認為語言符號是絕對非理性對象，所以沒有繼續加以發展。

腔調與語法的問題

R. Hodge \ G. Kress提到：Wilam Labov曾經強調，社會——語言結構有密切關係，即便是相同的力量與操作，雖然短時間在單一語言社群中只能造成細微差異，但在長時間將產出巨大差異，並通過差異建構起獨立語言。所以語言變化的動力是對社會差異與穩定性的表達。任一腔調雖然表達出符號活動層面的權利，同時又涵義曖昧，或許指涉的是說話人的權力，又或許是和說話場景本身相關的權力。以下列舉《士師記》的範例：

1. 《士師記》12章描述一場內戰：以色列的首領耶弗他在與敵人亞捫人打勝仗後，未出兵的支派以法蓮人向耶弗他抗議自己不受重視，未被徵兵。耶弗他氣憤之餘，招聚所屬支派基列人與以法蓮人爭戰。這場內戰基列人大獲全勝，以法蓮人敗逃之餘，基列人的部隊守在以法蓮與瑪拿西兩個地點中間的約但河渡口，為要獵殺剩下的以法蓮部隊。分辨方式是要過河的人說「洪水」這個字。基列人的發音近似「示播列」（SH開頭的音），但以法蓮人因為咬字發音問題會將SH開頭的音讀做S這個因而成為「西播列」，從而分辨該殺誰。

2. 類似的例證例如過往曾經對「臺灣國語」一詞賦予貶抑的意義，或是對特定族群因為發音方式產生語音不同的狀況以開玩笑或嘲諷方式模仿，都在社會——語言結構間的差異上進行權力分配的內容。

R. Hodge \ G. Kress為語法及腔調的問題
定出以下8個條列式的說明

1. 風格、腔調和語法都指同一個廣闊的社會符號活動，即元符號，其功能在於維繫一個群體的差異和連貫，並宣示該群體的意識形態。

2. 元符號是關於社會忠誠的系列標誌（穩定性、群體身分和意識形態），它滲透在大部分文本之中。

3. 這些標誌主要指號活動（意義產生）層面而不是模仿層面（被指涉的東西）之中的種種關係。

4. 符號學變化的動力在於表達差異這種願望。這種願望源自特定群體創造出內在穩定性和排除異己這種需要。

5. 差異可以通過被標出的選擇和重要轉換得以表達，從微觀層面（腔調、風格與語法）到中間層面（詞項、短語、句群），再到宏觀層面（話題、主題、宇宙觀、形而上學）。

6. 這些差異之所以存在，是為了表達群體的意識型態和群體的身分。

7. 表示群體身分的元符號常常是以透明能指中建構而來的。

8. 一個群體的文化，作為單個符碼中的元符號，為群體實施著同樣的功能。

R. Hodge \ G. Kress，2012：85-6，93

UNIT 5.4
懲罰與規約

除了語法風格以及腔調外，社會對於身體的控制也透過懲罰與規約加以強化。這一類技術從很久以前就已經發展出來，而且透過各種對身體控制的方法達成精神層面上的要求：我們分別從正面與負面的例證來舉例。

一、對身體控制的作息表

對身體活動的控制可以透過特定方式加以進行，例如「作息表」的形式，包括課表、行程規劃、軍隊的操單等等。（Foucault，2021：287-299）

1. 作息表的基本功能：其從隱修士流傳而來，主要功能有三，建立規律作息、限定從事活動、規定重複週期。最明顯的衍生是對時間的控制，目的在於排除所有可能干擾注意力的因素，從而建立完全有用的時間。因為品質優良的時間（控制）能夠讓身體專注於工作與學習的狀態。

2. 行為在時間向度上的提升：透過作息表及其延伸的時間表，以新的約束分解動作，以讓身體可以精準被校正。在此，行為可被規範為身體、四肢、乃至關節的位置及界定，好讓時間滲透進入身體，讓身體從事某種運動時可以在指定方向與幅度上表現出最為理想的狀態。例如運動員對動作的訓練。

3. 身體──動作的相對應：規訓控制不只涉及對身體的指導，並強化身體與姿態間的最好關係。因為好的姿態是身體效率與速度的基礎，並提供符合社會規約期待的訓練。例如練字，小朋友需要學習「正確的」握筆方式。

4. 身體—對象的相對應：規訓也規定身體與操控對象間的每項基本關係，從而建構起「身體──武器／工具／機器」之間的關係，並成為對權力服從的記號。

5. 窮盡的利用：最終，作息表對身體的控制需要消極的設計，也就是排除一切閒置的時間。作息表在於窮盡所有合適的時間，也就是增加所有時間在適用上最大效度，從而建立起對權力臣服的身體。

二、透過刑罰的控制

從負面來看，司法或政治常透過對身體的刑罰作為力量的展現，尤其是肉體──刑罰間的關係，得以建立起司法力量的展現：抽象的司法力量透過具象的符號，也就是對身體施加刑罰得以呈現。Foucault 舉例，十八世紀時的罪犯，即便已經判刑也需要於公開場合再次認罪，透過酷刑──罪行間的關係確定兩者間的可被理解性，透過公開拷問雖造成肉體痛苦卻得以讓靈魂潔淨：在此身體不斷成為司法正義的符號。特別是酷刑及其司法程序，透過對身體的保護／摧殘，建構起政府與司法的絕對權力：身體的保護是在刑罰前不讓憤怒者可以私刑方式發洩憤恨，摧殘是指司法力量透過對身體精細且痛苦的刑罰表現出自身的力量。因為那時確實有犯罪──身體刑罰間關聯性的思維。謀殺者處以死刑，縱火者處以火刑，下毒者劊子手將一杯毒藥潑在罪犯臉上。

然而新的思維從肉體作為痛苦記號的懲戒，轉變為教訓、論述以及可被理解的符

號。司法審判被Foucault認為是一種新的儀式，其中每一元素都表達出罪刑與懲戒間的合理尺度。身體，作為一種符號，表達出靈魂的寄居，因此透過強制的形式建構出約束的作用：包括時刻表、作息表、習慣養成等等，過去都只是刑罰的符號，現在變成身體的實際練習。這種練習是透過對身體的矯正好使作為主體的人行為正當化。（Foucault，2021：203-224）

對身體控制的技術

正面範例	負面範例
作息表：透過明確規定，包括時間與動作的細緻規範，使受教者得以在規律的活動中學習對身體的控制，從而達致精神的昇華。	對身體施加刑罰：透過對罪犯的身體的刑罰，建立司法威信，從而讓他者產生懼怕，讓自己的身體與罪刑產生距離以避免犯罪。

作息表的技術

任何時間表／作息表／行程表等等，都是透過時間對身體的控制：在這個時間內，身體要依據特定規定加以訓練。此時不論外在環境為何，身體都需要服從這個時間表，從而達成規律的產生。合理與否可以不被討論，因為重點在身體的規約。

刑罰的記號從對身體轉向為符號——技術的基本原則

最少量規則	罪行——刑罰間有著特定相似性，罪行所反是因其能帶來某些好處，但如果我們將一個比罪行壞處再大一點的觀念與之相聯，將可使罪行不再可欲，從而達到免受刑罰的利益略大於鋌而走險的利益。
充足觀念性規則	犯罪的動機是人們想像出來的好處，那麼刑罰就是犯罪實際帶出來的壞處。因此，造就這裡壞處的，不是身體是不是受到懲罰的真實性，而是將行罰再現的回憶極大化。
周邊效果規則	處罰真正目的在於對沒有犯過錯的人產生強烈影響。例如無期徒刑：將一個人的有生之年切割成無限的片段，取代一瞬間完結的懲罰。身體的弔詭性在於：對身體越不殘忍的刑罰對人民精神壓力最為巨大。
完全明確規則	將每一項罪行與被預期的好處，跟確定會受到的處罰與不利連結在一起，因此對罪行與處罰的法律必須明確，所有罪行不論內容、程序或處罰都應該被公開透明，好使所有人都知悉。
共同真理規則	過往對身體的摧殘所得犯罪實證的方法不一定能適用於所有人，所以合理的求證方法必須是對所有人都合理的。因此，不同領域間對罪行的研究變得重要，好使證據可以成為對所有人都接受。
最佳明確化規則	透過分類建立起一套「效果——記號」間的懲罰方式，以致能對所有犯罪的問題進行分配好囊括所有的非法行為。在此刑罰是對當事人整體的調整，致使所有犯罪的個體都能被納置於一套完善管理規則底下。

Michel Foucault，2021：163-174

UNIT 5.5
性與符號建構

社會符號中，關於與性相關的符號與書寫的關係一向是討論的焦點之一。性可以透過書寫或符號加以表達，並在表達過程中透過特定符號讓我們回溯或是注意使用符號者的實際意涵。

一、性別符號建構的概念

按照Hodge＼Kress兩位學者所言，我們社會上對於性別符號的建構與維繫，是依靠在思想控制體系下，一系列性別構成要素所能達成。（R. Hodge＼G. Kress，2012）性別符號的建立與特定族群的基本符號資源有關。他們使用表示權力和穩定性的透明能指來建構性別身分、性別規定和性別意識形態。這些能指涉及權力和穩定性的整體關係，且因為是在整體關係中，所以對其他相同具有統治性的社會結構來說，與性別相關的符號不可能不受此類結構影響：例如社會階級對性別的影響。性別體系的建立有賴於符號體系的操作為基礎，尤其是在思想控制體系下的性別物件。這些物件根據性別分界對符號意義作出規定，從而可在語境下利用符碼製造意義，不論這裡的語境是指口說、文本或是整體社會氛圍。此類與性別相關的信息無所不在，且透過思想控制體系反應出有關性別系統的統治性觀念及觸犯時代出來的反對意義。從過去到現在性別系總是作為矛盾和不穩定性標記的鬥爭場所。我們對於人的性別，從生物學角度上最基本的區分為兩性，不論是男／女、雄／雌。但我們用以描述生物學建構的語言使用卻超過生物學最初觀察到的特徵。生物學所理解的與社會建構的性別有明顯差異——我們將在下文（5.9）提到性別書寫時重新提到這一點。因為，性別雖然是基於現實世界（客觀物理世界）產生的分類，在最原始狀態下就只是在那。但人類在透過語言描述與理解時建構出社會意義（周圍世界），並將關於性別的作用與身分鑲嵌進描繪的語言本身，從而產生對此類語言正確與否的使用規則。

二、性別建構的實踐

對統治者而言，性別可表達出特定符號活動觀點，從而建構權力的穩定性。從具有統治權力角度的觀察來說，性別體系具有為統治者利益服務的連貫意義。其策略包括特定符碼與意義的連結，並從而落實於語言之中。其整體效果並非只是建構起同一性的性別身分與認同，而是按權力和穩定性對性別進行全體建構，從而理解世界的樣貌。從性別元符號的意義來看，這些符碼既可以指涉符號活動層面（應當的規範），也可以指涉模仿層面（實際的作為）。這種活動表現可以常聽到的「性別刻板印象」作為例證，也就是透過權力掌控者的性別意義投射，建構起「應當——實際」間的合理化規範。這種刻板印象表達出統治者的利益又表達其符號活動觀點，既表達權力又表達穩定性——我們在右頁將舉出實際例證，說明性別符號在實際生活中如何表現出統治與權力穩定性的關係。我們將在接下來的章節中，舉出兩位哲學家作為性別——書寫符號間的例證：S. Frued與Jacques Lacan。

性別建構的意識形態建構

性別可能是生物學描述式的，也可能是意識形態類型的。以下以兩個語句的比較作為差異呈現：

類別	語句	意義
生物學類型	女性一般狀況下有子宮，具有生育的能力。	生物學描述，不帶價值判斷，僅說明女性在性別上與男性的一項差異，及此物理意義上具有差異性之器官功能為何。此描述屬物理世界意義。
意識形態類型	女性一般狀況下有子宮，所以應該要生育。	意識形態描述，從實然（有子宮）推至應然（該生育）。從語言表達建立起周圍世界意義的內容，從而帶出價值判斷。一般表達方式會以省略的語句表達如：「女人為什麼不生小孩？」或「妳為什麼不生？」

依據Hodge & Kress的舉例，性別符號建構在以下各方面可得到印證：

語言	以拉丁文為例，其語言以男性為主體進行建構、描述與說明。而陰性／陽性用字不僅用以表示權力和穩定性的標記，也表現出權力和穩定性本身，在相對簡單的體系內也會導致某種複雜性。
服飾	對性別做出區別並加以辨明一個群體內的男人／女人應該是什麼樣子。為此使用基本意義涉及權力和穩定性的透明能指，在材料中特定風格建構出複雜意義，這些意義不僅包括性別並將關於地位、階級和其他一般社會範疇的意義也囊括其中，所以衣服的更換＝多元身分的應用。Hodge & Kress以黛安娜王妃出訪的雜誌專題為例，認為在其身分上透過衣服的更換頻繁（作為符號）展示自身能力與多重身分（作為性別與身分建構）。
帽子	並非一定指稱性別，因為還涉及環境的諸多限制（例如：工安、環境或體系的制度、宗教），不過在某些特定時期或文化環境，思想控制體系對女性衣著（例如帽子）有嚴格限制＝設定女性不能成為慾望的對象。
衣著顏色	顏色可被用作為透明符號體系，並指示使用者要服從特定文化和社會群體的調整。另外也可做為表示力量的能指，顏色的透明意義為從其中建構出的複雜顏色意義提供基礎。
簡言之，性別意義透過對話語、服飾、行為等特定風格得到建構。以衣服為例，在以下各項目間建立起性別的刻板觀念： 強弱的顏色／亮度＝大／小的力量 顏色——身分 性別——衣物——說話的內容／有無說話	

UNIT 5.6
Freud㈠符號建構

Freud在性別符號的建構上，透過潛意識的概念，以及對伊底帕斯（Oedipus）神話意義的改變，開創關於性學與精神疾病的探究領域。雖然Freud對精神分析以及在性別符號建構上有其獨到之處，但也受到諸多非議及批判。我們將在此節先說明Freud於性別符號建構上的理論基礎，爾後於下一節說明此理論系統所受到的批判與挑戰。

一、潛意識與伊底帕斯情節

Freud最有名的理論之一，是對伊底帕斯故事的重新詮釋，並為該故事賦予新的意義。故事中伊底帕斯殺父娶母的行為本身帶有悲劇色彩，而Freud卻認為其故事象徵每個人所擁有最深層的性慾表現。此性慾由代表生存慾望之本我、代表社會規約之超我，與兩者最終折衷表現之自我所組合。本我殺父娶母的慾望表現在嬰兒成長過程中，受社會規範教育與訓練，原始性慾受壓抑進入潛意識內，最終表現在夢境內。精神分析的工作之一是透過對於夢的解析，解讀當事人內心的原始慾望。換言之，Freud將夢從神話、占卜或宗教的手中取回，改由實證科學／精神醫學加以理解：夢境內的符號雖然可被解讀，但不再是來自神鬼的啓示，而是對於慾望力量的釋放。

二、夢作為潛意識力量釋放的場域

我們可以這樣理解Freud：本我的性慾並未消失，而是在超我規約的壓抑下遁逃進入潛意識內。清醒時人可以透過理智控制（例如想到性方面的事可選擇轉移），但在睡眠時這些力量則不再受到壓抑，從而轉變為夢境中的某些符號表現。按照Freud的說明，在人類的本能衝動中，性慾一開始應該是作為體現自我保存的目的與功能，只是受到超我壓抑。但這種本能衝動的傾向需要發洩，所以在夢中呈現為滿足快樂或彌補壓抑的表現方式。但是夢境需要透過翻譯才能掌握真正的意義內容，因為夢的內容與符碼，雖然表面上沒有邏輯秩序，但卻是在理性前提下無意識的產出。其實性慾及其表達符號在無意識中已經被給出，並能夠透過夢的語言符號而被解讀，這也是Freud所建構出，一套關於夢境系統及其符號如何解讀的前提。（林信華，1999：144-145）這種表現直接在我們日常生活中被經驗，且與潛意識的力量大小有關。為此，我們或許做了難以理解的夢境——即便夢境中帶有特定符碼可以與現實生活對應，或符合「日有所思夜有所夢」的說法——但我們還是被夢中其他不相干的符號干擾而難以理解；我們或許也可能受到本我過強的壓抑，以致本我力量連在夢境中也無法正常釋放。

為此，夢其實是做夢者被遺忘的記憶，其中帶有無限制的使用語言符號，其意義對於做夢者大部分卻是不可知的。對夢的理解不能僅限於夢境，因為那些被回想起的夢僅是夢的外表，夢的過程還藏在外表下需要被解。夢的工作是由潛伏的夢境思想引發夢明顯內容的過程。由於夢的作用在於調節慾望的力量以及阻止表達的力量，要理解夢境需要特別的系統解釋，因為夢的明顯內容與潛在思想間之關係，與日常語言系統的相對應規則不同。

Freud關於夢的理解

夢是性慾在潛意識中的發洩與力量表達，根據Freud對伊底帕斯情節的理解，其故事中帶有符號的轉換。夢境形成方式如下：（林信華，1999：144-145）

被壓抑的本能衝動
＝無意識的慾望在夢中找到足夠的力量使自我感受到其力量。

夢的工作與化妝將潛在思想轉化為一組感覺的影像或視覺的情境，
從而產生區分的概念。

一個清醒的生活留下的驅策，
就是自我思想將其所有衝突性的衝動壓抑成無意識的連續體，
藉由無意識的資料與元素在夢中表達出來。

問題在於：如何解讀？

Freud對於夢中符號的理解與解釋可攝要如下：

	對夢裡符號理解的基本原則：
	1. 夢裡的象徵符號並非夢境中所擁有，而是關於人的潛意識之表現。
	2. 以象徵解讀夢境只是一種間接的表現方法。
	3. 夢既利用符號表達偽裝的意義，因此有許多符號可被用以表達相同的對象。
	4. 理解的技巧：一方面依賴做夢者的聯想，一方面依靠做夢者對符號的認識。
人物類別	1.國王／王后＝做夢者的雙親；王子／公主＝做夢者本人。 2.小孩＝性器官。
長形物體	代表男性生殖器官，例如木棍、樹幹、雨傘、長形的武器（如鋒利的刀、匕首與矛）。
可收容之物	1. 代表女性生殖器官，尤其是指子宮。例如：箱子、皮箱、衣櫥、爐子等。 2. 中空之物，像是船隻，或是空的容器，也可理解為女性。
房子	1. 通常可以代表女性。 2.走過套房的夢＝逛窯戶或擁有後宮多妻的意思。 3. 夢見兩間房子／一個房子變為兩個＝童年對性的好奇，因為童年對女性排泄與生殖器官區分不清。
房屋內擺設	1. 樓梯或在梯子上上下下＝性交。 2.桌子、檯子＝婦女。
衣著符號	帽子、領帶＝男性性器官。
機械器械	複雜機械、武器與工具＝男性生殖器官，包括飛船、犁、步槍。 建有橋梁並長滿樹木的山＝男性。
生物類別	1. 女性＝魚、蝸牛、貓、老鼠。 2.男性＝蛇。 3.小孩＝小動物或小蟲子。

Freud對上述符號與代表意義間有詳細意義的說明，有興趣的讀者可參考原書中的說明。而Freud自己也認為，似乎沒有任何意念不可以用來表示與性相關的事實與願望。（Freud，2020）

UNIT **5.7**
Freud㈡符號應用與批判

三、以性作爲基礎的符號意義

　　夢做爲一種祕密文字的呈現，每一符號透過確定的密碼才能翻譯成爲另一個明顯有意義的符號。夢的解析所進行之工作，是透過一定程序結構翻譯回想起的夢，並且在西方文化的背景下，透過男女性徵表達出特定符號及其意義。但不論如何，夢境都表達出欲望的滿足，以及性慾的滿足。此點對Freud來說是重要的，因爲現代意義下的性，對Freud而言是現實原則以及壓抑快樂原則的社會生活形式。這種性的關係，在以下三者間形成張力：父母與兒童間的性愛表達、兒童性慾的否定、成人性愛對象選擇的束縛間。此三者呈現出文明與性慾快樂間的緊張關係。由於社會規約，導致人在無法實現並經歷完整性慾快樂的前提下，性慾在原本的美感經驗中受壓抑，轉而呈現爲獸性的表現。爲此，Freud可以將性慾與精神疾病加以結合，因爲精神疾病的理解正是性慾的創傷；而歇斯底里地壓抑則產生於一種能夠表達爲精神創傷或引誘的象徵符號建構。這樣的理解是基於性慾同時具有做爲生物、社會和教育實踐的功能：對孩童來說，性與器官間的關係正是這種符號認知的建立。自我、本我與超我就成爲本能衝動、社會規範與實際作爲間的平衡協調，而人的行動要在調和三者的前提下進行。（林華信，1999：146-153）這樣的觀念，也被Freud廣泛應用在對不同領域的理解。

四、反對Freud

　　Freud確實讓我們看到性、器官、夢、符號等領域間的關聯。如果就《夢的解析》一書來看，Freud確實創造出一套特別的符號理解系統，並可用以解釋人的生存及潛意識狀態。但我們注意到，這套系統日後受到相當多批判與反對：

1. Freud的問題在於透過心理學的化約主義，將夢境的符號改爲記號，使其無法顯示與轉換內容的一些形式。但是任何眞正的符號不能被縮減爲單一的具體意義，因爲若一個符號以獨特方式指向實在界，就不可能被其他符號取代。佛洛伊的的錯誤在於解釋符號時僅把握意義的單義性，並且讓符號解釋變爲僵化的而無法常向未來開展。例如對伊底帕斯情節的解釋，Freud將這部分變爲伊底帕斯的全部內容。（Dupre，1996：152-154）

2. Freud在理解符號上是出自於誤解。與其說那是所有人所共有對於性慾的符號建立，不如說那是Freud爲建立理解所謂「純粹性欲」所建構的思想結構。在這樣的思想結構上，他認爲自己是覺醒的第一人，也是實證主義的最後一人。由於忽略性慾與宇宙論之間那種超越連結的可能性，Freud只能通過貶抑的方式理解性慾符號，從而忽視了性慾符號作爲知識呈現的一種可能性。Freud確實可以建立起某種帶出啓發亮光的符號，但在嘗試應用於指稱時卻無法獲得具體的指稱結果。（Eliade，1991：14-15）

Freud符號的應用與理解

Freud的理論雖然受到質疑，但在其自身的理論系統對於對象的理解，仍然可以保持其有效性。我們可以《圖騰與禁忌》一書之內容作為範例。

兩個根據人類學家所觀察到關於原初民族的事實	
禁食圖騰動物	亂倫的禁忌
原初民族對獵捕圖騰動物以及將其作為食物有嚴格禁止規律。	原初民族對於亂倫有強烈禁忌，例如女兒不可單獨與父親待在同一個空間內。

與平時規律的相反
特定的某一天全族會獵食圖騰動物，並與近親亂倫
而且只有這一天可以進行上述兩項禁忌

伊底帕斯情節中的殺父	伊底帕斯情節中的娶母
屬於取代父親的消極層面	屬於取代父親的積極層面
符號上轉化為圖騰動物	符號上轉化為禮儀禁令

說明：Freud理解如下

1. 父親作為原初民族部落內的共主，他擁有族群內所有女性。所以對族群內男性說，族群內所有女性如同廣義上的母親。
2. 族群內年輕男子為搶奪女性而殺害父親，並將之分食。
3. 殺害父親後搶奪女性從而產生亂倫行為。
4. 於日後約定不再進行此類行為，將殺害父親之行為轉化為禁食圖騰動物，將亂倫母親行為轉化為對亂倫的禁忌。
5. 日後的慶典＝為了記住此一行為，並提醒彼此不可再犯的符號。

我們可建立以下公式圖表：

```
伊底帕斯情節＝
殺父              ＋        妻母
就是                        就是
殺害共同的族長              與族長妻子的亂倫
就是                        就是
轉化為圖騰        ＋        轉化為禁忌        ＝宗教原型
就是                        就是
共同記憶          以及共同的傷痕
```

黃鼎元，2016:158

上表中可以特別注意兩個問題：1.符號——意義間的連結與轉化。2.後世部落在進行相同行為與慶典時不一定理解原初發生事件。他們只是依照禮儀進行，在使用符號的時候失去原本的意義。

UNIT 5.8
性別符號

學者林信華認為：如果我們不只是從無意識面向來理解性慾，那麼就還可以從語言學及語言的功能認知性慾的面向。這正是Lacan論證的取向，將性慾轉向語言與符號秩序表現的結果，而不只生物學式決定過程。從這個角度來看，我們對性在符號方面的理解，與情緒、需求、快樂均有關聯，從這裡我們也可以理解性產業或性消費之於過往傳統社會的差異：更多的消費性，並透過社會本身建構起讓大眾接受的性消費。（林信華，1999：145-146）

一、無意識的再詮釋

從Lacan的角度來看，無意識不一定是支配意識的推動力，更多的是一特定文化結構的產物，即透過特定符號結構，把意識所壓抑的性慾衝動潛入無意識的結果。

按照Lacan所言，意識／無意識的關係正是所指／能指間的關係，也就是那些受到壓抑的慾望。林信華引用F. Jameson的說法，指出在Lacan那裡，學習語言其實是一種暴力、壓抑與異化的開端。兒童對自己的理解：不同於對母親的認同，而是透過疏離過程的自我認同建構。既有本能衝動的主體，又是受到身體限制的自我。語言的作用在兒童成長過程中扮演重要的角色：語言代表象徵符號的世界，是文化的秩序結構。在鏡子遊戲中，兒童被放入物理、心理與家庭的空間，重複他者以建立自己。此時兒童還無法參與在與他者間的符號交換。但是在面對他者的過程，事物與文化的象徵符號秩序在我們面前存在，我們在面對此一符號秩序時重新產出

我們的主體性從而建構起我們作為主體的存在樣貌。（林信華，1999：154-162）

二、重新理解Freud

如果無意識不再是單純的慾望，而是缺乏、語言與社會間互相建立的內容，那麼Freud的性欲也就可以被轉變為情慾書寫的概念。為此，林華信引用E. Grosz的觀點，說明Lacan如何重新理解Freud對性慾的觀點：（林信華，1999：159-160）

1. 性慾的本能衝動不是自然或生物過程的結果，而是缺乏對兒童生活介入的結果。
2. 性慾的本能衝動是兒童在社會意義下獲得身體的快樂。
3. Freud將前青春期的性慾與青春期的性慾兩者區分，Lacan也相同區分了前戀母情結（即想像）與戀母節情（即象徵符號）形式上的差別。
4. 性慾的本能衝動帶有私有對象，此對象為兒童身體的一部分。
5. 性慾被Lacan定義為「被缺乏標示出的快樂」：是從性慾與本能衝動與追求特定意義等同的這件事被標示。
6. 性慾是依據能指的系統運作，是在語言當中且藉著語言所運作。
7. 「戀母情結化」是兒童與第一個愛戀對象（母親）分離的過程，並從而促使他進入更大的社會及文化的象徵符號系統。
8. 控制與壓抑性慾的本能衝動會形成無意識，所以無意識是受壓抑本能衝動的殘餘。

Lacan理論的範例：BL作品

根據日本學者溝口彰子在《BL進化論》一書的討論，BL作品即符合Lacan所謂從語言／書寫角度理解性慾的範例。為方便讀者閱讀及查閱，我們將溝口彰子著作中所提理論相對應的頁數放在文字後方括弧內。

基本定義
BL是英語Boy's Love的縮寫 是以男性間的戀愛為主軸，以女性為訴求對象＝受眾的作品。（18）

什麼是BL的進化？	BL能進化＝逐漸被大眾接受或開展出新的劇情，有三項基本要件（265-276） 1. 不論創作者的性別或性取向，都能不受異性戀規範與恐同仇同的束縛，得以發揮真誠的想像力。 2. 主體（行為者）由社會的主體與個人的、精神分析的主體組合而成，雖然無法分割，但仍有內部區分與詳細分析的必要。 3. 「現實／表象／幻想」三者互為表裡，互相影響；三者間的關係並非對等，也無定量。所以更需要個別分析案例。
BL作品（傳統）公式	BL作品在公式發展後，產生了進化並開展多樣化的面貌（25） 1. 美男子×美男子 2. 攻×受的角色設定 3. 攻＝較為陽剛的角色，日常與性愛中主導的一方，通常帶有富有的背景 4. 受＝較為陰柔的角色，同時具有男性與女性的特質，雖然才貌雙全卻容易因慾望而動心。 5. 兩個男主角都是受女性歡迎的前異男，但作品基礎是男主角間的戀愛才是真正的戀愛。
BL作品作為情慾投射書寫	BL作品中的終極配對神話＝永恆的愛情神話（66-68） 目的在於傳達異性戀規範社會下「正常」女性讀者／創作者幻想的正常發揮。在此前提下可以沒有愛與性，也不會有外遇。但兩位男性的戀愛不是同性戀的愛情，也與現實的同性戀無關，而是讀者幻想的理想情愛投射。BL作品在此與神話等同。
女性角色認同	女性對於攻受角色的投射，反映在BL作品中兩位男性無法再對女性產生性慾的情況＝具體表現為與女性性愛感到噁心＝女性逃離並反抗父權社會下對異性戀女子的實質要求。（93-95）因此，BL的愛好者之所以自成一群，是虛擬族群的身分認同，或對角色投射產生的自我認同感。（242）
女性權力陳述	女性對「受」角色的投射與權力有關：女性將自身的情感移情於此角色上，建構為「要不要成為女方＝受的角色之權利操控在女方手中」。從BL作品中攻受角色難以互換可見女性在異性戀社會中難以退出女性的角色建構。BL中的受如果難以接受被動的性愛可以退出從而選擇恢復成直男＝女性在BL中透過性幻想掌控性的自主權。（82）

上表根據溝口章子《BL進化論》（2016）所整理。

溝口彰子的說法與Lacan的理論接近：慾望存在於書寫符號並藉由書寫符號所表達，是一個能指轉移到另外一個能指的，無止盡滿足缺乏的過程。

UNIT 5.9
性慾的書寫與形象

如果性慾確實為我們所經歷到的慾望，那麼我們對於性慾的表達內容究竟為何？特別是在Lacan的意義下，我們的性慾乃是透過語言學習所獲得，與純粹的天性不一定沒有必然關連性。透過Lacan對性慾與語言關聯性的理解，我們可以注意到性作為符號的表達，在當代社會中如何呈現為集體意識的呈現。

一、語言的問題

在Lacan那裡，性慾作為事實是隱藏在語言符號且由語言符號所表達的性慾，本能衝動不能被直接視為實在的、生物的或自然的，而是來自他者的一種學習過程。（林信華，1999：160-162）性慾既與語言連結，那麼語言的使用就成為建立需求的過程。對Lacan來說，學習語言的過程，對兒童來說是可以表達為以下等同的內容：「進入語言＝離開實在＝離開母親」的過程。慾望不只是性慾，還包括從一個能指進入另一個能指的無止盡追求。在此，Lacan將索敘爾所謂能指——所指間的關係建立為兩種符號網絡：

1. 能指的網絡，即語言的共時性結構，每一元素在此結構都有因與其他元素區分所承擔的功能。
2. 所指的網絡，是語言的歷時性結構，是對第一個網絡的歷史性回應，一如能指的網絡結構支配著所指的網絡結構一般。

二、作為慾望表達的語言

根據Lacan的說法，我們在語言中學習了性慾的需求。為此，林信華認為，在後現代的當下，無意識與語言相同可被結構化，已經成為我們接受的既定事實。

這種形象觀念可被我們應用在對當代傳播媒體的理解上：Lévi-Strauss的形象／觀念可透過某個符號，在廣告或影視作品中成為固定表達媒介。這些形象影響到人們的生活，並從而產生出「廣告符號學」這個專門的領域與技術。這是因為無意識與性慾在後現代的大眾文化中，與符號及其系統產生密切關聯。Freud的性慾符號可在性慾的自然與天性這一前提下被無限複製。不論是睡夢中被壓抑的無意識慾望，清醒時被驅策的力量殘餘，或是在本我與超我間產生在自我衝突的慾望及其形象連續體，都可建立為某種形象而加以表達。夢裡面的影像及形象，就與日常生活中廣告、資訊媒體的符號系統彼此聯繫，並被後者以形象牽引進入遊戲與消費中。若是以Lacan的角度理解，無意識是在這些形象符號中，且藉由這些形象符號建構而成。我們透過這些形象及符號與他者溝通，並因此強化我們的缺乏。我們確實可透過形象符號表達性慾，但卻無法改變缺乏的事實。因此，性的分化在形象不斷被複製與傳播中形成，促使我們從一個能指進入另一個能指，且這個運動不斷在填補缺乏中形成我們對慾望的需求。

在此意義下，我們對於性慾的書寫及表達擺脫了純粹生物學式的理解：我們將在右頁圖表中解釋被稱為「裡番」的日本成人動畫如何建立起這種書寫模式。作為慾望的表達，其作品重點不在於描繪現實世界生物學內的行為內容，而是重建對受眾所能理解或願意接受的書寫符號，其目的在描繪並滿足受眾所期望的情感需求。

裡番內的慾望書寫表達符號

裡番：日本成人情色動畫，可能因為與公開於媒體上的動畫相對，所以形成表／裡之間的差異。其作為情慾書寫之表達，至少具有以下幾個符號特性：

符號特性	理解
社會式 器官符號建構	1. 裡番對性器官的描述不是生物學或醫學式的，而是社會學式，並帶有男性權力宰制的幻想投射。這種投射表現在性器官的特定書寫符號上：特別是不合比例的生殖器官尺寸。此外，許多場景並不符合實際生物學所觀察的性行為現象。 2. 幻想描述的性器官，嚴格來說屬於男性沙文主義的理解內容。這種情況，可透過反語言之概念加以理解。
語言描述的作用	1. 顛倒語言：裡番語言的作用，結構上與BL描述相同：根據受眾之期望建構所需要的語言表述，且語言透過轉化表達不同意義。 2. 裡番部分言詞與BL語言相同，但基於受眾不同而產生語言上的顛倒，其句型表達為「禁制的動作引發難以想像卻暗示愉悅的結果」。反轉常見於裡番的台詞，雖然表達方式不同，卻有相同指稱作用。 3. 幻想描述：顛倒的語言與上述器官的描繪相同是幻想性，且根基於社會性的描述方式：前者是語言論述，後者是圖畫式符號建構。幻想的描述在作用上與語言顛倒相同。
敘事的必要性	1. 作為合理的故事內容：與色情影片不同，裡番或BL類型作品強調續事的合理性：在此敘事強調的是對事件本身的描述，具有完整故事結構及相關指稱。 2. 敘事中的轉碼：敘事在裡番或BL中的重要性在於作為因果作用的推動動力。任何感情或愛情的發生需要場景，即便裡番強調性愛過程即是受眾自身意識形態投射，其對感情的描述以及一位（或多位）女性對自身順從的渴求。這種敘事對BL來說也是如此，此點僅與裡番略有不同。男性對情感需求是透過性愛做為肯定符號；女性對情感表達不只性愛，還包括詳細過程。為此，裡番的推動可被理解為性愛的合理化，BL的推動則可被理解醞釀的過程。 3. 不論裡番或BL在敘事上都已將現實生活進行理想或幻想性的轉碼：現實生活中的情感通常需要升溫，之後才有委身的性愛（此處排除純粹性愛享受的部分）。但做為推動關係的因果敘事，裡番故事發生的時間可以短暫而迅速，因為是理想性或被認定為合理的。此類敘事也帶有幻想的結果，不可能於一般狀況下發生的，就敘事需求上，其作為理想或幻想敘事是必須的。

上表並未窮究裡番作為一種產業的所有面向，僅只舉出幾個較容易被注意到的符號面向。上述符號，在表達上可透過社會符號的方式理解。裡番受眾通常以男性為主，所以對性愛的表達易以男性（於社會處境中）所認知之表達方式作為語言表達。此處涉及對於性之認識內容。

UNIT **5.10** 反語言的概念

社會在意識形態的差異中，存在著「社會──反社會」的結構，並從中產出「語言──反語言」的概念。（M. A. K. Halliday，2006）這個來自M. A. K. Halliday的研究讓我們看見，反社會、反團體、乃至反語言，都有自己所屬，那種自成系統的語言或符號系統。

一、Holliday對反語言的解釋

反語言與社會結構、文本與社會語境有關，群體透過反社會（anti-society）的表現，形成對主流社會意識形態表現加以取代的特定符號。（黃鼎元，2016B）在原本的論文內，Holliday透過語調的比較與透過對不同時代的舉例，說明語言表達中的反語言現象。我們可以視反語言的存在作為反抗的宣示，是一種呈顯出對抗敵意性的力量。Holliday是透過語言及反語言間的關係，描述此類取代性的敵意性力量，所以在他的討論中，所舉例證皆是語言及發音的改變。這種反語言的存在作為對抗主流語言的符號，對抗呈現在力量的呈現，以帶有反制原所屬文化與社會制度之特性的語言及符號加以表達。所以使用反語言可被認為是透過特定符號手段表達對社會統治不滿，從而透過一個封閉符號及語言系統建構自身所屬封閉世界之方法。（丁建新：2009；黃鼎元：2021A）

雖然Holliday所謂的「反語言」可透過黑話這類具有特定色彩的語言加以列舉，但更進一步來說，反語言的反抗並非只是單純的暴力性語言呈現。只要是與主流相對抗的，都可被納入反語言的範疇。逆風文的例證可以說明，語言──反語言的關係是相對的，相對於多及少、主流及非主流間的關係。

二、反語言的發展

我們對反語言的產生其實並非絕對清楚，但可以確定「反語言──反社會」的結構與「語言──社會」間的結構關聯一致。雖然我們這裡說的反語言，且Holliday在討論時是以口說語言為主，但反語言作為社會符號的一種，不只指稱於口說語言範圍，可進一步應用於索敘爾對「語言」（langue）意義上的使用。索敘爾在理解語言時，如前所提：符號活動是整個社會的一部分（參見1.5）。符號／語言屬於社會成員所共有，且是一種不受個人意志干預或影響的集體符號系統。若今天有某群人使用一種與此系統對抗的符號、文字或語言語法，其所反抗的就不只是這套系統，而是系統背後的整個社會。為此，「社會──反社會」與「語言──反語言」之間息息相關。

關於反語言的概念，我們可以以下兩點作為討論的小結：

1. 雖然是以語言稱呼，但任何廣意符號都可以被認為是反語言。從Holliday所使用的範例，像是語言腔調，到任何足以代表此群體的符號，包括手勢、動作、服飾等，都可以是反語言的內容。

2. 雖然反語言與反社會有關，但此處的反不一定具有負面的意義，因為語言與反語言間的關係是相對性的。（Halliday，2007：265）

反語言與非主流性

> 反語言的概念可如此理解：（丁建新，2019）
> 1. Holliday根據字詞表列得出，語言——反語言的對立關係中可以看見文脈結構內的特殊關係。這種關係呈現在新與舊之間的對立，且發生時足以建構語言的變異／分裂過程。
> 2. 可以如此理解：使用反語言之群體為透過特定符號手段表達對社會統治不滿，從而建構自身所屬封閉世界的方式。

建構起兩項在社會符號學中的應用

＊反語言與語言的關係可被視爲反（非）主流與主流間的對立關係
＊反語言包括語言、腔調、用詞、手勢、服飾等廣義表達符號

對立關係建立＝主流與非主流間關係的範例

語言＝主流或多數	反語言＝非主流或少數
舊文字的語系	新文字的使用
文化	次文化／亞文化
一般社會人際關係	黑道文化交往關係
高等語言	低等文化

作爲聯繫的對立群體，其結構化後可以得到這樣的兩層結構
1.高等——高等語言——高等文化：統治群體的價值觀
2.低等——低等語言——大眾＼粗俗＼流行文化

兩種彼此相反但辯證的語言——反語言關係

1.圈內人——外人的關係是相對的	2.社會精英也具有反語言的表現
這種相對性來自對文本的解讀。但若要解讀文本，差異就勢必存在。然而真正的問題不在解讀的差異，還包括不同解讀團體間的衝突或故意敵對，也就是通過對事實顛覆從而加以表達的方式。這種顛覆可被視爲馬克思所謂「被顛覆的世界」。	高等語言呈現優勢或上層社會語言之秩序。在Holliday那裡反語言原本表現出的對立的與邊緣化的群體，促成高等語言也具有反語言特質的結論。因為語言的定位指向符號活動層面，且在表達各種權力的穩定性時，充滿了複雜的轉換。

Hodge ＼ Kress，2012：90-91。

原因：語言與社群身分創造間的關係，能造成在社群與統治權力間的差異。這種表現不只是書寫文字，還包括思想層面、衣著、手勢等特定符碼內容。所以反語言的核心是對統治秩序的敵意與排斥。（Holliday，2005:197）

UNIT 5.11
反語言的範例：陰謀論

在以陰謀論為我們反語言的範例前，我們需要先理解陰謀論產生的動機，從而理解他們的語言／符號模式。近幾年此方面研究頗豐，在此我們特別以Karen M. Douglas等在2019年的論文〈理解陰謀論〉（Understanding Conspiracy Theories）作為基礎。該論文分別從心理學與政治學因素理解陰謀論產生的動機：（Douglas等，2019）

一、心理學因素

陰謀論的信念可以建構起單一信念系統，系統中的信念包含一個自我封閉但可透過網絡相互支持而得到擴展的觀點／想法。這些信念彼此相關，且支持者會透過其他陰謀論信念來支持與理解自身理論的證據充足，即便這些信念並非能夠互相支持甚至可能彼此矛盾。但支持者是以足以代表自身社會身分人格（及其符號）的社會心理動機作為認知基礎，即便他們不一定意識到自身動機。

1. 知識論上的動機：陰謀論提供並允許一種範圍廣泛而內部理解一致的解釋方式，好使人們在面對不確定性和矛盾時還能保持信念。特別當外在條件無法確定的前提下，對陰謀論的信念更為強烈，並且讓人們可以以隨機的方式進行感知與認識。在認識論的動機方面，研究者還發現，高度自己對複雜因果的理解、事情缺乏官方明確解釋等都會讓陰謀論產生作用。但是，產生或接收陰謀論的過程中個人需要犧牲一些認知動機或內容，好使自己的信念可以與他人群體的信念產生連結，最終導致陰謀論與同溫層的信息接收有關。部分研究也指出，接受陰謀論者在對事情意義與準確度的認知功能上可能有狀況，導致他們無法透過合適方式獲得對事物的準確意義。

2. 存在的動機：人們可能會在生存受威脅時透過陰謀論以補償自己在生存上的需求，例如在無法控制事態發展時透過陰謀論的論述讓自己獲得某種對事態發展的掌控，並從而拒絕接收官方或一般的說法。這可以從陰謀論論述中所帶有的無能為力或焦慮發現其特徵。陰謀論在此能讓人們在面對失序的政治或經濟中獲得心理的慰藉，並可緩衝人們在所處社會中感受到社會系統帶來的威脅。

3. 社會需求動機：陰謀論可以幫助人們保持積極的自我形象，並建立與他人聯繫的獨特心理需求。此點與人們認為自己掌握稀有資訊，或對個人所屬團體十分重要有關。因為他可以透過這種方式解釋所屬團體現在的處境，這種現象呈現在低社經地位者多於高社經地位者，以及呈現在少數團體多於多數團體，從而理解自己總是被針對或嘲諷的實際現象。

二、政治因素

政治因素與團體利益間的輸贏競爭有關。在面對與理解利益衝突時，陰謀論是一個可用以理解自身不利狀態的處置，以解釋對政治信任度低或無能為力的情形。

1. 理想動機：人們傾向於相信自己的對手比自己所屬的政黨更為活躍，不論那是想像或事實。

2. 動機上的推論：具有不同意識形態的人會用不同方式理解同一個信息，造成這種結果是因為推動他們的動機有所不同。

3. 失敗者的需求：一些研究注意到政治上的情境因素，尤其是處於政治權力不對稱失敗那端的人，容易相信陰謀論。

陰謀論與團體偏執

我們也可以B. Lonergan群體偏執概念作為理解陰謀論的可能之一。（黃鼎元，2020A）

偏執的概念：人類具有理智，理智能幫助人在認知上清除蒙蔽。但並非所有人都願意修正認知上的蒙蔽與錯誤，哲學家郎尼根以偏執（bias）來稱呼這種認知上不願意獲得正確內容的狀態。

郎尼根提出三個層次的偏執：個人偏執、團體偏執、普遍偏執。

個人偏執	團體偏執	普遍偏執
一個人在理智作用的幫助下能同時兼顧情與理，但在個人偏執中，人雖然還是讓自己的理智運作，更多的卻是讓自身情感干預理智的評判。這並非說理智主體感情用事或不再理智，而是以情感排除理智中產出對自身不利的內容。其具體呈現為拒絕承認既定事實，或對事實的描述加以修改。	當一群帶有個人偏執的人因各種因素集合為一個團體，不論這個團體是有形、無形還是網路上的，他們對於特定認知對象擁有相同認知。在團體力量的支持下，這個群體內的人排除團體內可能的反省作用。此時團體朝向和諧共生的方向前進，但團體內其他進行反省的個體卻受到排除，以致此團體逐漸朝向既無新的洞察又無法適應新的洞察之雙重困境。	郎尼根比較了得勢團體——失勢團體間的認知差異，在團體間的差異可帶出階級劃分以及團體間的支配心態。若團體在此階段無法產生改變，將形成人類的普遍偏執。二戰前的軍國主義可以作為此階段的代表：人類普遍受限於理智的遮蔽，從而造成人類進入末落長週的狀況。

Lonergan，1958：214-242

實際的比較如下

平正理智的認知	乖敝產出的偏執
依據認知結構「經驗——理解——判斷——抉擇」的過程不斷除蔽修正，讓人朝向正確認知逐步前進。	雖然認知結構仍然進行，但人任由情感干擾影響，以致無法獲得新的洞察，也拒絕錯誤的修正。
主流	非主流／反主流
類比於語言——社會	類比於反語言——反社會
對歷史與事實的理解	歷史相對主義的產出 對歷史的特殊理解：如陰謀論

形成一個確認自己與他人差異的身分確認，他們對世界的理解有屬於自己的語言及內容，即便產生新的洞察或理解上的除蔽，也透過自己情感的干預拒絕（不溝通）或修正（尋找理由解釋）。如此我們可以從不同角度理解陰謀論的形成與支持者的思維。

UNIT 5.12
陰謀論的反語言符號

按照Holliday所言，反語言的核心是對統治秩序的敵意與排斥，所以當他們的身分創造出他的語言時，就能形成社群與統治權力間的差異，其表現從內在的思想到外在的書寫文字、衣著、手勢等特定符碼內容。（Holliday，2005：197）在這個前提下，我們可以理解陰謀論帶有的反語言符號內容。

一、陰謀論中的身分──理解創造

身分與語言／符碼間的差異及創造是我們每天都在經歷的。「身分──語言／符碼」的關係是相互且互相塑造的，且透過對語言／符碼的理解我們能強化或減弱對自身所屬團體的認同及歸屬。因此，Holliday的論文中偏向以時代與腔調的差異作為例證，從而為我們建立起主流語言──反語言使用者之間的差異，主要表現在階級高低區分上，進一步形成反語言和反社會群體如囚犯盜賊等有關的結論。而Hodge＼Kress的研究將反語言進一步推論至與主流群體相對的小群體上；並透過分層的社會概念中，建構差異標記甚為明顯的群體。（Hodge＼Kress，2012：90-91）如果我們使用Hodge＼Kress的結論，亦即反語言（甚至反社會）的建構，是主流群體與邊緣群體間的區分之一，那麼我們便可將此一論點放置在陰謀論者論點中，以釐清他們如何建構屬於他們自身對於歷史的理解。

二、陰謀論範例：歷史只是相對的書寫

如果將歷史事件視為一個文本，那麼關於這個文本的發生、如何被解讀，以及文本中可以發現什麼意義之類的問題，就會產生不同的理解及內容。因為文本所在的背景，對其中所產生和所接受的意義具有強制力。所以在解讀的實踐中會發生的是，背景的特定範疇能被從社會角度劃分為場域，也就是對特定團體的特定意義可被凸顯的所在。（Hodge＼Kress，2012：71）

從這點來看，陰謀論的團體偏執是其建構起反語言表達的基礎。在主流語言──反語言的對立中，陰謀論者透過費解的言詞對特定議題提出他們的論述。此類費解言詞的內容是具邏輯性，且前後一至的理解方式，以致陰謀論在理解上能提供一種對特定事件理解或洞察的可能性。此外，這種解釋的基礎也是基於眾人所接受的常識，只是雖可以產生出合理的說明，卻無法提供對事物的正確洞察。再輔以歷史相對主義的論點，強調歷史的書寫是贏家的抉擇，或是相信有權力者已經故意掩蓋某些真相或證據，因而符合前一節所提到，能為遇到不確定性或無法控制的狀態時提供所需要，不確定性與焦慮感的消除。（Prooijen＼Douglas，2017：327）

為此，當陰謀論在理解歷史事件或當前正在發生狀態時，本應透過對歷史的常識性理解產出的洞察，改變成為建構出為自身尋求合理解釋的結果。在此，我們可以建構起一組對比：

1. 歷史史實：主流語言＝大多數人對歷史史實的理解
2. 謀論：反語言＝不相信大眾理解史實所產出之特定理解

176

著名十大陰謀論

《時代雜誌》在2009年曾選出過十大著名陰謀論，以下依據該報導網頁順序說明一般的認知與陰謀論者的相信差異何在。

甘迺迪 遇刺案	我們一般的認知為：1963年甘迺迪總統被李·哈威·奧斯華暗殺，奧斯華後來又被酒店老闆傑克‧魯比開槍殺害。陰謀論者認為奧斯華與魯比都是代罪羔羊，因為甘迺迪暗殺不可能是一人完成，但是真正的凶手卻不能被公布，因為可能是中情局或外星人。
911 恐怖攻擊	我們一般的認知為：發生於2001年的911事件是蓋達組織發動的恐怖攻擊。陰謀論者相信這是美國自編自導自演的戲碼，為的是獲取出兵的理由。他們的根據包括：噴射客機的爆炸燃燒無法導致世貿大廈倒塌，以及被認為已經死亡的恐怖分子居然還活著之類的證據。
51區的 外星人	我們一般的認知為：51區是美國軍方高科技武器的實驗地點。陰謀論者則認為51區其實有外星人的科技與祕密。
保羅‧麥卡尼 已死	我們一般的認知為：傳奇樂團披頭四的成員保羅‧麥卡尼至今仍然活躍。但陰謀論者根據披頭四的唱片符號暗示，以及各種關於他的特徵，認為真正的保羅‧麥卡尼已死，現在這個人只是他的替身或模仿者。
控制世界的 祕密社團	我們一般的認知是：這個世界有其政府與秩序。陰謀論者則認為所謂的政府與秩序的背後還有幕後黑手，可能是光明會或共濟會這一類的祕密社團，他們才是真正握有實權的團體。
登月計畫	我們一的認知是：1969年美國成功登月。不過陰謀論者根據「不合常理」的照片認為那是美國的騙局。
耶穌和抹大拉 的馬利亞	我們一般的認知是：耶穌並未結婚。但陰謀論者認為耶穌的妻子就是抹大拉的馬利亞。
大屠殺 修正論	我們一般的認知是：納粹在二戰期間屠殺六百萬猶太人。但陰謀論者認為這個數字不可能辦到。
美國中情局 製造AIDS	我們一般的認知是：AIDS是通過非洲的猴子傳染給人類。不過陰謀論者認為那其實是中情局為了用來消滅同性戀或非裔美國人所製造的生化武器。
爬蟲外星人 控制論	我們一般的認知是：機緣或努力能讓一個人成為重要領袖。可是陰謀論者相信，那些重要的領袖，小到你的公司董事長，大到一國元首，其實是嗜血的爬蟲外星人，他們的目的是將全人類變成奴隸。

參見Times雜誌〈Conspiracy Theories〉專欄，副標題是：「登月40周年紀念——那會是個邪惡的騙局嗎？——時代雜誌精選十大時間悠久的陰謀論。」

以上十項著名陰謀論，可作為反語言的範例，其結構為：
語言＝對歷史的共識—反語言＝以陰謀論重新理解

UNIT 5.13
知識的社會性

知識作為一種社會流通的資訊，可被視為一種符號載體，也就是知識除了所傳遞的訊息內容外，另外還承載關於意識形態或特定訊息建構的意義內容。知識（傳遞）作為符號載體的功能，透過教育場域的作用可被觀察到。

一、個人知識的建構

從知識論的角度來看，我們對於事實的理解不容易靠自身證據加以證明。個人所擁有的經驗內容不一定能配合／符合所謂知識的內容。戶田山和久將個人的知識區分為兩種來源：（2014：220-221）

1. 弱的個人主義第一種：信念根據證據而得到正當化。我們透過歸納的方式相信這次所得到的證據仍然是對的。
2. 弱的個人主義第二種：信念根據證據而得到正當化。可根據我的個人經驗而形成了這樣的信念。

此處之「個人主義」，指知識具有實踐性，但知識都是一個一個的個人心理狀態，也就是一種信念的實際外顯。知識正當化的個人主義即認為，每個人都擁有知信念成為知識的理由。最有名的例證之一是笛卡兒的「我思故我在」及其知識證成。

二、模態的作用

不論知識被如何的建立或如何與社會公眾產生關連性，其在表達仍無法擺脫基於模態（modality）產出的理解。在邏輯推論上，模態邏輯是指專門處理特殊語句的邏輯系統（莊文瑞，2015：497-498）。

我們注意到其中「特殊語句」其實即為某種類型的符號表達。R. Hodge \ G. Kress 認為，生活中會有某一類的詞語，其存在影響判斷與符號活動，並對符號活動提出限制。這一類模態所有人都可追求的絕對對象，而是以特定參與與競爭團體創造並利用的前提。這一類詞類被他們稱為模態動詞（modal auxiliary），以作為表達更多意義內容的語氣或詞類。（R. Hodge \ G. Kress，2012：123-130）在此模態動詞下，「真實——現實」的關係是符號活動中相對的關係和位置。並非不可調和，或不在符號活動以外，而是受限於某種符號操作的競爭力量。為此，我們區分真實與現實為：

1. 真實：描述當符號操作中的社會參與者接受屬於模仿層面這個分類體系時的狀態，是分類體系中術語和分類體系本身。
2. 現實：指參與者做出被認為安全並在互動中作用那部分分類體系的描述。

R. Hodge \ G. Kress 為此提出這樣的觀點：社會符號學把所有符號活動與行為視為社會行為和操作來處理。社會操作中探討的核心始終是根據穩定性或根據權力對社會參與者、關係、結構、操作等進行界定的問題。符號操作是對這些進行檢測、重新肯定、改頭換面的手段。因此，無論是在對穩定性中的肯定中還是對權力的堅持中，無論是在符號體系的再生產中還是對哪一體系的挑戰中，權力問題始終是探討的核心。（R. Hodge \ G. Kress，124-125）

DeVito的自我認知

我們的自我概念就是一種模態的作用。根據DeVito（1998，2003），我們的自我概念產生如下：

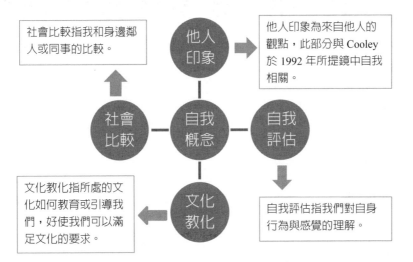

其中，「他人印象」、「社會比較」與「文化教化」的組成即為本章所謂社會符號學的社會範圍，經由此處三點影響到我們的自我評估。DeVito更進一步提出非語言訊息如下：

訊息方式	內容	簡要說明
肢體訊息	DeVito舉出五種常見訊息內容，包括OK手勢，表情與情緒、面部表情加上手勢的組合、以手勢比大小、抓頭等等。	以肢體語言進行溝通的象徵符號，可跨越文化隔閡。
臉部與面部	包括使用面部管理技巧、眼神交流使用、眼神的接觸與逃避。 網路上也可看到以符碼表示之面部表情，如QAQ表示淚眼婆娑。	理論根據包括面部回饋假說、脈絡與文化建構。 說服性權力信號。
空間與領域	空間區分為親密距離、個人距離與社交距離。領域包括中心標記與界線標記之使用。	可參見第六章空間符號學對空間的描述及解釋。
時間	包括文化時間、社交時鐘、心理時間等不同對時間的定義。	時間往往與身分地位產生關連。
副語言與聲音	帶有聲音，帶強調點不同的溝通方式。為此，沉默不語可作為一種溝通方式。	沉默作為懲罰，有時搭配不同手勢作為輔助。
接觸溝通	接觸傳遞五項含意：正向情感、玩笑、控制、儀式性與任務性。	接觸與文化賦予意義有關，所以有迴避的存在。
工藝品	包括色彩、衣著、穿戴與氣味，實體上包括空間裝飾、禮物、嗅覺方面的溝通。	所謂工藝品溝通建構在所處社會文化領域內產生的作用。

上表根據DeVito，1998：249-294以及2003：173-29整理。

UNIT 5.14 社會的符號控制：教育階級的符碼複製

圖解符號學

雖然我們在此討論知識的公共性，但知識作為一種被傳遞的內容，知識成為一種社會控制的符碼，並表現在個人生活從符號學習到實踐的過程：我們在此引用英國教育社會學家Basil Berstein的研究，來說明教育符碼的在家庭——學校間傳遞上的作用。Berstein以符碼理論解釋社會的文化再製，並應用於教育理論的研究。其最重要的著作為《階級、符碼與控制》（*Class, Codes and Control*）五卷本。我們將以三節分別就其卷三至五的符碼理論說明，解釋知識與教育的符碼。

社會分工的第一個重要角色是調整控制形式，不同階級在經濟裡的社會分工位置與不同的溝通符碼有關。Berstein強調，教育是一種階級複製，透過課程與符碼的使用在教育以及家庭結構中複製了階級關係與溝通結構。這有賴於權力與控制兩者之間的相互滲透，以致學校結構和互動的表面運作，既不公平又順利地分配著成功與失敗。（Berstein，2007：5-6）當Berstein以社會語言學討論教育符碼時，他強調兩個問題的主軸：

1. 階級如何規約家庭的溝通結構，以及兒童最初社會語言學的編碼化取向。
2. 階級如何規約精緻型符碼在教育裡的制度化、傳遞形式和體現形式。

此處關於精緻化符碼的討論，我們將留在下一節加以說明。Berstein強調，這兩者間有密切的交互作用，家庭傳遞的精緻型符碼會受學校傳遞形式所規約。因此，我們可以在將這裡的研究區分為三個層次：

1. 第一個層次：鉅觀——制度層面
   階級的行動是根據社會分工而有，並結構化其相關道德基礎。
2. 第二個層次：傳遞
   社會關係的結構決定了溝通原則，進而塑造意識形式。社會關係結構的變遷會改變溝通原則，進而改變意識形式。所以，社會關係形式將潛在語意形式轉變為特定語意形式，使其能以體現形式以及某種特定類型體現的條件。
3. 第三個層次：文本
   如同我們在第一章所提到關於文本的概念，此處文本作用在於強調上述四個主要研究情境，以作為評判的標準。從語意上去辨別文本是否為精緻型或限制型的言談，從而能夠探討實際層面上的符碼概念。

Berstein認為，上述三層次中，第一層次與第二層次都隱藏於第三層次之中，他也注意到一個情境的相關要素之改變會造成語意和語句體現形式的改變。Berstein對教育理論及符碼的研究與缺陷理論有關：即認為孩童出身於無法給予文化刺激或價值觀偏差的弱勢團體中，將造成他們因缺乏良好發展環境而展現出較為劣勢的教育成果——雖然Berstein的理論也被批評為語言的缺陷理論。然而，從Berstein的研究中可以發現，符碼確實在家庭社會化中扮演重要角色，但其呈現卻由意識形態所塑造。所以我們需要重新檢視正式教育中的去脈絡化與在脈絡化過程，才能理解教育符碼實際操作上帶出來的影響。

教育知識的分類架構

在《階級、符碼與控制》卷三的第4-5章，Berstein區分出教育知識符碼的類型學。我們可以根據課程內部關係封閉性／開放性區分出聚集型／統整型課程，並將兩類符碼進行以下比對：

聚集型符碼	統整型符碼
不同課程若關係上封閉，即不同課程間內容間可以清楚界定相互隔離，可稱為聚集型課程。	課程內容彼此間沒有分開，處於開放的關係。課程具有不同的統整程度。
以專門化與非專門化作為區別。 專門化是指中等教育後公開考試的封閉性內容數量。非專門化可以區分為以學科為基本知識單位，或以學程為基本知識單位。	以模糊的關係性觀念之下為主。 可區分為個別教師的：以一種聚集符碼進行對不同學科的區分隔離；或者是教師協同為主的：包含與其他教師的關係，並涉及參與教師數量。
基本假設詮釋為： 1. 歐洲高等教育以下教師對知識傳遞沒有選擇的權力。 2. 英國分類極強但架構極弱，相較於歐洲中央對傳遞內容控制較少，但對能力較差學生的知識架構較弱。 3. 美國的例證則是社群控制學校，學生有更大的選擇範圍。	基本分類有兩大類： 1. 以一門共同學科統整一群教師，或是不同學科教師之間的統整程度。學生進入後對強度會有影響。 2. 統整型符碼可以是一門學科，也可以是跨學科的結果。
教學與評量方面： 1. 知識若是由聚集型符碼規約，社會秩序將出現權威關係的階序性本質，時空上分化性知識會出現體化的秩序。 2. 因不同課程內容間高度隔離之故，教學和評量上容許極大差異。不過內容自主＝發揮猜忌與狂熱的監控性權威結構。	教學與評量方面： 1. 統整型符碼將內容封閉性改變為開放性，強分類轉變為弱分類。不同課程內容統攝於某些觀念下，降低彼此間的隔離，降低各自內容的權威，也就降低既有權威的結構。 2. 統整型符碼的教學評量不如聚集型的差異，在教師端能創造出同質性的教學實踐。
在既有分類與架構的限制範圍內增加教師的自主裁量權。	減少教師的自主裁量權，且直接與統整型符碼強度有關。
聚集型符碼規約的知識，是由一系列隔離完整的學科階層性組織與分配。	統整型符碼要求不同學科間教師進入一種出自分享、合作的教育工作關係。

上表根據Berstein（2007）第4-5章整理而得。

產出對知識符碼的三個詢問問題：（Berstein，2007：114）

Q1造成分類與既定強度差異的先備條件為何？

Q2既定的分類和架構結構如何自我延續？變遷與抗拒變遷的條件為何？

Q3不同分類與架構的強度體現了何種社會化經驗？

UNIT 5.15
教育論述結構化

Berstein區分出四種主要的研究情境：規約的、教導的、想像的、人際互動的，並透過分類、模式、架構研究意識形態與社會化者／被社會化者間彼此的選擇。這四個情境脈絡中，規約性脈絡指孩童所處的道德體系，其支持事物和各種做法，教導型符碼指事物和人員操控能力的學習。那麼，對Berstein來說究竟符碼是什麼？

一、符碼的作用

符碼被Berstein用來指意義、實現和脈絡之間的關係。（Berstein，3：113-4）「符碼是一個默會習得的規約性原則，它選擇並統整相關的意義、實現形式和所引起的脈絡。」Berstein認為符碼不是依據抽離脈絡的言談，也不是一個單一的脈絡，符碼應該被認為是脈絡間的關聯性。脈絡之間需要規約者，符碼就扮演這個角色。一個脈絡的被解釋不是依據脈絡內的的關聯性，而是脈絡間的關聯性。脈絡相互間的關聯性才能在創造界線標誌時，讓特定脈絡藉其專門化意義和實現加以區分。為此，作為規約者的符碼能夠產出原則，區分脈絡（分類）和原則，來創造脈絡內部的專門化關聯性（架構）。架構的作用之一為實現規則，能規約脈絡內部專門化關聯性的創造與產生，在此符碼的差異會帶來主體差異。

為此，符碼可以選擇並統整相關的意義，預設了是誰的相關性與合法性觀念。符碼在此作用可說是預設一個階層性的溝通形式及界線劃分的標準。符碼可被應用於互動層面，也可被應用於鉅觀的機構層面。符碼的體現會隨著情境以及／或者任務而改變，但是基本符碼的作用不會隨著分類架構由弱轉強。

二、意義與社會階層

Berstein另外也根據自己過往的教學經驗提出，社會關係選擇性作用於溝通的原則與焦點，再進而創造出說話者的解釋、關係與認同規則。這表示，社會關係規約了我們創造的意義，並透過這些社會關係構成的角色表達。這些創造的意義選擇性作用於語詞和語法的選擇、隱喻和象徵意義。這整個因果關係的系統是由社會關係、角色、意義、語言和溝通貫連在一起。（Berstein，2006：106）這是Berstein所強調，言談形式產生原則與社會關係彼此相關。

Berstein在討論精緻型符碼與限制型符碼時指出，所有的意義都是依據脈絡的，但意義會隨著與地方性脈絡的關聯性及所在的社會預設之本質而有不同。任何架構的作用都在將學生放置於根植式的教育論述中，並透過規約性論述／教學性論述建構規則。其中教學權力被轉換為脈絡內部與脈絡之間的分類原則、規約辨識規則，將控制原則轉換為架構程序，規約實現原則，並因此造成意識形態的置位作用、對立置位作用和不同符碼類型教育關係的溝通實踐。從而建構起符碼的公式為：精緻型／限制型意義取向根基於權力控制原則中，並呈現在分類原則與架構原則強弱質與內外在關係上。（Berstein，2006：120-121）

精緻型與限制型符碼

Berstein認為課程符碼有兩種基本類型，其比較如下：

精緻型符碼	限制型符碼
兩個類型的課程符碼是依據傳遞機構的分類和架構規則加以界定。	
較限制型符碼規約更大範圍組合的可能性，語法變通性的預測較低。	較精緻型符碼規約較小範圍組合的可能性，語法變通性的預測較高。
普遍的、少地方性的、多脈絡獨立的語義基礎。	特殊的、地方性的、脈絡依賴的語義基礎。
於規約、教導、想像、人際互動四脈絡中獨立的。	脈絡依賴於規約、教導、想像、人際互動。
社會分工越複雜，意義和特定物質基礎間的關係間接，精緻型符碼可能性就越大。	社會分工越簡單，意義和特定物質基礎間的關係越直接，限制型符碼可能性就越大。

 在此基礎，Berstein提出對符碼理論所受批評提出回應

符碼的比較項目	內容
符碼與共同潛力	共同潛能是文化上特定的，符碼的習得互動與傳遞也是如此。兩者差別在焦點不同，因符碼是專門化的權力分配及控制原則規約的符號文法。
符碼與方言（含缺陷及差異）	方言指不同類別語言在表達方式上的差異，而任何語言都部會只產出一種符碼。Berstein在此用符碼反駁差異理論，即一種認為教育落差來自語言差異的學說。符碼理論強調的是學校支配符碼與其相關的溝通關係。
符碼與文法	所有人都具有語言潛能，但符碼選擇性作用解釋體現方式。符碼實質上是語意的原則，符碼文法關係因脈絡改變。
符碼與理論	在語言形式的理論上，反對者認為Berstein理論無法被證實。Berstein認為真正的問題不是語言形式，而是權力、社會置位作用、優勢的實踐及意義之間的關聯性問題。語言形式雖然承攜符碼，但是符碼來自語言形式以外。
符碼及其再脈絡化	批評者認為再脈絡化概念有問題，但Berstein認為教師確實是從專業訓練中獲得理論，且這些理論在教師身上確實呈現為再脈絡化的表現方式。Berstein在此特別舉出R. Gibson於1984年發表的著作，因為該書中列舉Berstein符碼理論的七項問題。Berstein對此一一反駁，由此我們也可看出Berstein理論所受批評的相關內容。

上表根據Berstein，2006：126-146所整理。

UNIT 5.16
教育場域內的象徵符號控制

Berstein在他《階級、符碼與控制》第五卷中,重新梳理他的論述,透過文化再製理論解釋教育的基本概念:在這卷中,Berstein並非提出新的理論內容,而是系統化說明他的重要概念。

一、場域內的控制

Bersttein發展過一套說明教學實踐、支持者、社會階級定位、功能與意識形態之間關係的理論。(Berstein,2005:170-176)其被應用在學校中會產生可見/不可見之間的教學方式,前者指師生關係階層明確且學生知道組織規則與評鑑過程的實踐,後者則表示學生並不清楚的實踐狀態。可見與不可見之間在形式上的衝突與意識形態有關,並發生在生產、流通和交換的經濟基礎內。另外,這種衝突也可發生在象徵控制場域內,並直接實踐於具有專門溝通形式的場域,例如大學或研究中心這一類的地點。

象徵控制行動者控制著論述性符碼,從而生產、流通與交換行動者支配著生產符碼。生產場域、象徵控制場域、其中的行動者、意識形態與相關的意識形態研究或社會化形式是有關連的。這些內容被放置在不可見教學的建構與支持上具有可被預期的關係。

二、三項基礎規則

Berstein不斷強調:在社會與象徵控制的體制下,教育論述的建構可以區分為三個場域:生產場域為新知識建構的所在,再製場域是學校教學實踐發生的地方,兩者之間存在一個名為再脈絡化的場域,即

從生產場域挪用論述再轉化為教育論述。再脈絡化內存在兩項原則:去定位化原則(選擇一個論述)與再定位原則(讓該論述成為場域內的一個論述)。這些工作可以成為意識形態的轉換,並在教育機制內文法與階層間互相關聯的規則:(Berstein,2005:176-180)

1. 分配規則:分配規則分配不同意識形式給不同團體,並分配「不可思考性」的進入機會(新知識的可能性)與「可思考性」的進入機會(官方知識)。

2. 再脈絡化規則:建構可思考性的官方知識,並建構教育論述的構成與運作方式。其強調再脈絡化,因為教育論述與其說是一種論述,不如說是一種從生產場域挪用而來的論述原則,再將被挪用的論述附屬於同的組織和關係的原則裡。在教育機構中,其作為再脈絡化的的場域,包括了一個官方再脈絡化場域,且由國家創造與支配,從而建構並監督國家教育論述。Berstein認為這裡雖然並非,但是這裡還是同時存在著一個教育再脈絡化的場域,並包括教育所需的師資培育、教科書、課程指引、專門媒體即作者等。官方的與教育的兩個脈絡在一系列意識形態的教育位置上彼此爭取控制。

3. 評鑑規則:此處規則提供傳遞與學習所需的準則,從而建構教學評鑑。作為規則,這些可以提供調控教室層次的教學實踐,並界定所需要的標準。

上述三項規則可說是Berstein對教育場域理解的基礎。

幾項關於Berstein的水平論述與垂直論述

Berstein關於水平／垂直論述的研究最早發表於1995年的論文〈符碼及其定位：誤解地個案研究〉（Code Theory and its Positioning: A Case Stude of Misrecognition），後來被收錄爲《階級、符碼與控制》第五卷的第九章。

類別	水平論述	垂直論述
實踐	地方性的：是日常的或常識性的知識內容，每個人都可接近與運用。	正直的／制度的：以一種一致而明確的方式所建立之原則結構，並以階級方式加以組織。
分配原則	片段化的：體現方式會因為論述場合的改變而產生變化，但在其中具有專門性的特質。	再脈絡化的：透過明確分配規則進入機會、傳遞與評鑑。透過明確再脈絡化達成知識流通與傳遞的結果。
社會關係	社群化的。	個人方式的。
習得	共同能力：因為每個人都可以運用，具有共同歷史或共通問題。	等級表現：透過評鑑制度對等級加以區分。
區別	Berstein定義為：包括一套地方性、片段性組織、脈絡特定且依賴的策略。	具有兩種形式：一致而明確的階層化組織，或一系列專門化語言的形式（與學科）。

根據Berstein，2005：244-250所整理。

 與社會控制系統有關的推論

Berstein認爲（社會）控制具有多個次系統，且每一次系統下都有選擇網絡（2005:148-150）

系統	內容
基本理由系統	敘述控制者的理由。
策略系統	避開未來控制的策略。
讓步系統	不同協議的選擇。
懲罰系統	不同命令形式的網絡，包含語詞與非語詞方面。
訴求系統	地位和個人模式裡的複雜選擇。
修復系統	是一種選擇網絡。
動機系統	是一組選擇，描述控制者和被控制者的意圖。

上述系統可依據(a)何種系統(b)何種順序與(c)何種選擇角度加以分析。

語言描述上爲：社會分工→控制方式→溝通結果。在學校裡相同適用

 最終呈現爲Berstein的教育符碼概念

Berstein在著作中多次提到教育符碼的概念，其公式如下：（Berstein，2005：156）

$\dfrac{E}{\pm C^{ie}/\pm F^{ie}}$	其中E為論述的取向，＋與－為強弱程度，C為隔離程度與分類，F為架構（質），I與e為內在和外在，中間的直線表示這個取向鑲嵌於分類和架構質中。

UNIT 5.17
Lytoard：知識作為語言遊戲

知識的存在與如何的課程以及如何被傳遞有密切關係。使用精密型語言與抑制型語言是兩種不同的家庭，代表兩種不同的社會地位。爲此，兩種不同社會地位的運作建構出兩種對於知識不同描寫的風貌。這引出一個問題：難道作爲具有客觀普遍性的知識也會因爲描述方式產生差異嗎？

對法國哲學家Lyotard來說，答案是肯定的，他在他1979年的重要代表著作《後現代狀態》（*The Postmodern Condition: A Report on Knowledge*）中描述了這種關於知識、社會與權力運作間的微妙關係。對Lyotard來說，實在的世界並非某個等著我們去發現的東西，因爲所謂的知識其實是社會或文化的建構。知識是社會的建構，語言也是，語言是以其內在獨立的習慣性規則進入語言遊戲內的語言；至於那些獨立於遊戲以外的語言沒有多少意義。但是，知識作爲一種研究產物的時代已經結束，取而代之的是談話中的知識。（鄭祥福，1997：10-11）

知識的建構是依附於權力的結果。過往我們所認爲的知識建構方是不適用於現代。後現代對於知識的理解已趨向於資訊化、商品化以及權力化的構成，所以知識不再如過往作爲一種得以發揮自身教化作用的過程，而是基於人的需求被創造而後被消化的商品。（Lyotard，1979：4-5）這個過程因爲計算機的作用獲得強化。當知識計算機化，或用我們當代的術語來理解，當知識被數位化，我們對於知識的敘述與理解之方式便與過往不再相同。知識數位化（計算機化）已經成爲接受與理解知識的手段。此點得力於Lyotard所言，

後現代主義的世界乃是後工業化乃至後現代文化的知識狀況。

當科學知識轉變成一種話語，各種不同領域都指向我們對知識的陳述是一種語言的陳述。這樣的陳述過往必須符合科學語言或是語言的規定，現代則因爲訊息化的緣故，致使所以研究都必須轉變爲可被接受或可被操作的訊息，若且唯若在轉變爲一種訊息量的時候才能操作知識的運作。爲此，任何新的訊息必須轉變爲可被計算機掌握的語言，生產知識者必須使用計算機才能將知識轉換爲可在計算機上流通的語言，也就是生產知識者必須有控制計算機的手段和能力。知識轉型爲價值的一種形式，知識的生產者因爲需要出售知識作爲商品所以生產知識，回過來再透過消費這些被生產且作爲商品的知識。知識成爲決定國家強盛與否的關鍵。在此意義下教育的重要性被突出：但是並非教育的本質，而是基於教育可以具有和他國一較高下的價值。後現代狀況因爲理論知識佔據社會變化的核心，不同組織、文化及社會根據其政治制度或社會結構產生不同，導致我們無法再使用固定的分析模式來加以評價。（鄭祥福，1997：27-30）

科學知識合法性和過往不同，眞實不再是過往知識論所能探討的明確意義，而是透過語言遊戲所開展出來的不同面貌。這種不同面貌會因爲掌控權力者的權力運作而改變對事實陳述的方式。這使得「陳述的合法性問題」被加以突顯：誰掌握了話語權，誰就掌握了事實的眞相。爲此，知識的傳遞不再侷限於教室的空間內部，而是透過虛擬空間重新被理解。

Lyotard論語言遊戲的意義

Lyotard區分出兩種不同的語用學：一種是敘述知識的，另一種則是科學知識的（Lytoard，1979：16-24）

敘述知識的	科學知識語用學方面
敘述＝一種形式，是知識的完美形式，具有以下意義： 1. 民間故事作為講述的本身是我們所謂正面或反面的養成＝英雄嘗試獲得的成功或遭到的失敗。 2. 敘述形式不同於知識論論述的發達形式，其自身接納多種不同的語言遊戲，從而帶來實施能力的標準。 3. 敘事的傳遞需要遵守規則，這些規則確定敘事用語學，其可以透過特定或相同的程式開始他的敘事。敘述者的聲稱或敘述是因為自己曾經聽過這個故事才獲得了講述的能力；若實際聽講敘述的人通過聽這個故事也可能獲得相同的權威。 4. 敘述形式遵守一種時間的節奏，為此能在敘事時建構起時間作用，讓敘事者找到自己的社會關係。 5. 推崇敘事形式的文化，正如不需要回憶自己的過去，也不需要特殊程序來准許敘事。	1. 發話者被假定為說出關於指涉的話為真，這表示一方面說話者能提出證據，一方面能對相反或矛盾陳述加以反駁。 2. 受話者被假定能有效同意或拒絕他所聽到的陳述，這表示他是發話者的專業同儕。 3. 指涉被假定為受這個陳述以一種符合其本來面貌的方式加以表達。這意謂需要遵守兩條原則：一是辯證的；二是形上學的。
敘述知識與科學知識的語用學彼此形成互為因果的運作：研究需要教學，教學則是研究的必要補充。在教學過程中，知識的生產獲得了保障，因為其預設學生作為受話者不知道老師做為發話者的所知道的內容，且預設學生可以透過學習成為跟老師一樣的有能力的專家。	

> 只要科學還需要尋求真理且不僅僅只是陳述實用的規律，其就必須使自身陳述符合遊戲規則而合法。如何製造出合法論述的過程即為哲學。這也是語言遊戲的要求。所以產出三種陳述內容。

三種陳述	三項特點
1. 直指性陳述：以特定方式定位作為知道者的說話者（說出陳述的人）、必須表明同意或反對意見的受話者（接收陳述的人）、與被要求以特定方式當作某種要求得到表達或辨別的指涉內容（陳述談論的東西）。 2. 踐履性（performative）陳述，其對指涉產生的效用和陳述同時發生。發話者在此被視為具有宣布此事的權威。 3. 規範性陳述：內容就是一些規範，受話者和指涉這兩個位置有同步變化的關係。	1. 不論陳述為何，他們的規則本身不就是其合法化＝知識的治理問題，但這些規則明確或不明確存在於遊戲者間的契約，不過不代表遊戲者就發明規則。 2. 沒有規則就沒有遊戲，即便改變其中一條規則也將改變這個遊戲；若有一陳述或動作不符合規則，相同不屬於這個遊戲之內。 3. 任何陳述都應被視為是遊戲內的一個動作。

這是一種知識的權力、空間與虛擬空間的轉換。

UNIT 5.18 符號互動論

我們前面所討論所有關於符號的運作，其預設著社會作為文脈，而所有（廣義的）符號都在這個文脈中被運作與交流：我們可以以「符號互動論」作為這種現象的說明及解釋。

一、芝加哥學派與理論論點

符號互動論來自芝加哥社會學派：事實上，芝加哥學派是對多個學派聯合的統稱，其中領域包括社會學理論、建築工程、經濟學、文學等不同科目。我們在此討論的焦點特別放置於從其而來的符號互動論。

按照Joel M. Charon（2004）所言，符號互動論中心思想可以被如此理解：作為一個人，人會透過社會互動的過程尋求我們對社會具體發生事情的理解。所以符號互動論是指，每個個別的個人透過互動創造我們所見的社會。社交與溝通是我們生活的日常核心，也幫助我們理解社交互動中事情發生的因果。但是人作為一種思想的存有，其受到各種條件的限制，所以在思考事情時總是受到周圍群體與個人的影響。我們透過交談產生思想與對事件的看法，這些看法即為人文環境的建構。

在人文環境建構的過程中，所以人類行為的發生都是在當下的社會互動、思想以及所接受到之定義中開展。人類總是積極的參與在所處環境與社會運作內，此點與動物確實有別：人類也不是被動或消極的參與在社會中，雖然看上去我們是在一個環境內默默承受著整個環境帶給我們的條件與限制，但即便是這樣的景況，我們還是會有與這個環境彼此互動的主動過程。

這個景況類似於一句我們常見的俗語「面對生活你可以接受或是反抗」，不論哪種都是我們的決定。為此，Blumer認為意義的產生來自於關係間的互動，其中每個個人都透過不同的意義觀點與他人產生互動。為此，符號作為一種交流用的載體，提供意義、語言與思想傳遞的工具。

二、George Mead

Mead（1863-1931）是符號互動論最重要的學說奠基者。其關於我（I）自我（Me）的區分，成為符號互動論重要的根據。

「我」作為一個個人對象，可以透過接觸或習慣被加以認識。但這裡的被認識不是基於物質性的，而是其歸屬在特定場合的使用。這與他關於語言的理解有關：我們在聽到一個詞的時候會如何預期？對一個詞作為一個符號有如何的期待與反應？一個聲音可以被認為是一個詞，但重要的是來自聽到這個的時候會帶出如何表現。因此個人與自己的經驗有關，是對自己的理解。這些理解彼此重疊，構成了對於我們自己的完整理解，而且這些理解會隨著家庭、社會與成長過程逐漸改變，進一步產生新的自我。這些自我與他人的態度有關：我對自己的認識與從誰的視角來看有關，所以Mead的推論會得出人的實際存在乃在於他人態度中這樣的論點。所以我的存在是在社會上出現並被呈現出來：這與我們前面所提到，知識的社會性相關。所以要理解個人及知識，需要與整體社會相關聯：包括所有對語言及符號的使用在內，都是如此。

符號互動論的重要人物與主張

人物	符號互動論相關主張
George H. Mead 1863-1931	1934（經學生筆記彙整）出版的《心智、自我與社會》（*Mind, Self, and Society*），全書共有四部分42章。四個主要段落為：社會行為主義的觀點、對心智的探討、對自我的探討，以及對社會的探討。該書主要討論個人之我與社會建構間的關係。
W. I. Thomas 1863-1947	Thomas的研究主要集中於人類學與社會學理論。他的研究是社會研究中關於移民議題的先驅，包括大量的資料蒐集（例如各種組織檔案，私人信件、日記和公共文件）。 透過這樣的研究，Thomas認為所謂的解釋正確與否並不重要，如果他們認為他們所處的情境（situations）為真，則他們所接受的結果也必然為真。所謂的情境，是個人對於所處環境的理解。人在情境中通常會先仔細考慮再採取行動，但是在此情況下人所進行對現實環境的反應是根據他們對事情的理解（或所謂的定義），所以真實的概念是指個人對客觀現實的主觀理解。這個想法來影響到結構功能主義的觀點。
C. H. Cooley 1864-1929	Cooley討論了社會主體性，討論個人心理過程與理解社會現象間關聯性。Cooley提出著名的「鏡中自我」的概念，強調社會與個人之間的不可分割：就社會而言不可能缺少人的成分，就人而言脫離社會的單獨體驗也難以想像。 鏡中自我強調我們的概念，包括對自己的反思與認知，都與他人的互動有密切關係。透過社會內的互動，我們產出對自己的觀點，每一個人的自我認知都可以不斷被社會重新建構。 他另外也強調社會的過程，其過程強調社會組織中的非理性層面、試探性和社會競爭的各種可能。
H. G. Blumer 1900-1987	一般認為，Blumer將符號互動論的主張總結為三個主要部分： 1. 認為人會根據事物間的意義，而採取對對象與其他人的行動。這裡的意義強調與採取行動之個人有關，所以可能和另外一個人所擁有的意義不同。事實上，我們個人的意義可能會被社會規範及規則取代。 2. 事物間的意義來自人際間的社會互動。所謂對於某個對象的意義並非固有的，而是在社會互動中產生生出來的。 3. 任何的意義都可能在個人與對象相遇時重新解釋並且修改。
Charles W. Morris 1901-1979	Morris關於符號學的研究，與其對邏輯實證論、經驗主義及實用主義等相關理論有關。他以對象——人——其他符號（後來稱為語意——語用——語法）為其符號內容，並將理論與George Mead的理論連結在一起，不過在應用Peirce的理論上與原本的說法有所出入。

第 6 章

空間符號學

●●●●●●●●●●●●●●●●●●●●●●●●●●●●● 章節體系架構 ▼

UNIT 6.1
空間符號學是什麼？

看到「空間符號學」，讀者或許覺得新奇，也可能難以理解：空間爲何可以是一種符號？空間符號學又在討論什麼內容？

一、空間符號學的意義

一般對空間的理解，主要是以物理的意義加以認知。在一定範圍內產生的空間，透過外在明確限制的規範而產生使用上的意義與價值。例如站在門口的大廈管理員，作爲一個協助管理的管理者，他與大門產生對進入者的限制。在使用大廈的例子這方面，若非住戶（或是經由住戶同意）就不能進入這棟大廈內。就是在這樣的意義下，空間成爲可以被研究的象徵符號：如果在最根本的意義上，符號可以承載意義，那麼被拿來使用作爲符號的空間也可以承載意義。

按照Hodge＼Press，空間的符號維度是我們每天日常生活中的經歷內容。人類在最根本意義上將自己表現爲空間（內）的參與者，並且在每天的生活中，不論物理或心理上參與著各種物理關係。由於參與上還包括心理層面，所以空間的存在就不只有物理意義上的，還包括心理意義上或是抽象意義的，並且不只有正面價值，還包含著負面意義。例如我們在言詞中所使用的「置身事外」，即在空間意義上表達個人與事件或團體間的關係內容。人類以外的生命存在狀態，也具有以空間表達關係的類似行爲模式，例如狗會以尿液劃分地盤之行爲——這個說法也符合Peirce——Deely對生物指號作用的描述，

即動物會透過特定符號將物理世界轉變爲周圍世界。所有與空間相關的符碼，其意義被賦予無疑來自社會生活多於來自生物本性。因爲這些符碼與所攜帶之意義，與社會賦予人的關係及主要範疇有關，而且可以構成每種社會結構在權力——穩定性間的關係。（R. Hodge＼G. Kress，2012：55-56）不論在公司或學校，我們都可以看到這種對有限空間符號分配的權力運作：例如誰可以使用停車位，誰的停車位在哪個位置。

二、身體的界線與空間符號的建構

空間符號學不只存在於建築或社會的公共空間，也建構起我們與他人之間的界線。Edward T. Hall在《隱藏的面向》（*The Hiden Dimension*）與論文〈關於空間關係行爲符號的系統〉（A System for the Notation of Proxemic Behavior）中，爲我們顯示空間關係學（proxemic）的指稱。根據人與人在空間的遠近距離，在社會意義的透明能指下，雖然能夠自然形成穩定性的關係，但事實上因著其他因素的影響，關係卻呈現爲複雜且涵義曖昧。

Hall讓我們看到表達空間與界限的用詞是彼此相對立的概念，例如「鄰近性——非鄰近性」的相對性可以表達出強勢與否的關係，因爲鄰近與否既可以是積極的愛與親密，又可以是消極的侵犯與敵意。但在沒有文脈的狀態下，關係鄰近性成爲一種涵義曖昧的符號，需要透過其他控制的闡釋理由與符號才能使其涵義不再曖昧。

空間符號學的意義與應用

Hodge ＼ Pressy認為：

1. 空間關係的符碼伴隨著穩定性在場與缺席的意義，而且不能被孤立地理解。

2. 透過空間自身，及其產出的作用，也可成為承載意識形態意義的作用——這種空間與權力間的關係，在社會符號學中可以不僅是指實體的空間，包括抽象的空間也可表現出身分與權力間的關係。（R. Hodge ＼ G. Kress，2012：55-56）

作為範例

Simone Martini 1333年創作的〈天使報喜〉（*annunciation altarpiece*）畫作

R. Hodge ＼ G. Kres以空間關係與符碼解釋Simone Martini的〈天使報喜〉，該畫作描述天使加百列奉上帝命令向瑪利亞報童貞女懷孕的大好信息。他們分析其中「空間——關係——權力」如下：

1. 畫作主要呈現位置的空間符碼表達，是此事發生於大廳。瑪麗亞的符號表達對加百列闖入個人私密空間的回應，其信是對空間符碼的轉換，清楚對關於社會距離的陳述進行編碼。瑪麗亞的坐姿在此處＝權力減弱（對比高高在上的權力增強），不過這種分析因具有反例所以可信度受質疑，因有時椅子＝權力象徵，規定坐者之身分。加百列是透過跪下表達瑪利亞之權力，是由加百列賦予。

2. 利百加作為天使在此處具有掌控距離精準度的權力。雖然侵入親空間，但以跪姿表達權力減弱之透明能指（站著＝侵犯與威脅），反映出權力和穩定性呈現反向關聯這一趨勢，權力減弱＝穩定性增強，反之亦然。

3. 空間符碼及其各種轉換型態形式攜帶的複雜社會意義，在這幅畫作＝文本的解碼，以空間符碼的方式揭示出總體社會類型，以及各種協商操作。天使報信表達：

   A. 聖經、經文、地位轉變以及移位＝轉換過的性行為。

   B. 道＝懷孕的根源＝在我們中間。

   C. 畫作中的柱狀物＝神的話語＝陰莖＝穿透一切達成懷孕。

從範例中可以建構

「空間——身分／關係——權力——意義」之間形成彼此關聯的符號體系

問題基礎：誰可以使用這個空間	誰有權力使用這個空間
誰在如何的意義下使用這個空間	誰基於什麼關係使用這個空間

在此表格中，空間作為被使用的（物理）對象，表達出：

1. 使用者的身分。

2. 使用者在此身分上空間的關係。

3. 使用者在此身分上具有如何的權力。

4. 使用者在行使權力時所產生的意義內容。

UNIT **6.2**
作為意義表達的空間

如前所述，空間作為研究對象或符號的一種，在第一義上屬直接經驗對象，爾後才是學科性（如物理學與地理學）的研究。在其中，符號學對空間意義的理解，使得空間已從客觀物理世界轉變為帶有意義的周圍世界。在如此的意義下，我們可以理解一般情況下為何「母校」總是帶有空間上的熟悉，因為那個空間已與生活產生連結且被賦予生命中某段時光的意義。

一、空間作為一種存在

E. Gaines（2006）指出，空間符號學是一種描述性的過程，研究對象與其空間背景間關係上的相互意義。空間作為一個語詞／術語，用以描述存在於其他重要現象間的相關面向。問題是，空間是沉默而被忽略的背景：以讀者為例，讀者您正在閱讀這本著作——不論是紙本或電子版，總需要處於一個空間內。但如果我們在此沒有提到這種對於空間的意識，或許您不會注意到您所在空間的存在樣貌。此處存在樣貌是指，空間是對世界的先驗感知的背景，不論有無意識到，空間已經在那。這樣的思考是在空間的第一義（firstness）意義下考慮。Gaines以一個例子說明這種思考上的差別：當我們考慮一間房子的質量時，我們已是在使用「相對於其他事物」的語詞來概念化我們的思考，以致當我們提到「房子好不好」已是以第二義（secondness）取代了第一義。此房子中的空間，其意義須取決於該空間內其他物體的相關係。當我們以自身角度來評估此相對關係時，我們進入第三義（thirdness）的思考當中，且在此為空間賦予了意義。空間中的意義是由特定角度加以理解，從而標示出空間符號系統內質量和關係的實際結果。

二、空間作為攜帶意義的載體

Gaines認為，若我們將空間當作一種符號現象加以研究，那麼通常是在相對於其他問題來理解其作為符號的意義與價值。從哲學史角度來看，空間很少因其獨立的特性而被考慮，而是被普遍地視為某一類概念，或是作為其他對象和關係的背景預設。其中比較特別的是康德：他將時間／空間兩項要素視為我們認識外在世界的外在知覺形式條件，能讓我們認識外在世界現象的一切形式——不過康德是在知識論的角度下討論人的認知能力條件。所以Gaines的結論是：我們並不能總是意識到空間及其對事物意義的改變，但人類是有意識的建築並控制空間的不同面向。為此，他引用Kostogriz（2002：13）的術語「第三空間」（thirdspace）來描述多元文化人類觀點的學習環境，此環境空間中的物體並非幾何概念式的，而是一種認知空間，允許對意義的重新解釋。

符號學能夠提供我們一種，根據表達意義的符號之異同而組織和理解特徵的系統。所以當我們將空間視為一種符號時，就有可能獲得全新的理解方式，從而透過不同面向討論事物的意義。為此，本章在討論空間作為一種符號時，將從時間的過去、現在與對未來的標示說明，空間如何在人的思維過程中成為意義載體，建構起與人類相關的生活內容——空間作為符號表達的意義既包括過去、現在與未來。

空間意義的建構：以臺北市路名為例

> 以臺北市的路名為例，臺北市的路名有許多以中國大陸地名命名的道路。
> 以中國大陸地名命名之道路配合相對應的地理位置。

道路命名原因

根據學者洪致文《像我們這樣的文化恐怖份子：文化資產與城市記憶守護筆記》一書中所提，路名在1946年由一位來自上海的鄭定邦先生所制定，並於1947年實施。當年他代理行政長官公署民政處技正，並帶來上海以中國地名規劃街路名的想法。他以中山南北路為東西區劃軸線，又以忠孝東西路（當時稱中正東西路）為南北分界線，將臺北市劃成東北、東南、西北、西南四個區域，再以中國大陸的地名依此地理空間區劃訂為路名。當年的公署位置即為今日的行政院。——資料來源：風傳媒〈為何臺北有這麼多「中國路名」？青島東路、南京西路，其實不是為了懷念故國江山〉，2016年12月15日報導

東西象限以中山南北路劃分

西北區域	東北區域
庫倫街（原蒙古省）	吉林路（吉林省）
迪化街（新疆省）	錦州街（遼寧省）
寧夏街（寧夏省）	長春路（吉林省）
太原路（山西省）	四平街（吉林省）

長官公署＝行政院＝上海＝臺北市的中央

西南區域	東南區域
西藏路（西藏省）	潮州街（廣東省）
長沙街（湖南省）	溫州街（浙江省）
貴陽街（貴州省）	金華街（浙江省）
重慶南北路（四川省）	徐州街（江蘇省）

南北象限以
忠孝東西路劃分

請注意，此處地名需對應1946年的中國大陸地理相對位置，例如庫倫之所在雖為蒙古省，但現今已是蒙古共和國之所在地。

洪致文提出幾個臺北市路名位置的觀察

1. 路名的命名時間早於228事件，所以並非如後人所傳，是為強化祖國意識而命名。（雖然不可否認的，日後這樣路名的命名方式有助於意識強化。）
2. 命名方式是以臺灣省行政長官公署為中央點進行的劃分。
3. 因為未考慮日本統治時期的都市計畫，而是以當下臺北市發展為主，所以造成日後東區大西區小的狀況。
4. 這種規劃思維屬於「規劃者中心」，缺乏對未來發展的考量。

就洪致文的觀察結果，以「中央」為地理劃分的結果，符合Eliade所謂「世界——中央」的人類世界觀察。針對此理論我們於下節說明。

UNIT 6.3
站立於世界中央點的人類

我們在前面已經提到，原初民族在宗教上會透過對宇宙創造狀態的模仿，將自身房屋修築成宇宙的圖樣並使其坐落在世界的中央。（參見4.4）從空間的角度來說，這是基於人在自身存在的本性上，希望自己處於空間中央而得以安身立命。從空間的角度來說，人類發現到自己是不完美的，所以嘗試通過從非現實進入到實存之中（unreal to the reality）。

一、居住在世界的中央

Eliade指出，在原初與傳統社會，村落的周圍世界被認為是微型宇宙（microcosm）一旦越過邊界就是未知與無秩序的世界，在熟悉空間以外的那裡是死亡與鬼魔的居所，通常以混沌、死亡或黑夜加以形容。（Eliade，1991：37-41；2001：86-92）。Eliade認為這種用詞也可在我們日常生活中見到，尤其在秩序受到破壞時，我們會以混沌、失序或最黑暗的時刻來形容這種情況。為了對抗這些被認為是魔鬼般的存在者，原初民族會在所居之地的邊界設下屏障，透過魔術或神明的力量以對抗邪惡。中世紀一個一個城堡或城鎮的城牆就是這種對抗的範例：以城牆為界線，區分出「城牆內之空間＝秩序與生命──城牆外的世界＝混沌與死亡」這樣的空間類區隔。從這個理論我們也可以明白日本動畫《進擊的巨人》在城牆與城牆外空間的設定。

這些微型宇宙或是住民所在的地點通常在空間上被認為是「中央」（Centre），而人的本性不但朝向中央，並慣於使用特定符號表達此中心點。這裡的中央點並非地理位置上的中央，而是神話與宗教意義上的中央點。原初民族內，或一個住民所在地，可以同時有多個中央點。雖然此處的中央點具有地理位置上的意義，但是是在神話／宗教為前提的地理位置上才區分出已知的秩序與未知的渾沌。聖顯所在透過特定符號，例如宇宙樹（cosmic tree）或世界支柱（pillar of the world），建立起天堂──地上──地獄的世界地理結構。

二、對中央點的建構

Eliade認為，中央點是可以被建構，並以特定符號加以代稱。（Eliade，1991：37-41；2001：92-97）所有原初民族的城市聚落都相信自己坐落在世界的中央，從而建立起「中央的儀式」（rite of centre）：即便今天一個聚落不在世界的中央，人們也可以透過特定方式重新建構。為此，世界的中央可以被建構，所以任何地點都可以被建構為聖界，也就是世界的中央點。在此原初民族的宇宙論即為世界被創造的神話及再生，因為世界是從中央點被創造的，所以需要在宗教儀式中重複這個行為與內容。即便這些古代的聖地、宗教殿宇失去宗教的功能，人們還是會以其他象徵符號的方式重現這種中央點的概念。不只是神話／宗教意義地理位置上人想要讓自己棲居世界中央，人對自己的身體也有這種傾向於中央的行為模式，基於想要為自己尋找到實存的想法，而傾向於將自己建構為世界的中央點。

作為中央點的符號概念

宇宙山	1. 不只是地球上最高的那一點，也被認為是世界的肚臍與創造的起始點。 2. 人的受造也被視為對宇宙整體的複製，以相似的方式在世界中央被製造。例如六世紀敘利亞文獻《寶藏洞穴》（*The Book of the Cave of Treasures*），認為亞當受造、麥基洗德擔任祭司，亞伯拉罕將他的兒子以撒獻祭，以及基督被釘十字架的所在是同一個地點，那個地方就是世界的中心。
宇宙樹 世界樹	1. 最為原初民族所使用，標記世界中央的象徵符號，通常也被視作為宇宙軸，並能貫通神話地理位置上天堂——地上——地獄之間，成為可往來之通道。 2. 雖然被認為是宇宙樹的那些樹木或儀式只是對整體宇宙不完美的模仿，但仍被認為是安置或指向在世界的中央。和世界樹相類似的，還有世界軸，作為上天下地的階梯與通道。
橋梁 階梯 樓梯	1. 能被用以溝通天堂與地上，是因為其被建立在世界的中央，例如雅各的天梯。 2. 在儀式中也出現類似作用的內容：透過爬樹與爬梯子，表達在空間上人類能夠從地上連結並與天上溝通。 3. 向上爬行／爬升的動作，也暗示人類想打破受限制的空間，從而進入到絕對實在的領域內。
塔	兩河流域有不少塔式宗教建築，此類宗教建築也被認為具有溝通神話地理位置的作用。例如聖經中所記載的巴別塔，或是著名的烏爾神廟，都可視為從地上想與天堂溝通的建築物。

在現代的應用

雖然現代社會的人已不再認為自己需要棲居世界的中央，但以自身為中央點向外開展空間的意義卻仍然出現在生活的各處。	
教室位置的選定	在可選擇與自由的情況下選定的座位，雖仍受知識權力宰制（參見6.7-6.8），但學生可透過自身座位建立起與他人間相對位置的意義。這種意義的打破與重構可在換位子時發生。
難抵極	難抵極（pole of inaccessibility）是離海岸最遙遠的地點，為地理學概念。臺灣的難抵極根據計算是在阿里山，距離海岸約67.411公里處，N23°30'38.65" E120°49'0.99"的地點。其位置概略在某處的中央。
尼莫點	尼莫點（Point Nemo），正式名稱為海洋難抵極（Oceanic Pole of Inaccessibility），是海洋當中距離陸地最為偏遠的地方，該處經緯度是南太平洋中央48°52.6'S/123°23.6'W之處，離最近陸地有2688公里。尼莫點可以算為反向的中央點：不是從自身向外，而是離自身或相對位置最為遙遠的所在。

關於臺灣難抵極，可參考〈臺灣的難抵極〉一文，由Tyler Cottenie於2017.1.5發表中文版。難抵極的計算可參考D. Garcia-Catellanos與U. Lombardo發表的文章Poles of Inaccessibility: A Calculation Algorithm for the Remotest Places on Earth。

UNIT 6.4
當曠野作為倫理意義的符號

在人類逐步發展文明的過程，以自身為中央點的荒地逐步被開發成為可被認識的空間，也可說是賦予秩序的意義。當中特別的一個範例為以色列人：例如出埃及在地理空間上是進入沙漠蠻荒之地，而聖經的敘事在此可被我們理解為，將曠野視為負載倫理意涵的空間符號。

一、曠野的地理意義

不論新舊約聖經都提到曠野的概念，其包含多種使用意義。其在使用上第一義自然是指地理環境與物理意義上的沙漠、曠野、無人居住之地或是荒野，有時也可被用來指稱聚落外的荒原。這個地點也可被用以稱呼走獸居住之地，其衍生意義包括「遭毀滅以及變為荒涼」這種帶有審判的意涵。另外，這個詞也可被用以指稱未開墾的或無人居住的荒涼荒蕪所在，較為特別的是有時被用以稱呼從擾亂中得到自由所需提供安靜之所在。

作為地理環境，以色列人相信他們是在曠野裡面與神相會得神啟示。為此，出埃及時的主要符碼成為提醒改變曠野及沙漠作為純粹地理環境與物理存在空間的意涵，並使這個空間作為一種符號承載了人所應當負起倫理責任的意涵。

二、曠野作為倫理及宗教意涵的載體

當曠野在猶太教／基督宗教內被賦予特定倫理意涵時，其倫理不單只是指個人應該要擁有的行為規範與準則，還包括人應當了解自己的本分，行為符合上帝的規範。出埃及後的描述是，猶太人進入到荒蕪之地，在那裡經歷神的帶領與恩典。爾

後曠野成為立約之地，既是神聖的也是審判的。申命記所描述的曠野是個危險且可怕的地方，缺乏水與食物，其中並有凶猛惡獸。在此唯有依靠耶和華方能安然度過。所以作為逃難之空間，正因其完全荒蕪，故僅能尋求神的心意。這種與依靠、恩典還有立約的架構，在以色列的先知那裡變成一種特定公式套語，用以作為形容某事的發生或某種審判的結果，不論該事為神的賜福、救贖或審判。曠野所具有的倫理意涵也與惡有關聯：例如我們在4.8提到的替罪羊「阿撒瀉勒」，是被趕出前往曠野。當這隻羊被送到營外的曠野去時，除罪意涵始能完成。在此曠野起了某種作用，強調曠野即為無人之地＼鬼魔所在＼沒有神同在之場域，並賦予強調罪惡將遠離人的概念。

這樣的概念日後延續到新約聖經：空間的第一義相同是地理環境與物理意義上的位置，例如耶穌退到曠野休息或禱告之行為在第一義上就是指耶穌去到某個空間以做某件事，但對空間的描述卻仍具有從舊約而來的符號意義。以福音書為例，在聖靈帶領耶穌基督前往曠野受試探的故事，以及格拉森被鬼附之人的故事中，曠野作為沒有神＝充滿魔鬼地方之符號，所以此符號存有對舊約曠野意涵的應用。

從舊約到新約都可發現，曠野一詞不僅指涉那個以色列人曾經漂流的空間，亦成為被賦予特定意義的指涉符號。一旦提到曠野，就具有與過往歷史經歷產生連結的可能用法。因為曠野做為空間符號，被賦予了特定意涵，那個意涵屬於這個民族的共同記憶。

曠野空間意義的賦予與轉變

曠野作為一個自然的物理空間，可以成為被賦予意義的符號承載。我們在此以《聖經》為例，說明空間如何一開始是自然環境，而後被賦予倫理意義。

曠野一詞在文脈中的使用意涵
1. 純粹的空間意義：指曠野、無人居住之地或是荒野，有時也用來指聚落外的荒原。
2. 用來指特定的空間，特別是指真正的沙漠，有時也被用來當作地名使用。
3. 被用來指稱曠野裡之走獸居住之地，衍生意為該地已遭毀滅，變為荒涼＝罪惡受審判後的代表符號。
4. 無人之地＼鬼魔所在＼沒有神同在之場域，並賦予強調罪惡將遠離人的概念。

意義的建立

作為空間的意義	1. 首先與地理環境有關。單純作為地理環境的曠野或許被賦予生態學的意義，或許能有造化顯主榮之意，但也僅是地理環境形成之空間。 2. 曠野對以色列人而言不僅具有空間意義，也包含他們對自我身分認同的共同記憶。
神聖空間的意義	因為身分認同，所以曠野經歷（不論我們視為神話或是史實），透過經文不斷濃縮摩西五經關於曠野經歷的講述，建立起以色列人所在的曠野就是一種神聖空間。曠野做為自然存在之空間並無價值判斷問題，其之所以被賦予價值與其被使用之方面有關。
作為神聖空間符號	神聖空間的符號透過《出埃及記》開始，由三個動作組合的符碼：「離開某地，進入曠野，與某對象相遇」，且在經文中不斷重複表達此一連續動作。日後先知們常以出埃及立約事件作為描述的提示，從而使曠野經歷成為固定符號。並透過這樣的方式，重新對身分建立肯定，好強調以色列人的曠野旅程包括三個特定要件：試驗、護佑、以及審判。

曠野＝神聖空間的符號，從而在信仰中形成一體兩面的作用

作為立約與賜福的地點	作為審判的符號象徵
1. 透過曠野的符號，以色列人理解自己是誰，自己與神的關係，以及與他們環境的關聯。 2. 以色列人透過曠野的立約，確認「我是誰？我對應於自己身分的規範應該是什麼？我又應該以誰為我的主？」這三個信仰上的基本問題。	1. 曠野被以色列人認為是具有威脅、混亂以及超自然力量存在的場域，但與此同時，曠野也是神與人之間獨特相遇的場。 2. 曠野作為符號所呈現的表象是以色列人認定發生過的曠野經歷，但現在其與自身指涉的倫理意涵彼此連結，且成為以色列人在心智上認定的那個對象（及其概念）。

UNIT 6.5
曠野空間的環境倫理學

從前一節的例證我們可以看到，為一個空間賦予意義並非現代人的專利，人作為認識主體在認識外在世界並建立起「主體——客體」間的關係後，就會為他自己以外的地方賦予價值及意義；而且這種賦予價值及意義的活動從很久以前就開始有了。即便連曠野，那種沒有開發過的地方，通常也會被賦予某些特定的意義，以致當我們想到這樣的地點時似乎總是可以找到某些符合我們需求的意義內容。這種我們可能稱為荒地、荒野或是曠野的地方，將在這一節中成為我們的範例，並且我們將把這幾個詞視為相同的概念進行討論。

一、曠野存在的意義？

看上去，曠野可能只是未開發的河流山川，作為一個被認識的客體，就在那裡等著人類發現。事實上，曠野的概念比我們所能想的還要豐富。Jardins指出，對於曠野的理解，其作為一種自然區域，與人類居住的範圍有別，所以標示出不同於字面意義上的概念與價值，所以「曠野」一詞包括以下各種可能的面向：（Jardins，2002：176-188）

1. 最字面的意義，指荒涼的或未馴化的空間區域，這是一個古老的觀念，通常用以指稱危險的、殘酷的或是無情的區域。

2. 曠野可以被視為脫離壓迫的應許之地；即便不是應許之地，也可以是建立福地的臨時樂園。例如對清教徒來說，北美大陸尚未開發的曠野就是新的生活可能性。

3. 為曠野賦予浪漫的氣質，認為曠野能夠

象徵清白與純潔，能保存人性以及人與大自然間的和平共生。將曠野視為浪漫的模式日後為許多環境倫理學提供了思考的基礎。

二、曠野及其生物存在的倫理問題

如上所言，土地或空間本身並不存在倫理問題，土地與空間會產生倫理問題是基於人的使用所產生的問題：此時意義就被引入空間符號學的問題內。

我們可以Aldo Leopold為例，理解前述對空間思考三層意義的建立。1949年他出版的知名著作《沙郡年鑑》（*A Sand County Almanac*）中，他提出土地倫理的概念，可視為土地倫理相關議題的濫觴。李奧帕德認為，他所在的那個年代還沒有討論人與土地間，以及人與土地上之動植物間關係間的倫理問題：這意謂著人類只是把土地視為一種財產，所以人類對於土地及其上的群體採取的是經濟性的效益。從他對土地以及生態整體的概念來看，若一個整體能在群體性上維持與穩定就是好的，反之則否。人類對土地及其上生態的態度則是，對物種無差別性的尊重，而非對有效益者加以保護。因為土地真正的價值是一種能量的循環，這使得土地不只是土壤，並能夠使在其中的某個物種能生生不息存在於上（外來物種則不一定能夠適應）；此中人類的活動則造成遠比預期更為嚴重的改變。（Leopold，1999：321-354）Leopold的這篇論文提到若干與空間相關的概念：土地在那個地方並不能被視為財產，而是所有有生命之存在共同擁有的生存空間。

曠野的理想與神話

對人類來說，空間被視為具有符號性質，並被標示出諸多意義內容。就現代社會而言，空間可被定為廣義的社會資源。而R. T. George在《經濟倫理學》中指出（2004：626-635）資源所有權至少存在著三種觀點：

1. 社會現狀觀點：資源的所有權必須從現狀出發，地球的資源已分配完畢，對所有權提出質疑毫無意義。
2. 公共所有觀點：社會現狀觀點是不公不義的態度，自然資源的分布應是一種起點且需要不斷被修正，使資源能為人類服務。
3. 共同使用權利觀點：自然資源的分布相同被認為應是一種起點且需要不斷被修正，但重要的不是誰佔有，而是如何透過資源使用使每個人都得到更好的福利。

空間作為資源預設了必須分攤的公共責任

應用在曠野的概念上

1. 土地若以對荒野的浪漫觀念加以理解，那麼人類的占領就將被視為一種無需責任分攤的行為。
2. 當人類從進入荒野並開發該處為人類居住的空間之始，到最後人類進入並居住其中，荒野的存在就被改變為人類居住空間。但人類對於荒野有四種不同的想像＝神話建構：

溫和良善的浪漫觀點	未開發的曠野可以被理解為善良與溫和的地方，包括人類對大自然的美好想像：茂密森林、美好夕陽、可愛的動物。此觀點忽略荒野／曠野作為大自然的存在，有其殘酷的一面，因為想像中的總比現實中的更為美好。
前達爾文主義觀點	在此人脫離了自然，並回過頭有效使用自然環境的資源。這種觀點從而建構了人與自然間的二元對抗：1.人類凌駕自然的道德獨裁；2.人對抗自然的衝突發生（與必然的人定勝天）
對特定時期的彼此呼應	基於文化時期的意義，所以從歷史上扭曲或拒絕某些事實，例如相信歐洲人來到美洲大陸前美洲大陸的被浪漫化。
絕對靜態的觀點	曠野被視為沒有變化，保持靜態的一塊區域。尤其主張，只要人類不要靠近或進入產生干擾，曠野或荒野會自然保持其未受開發的美好。

Jardins，2002：182-86

兩種產出結論

1. 生態中心倫理學的概念：一個完整的倫理學必須給非生命的物體（包括山川、河流與荒野的空間）及生態系統道德關注。在強調對環境的保護上，注重整個體系建構的生態聯合系統更勝於只注重作為個體的生命體。（Jardins，2002：174-175）
2. 曠野作為一種自然存在的環境，雖然在物理空間上就是在那裡，但對身為認知主體的人類來說，我們可以賦予意義，並將之轉換為承載意義的符號載體。（黃鼎元，2016）

UNIT 6.6
空間的顛倒問題

在《阿爾及利亞1960》（*Algeria 1960*）一書中，Pierre Bourdieu向我們展示空間在承載意義的情況下，可以帶有一種意義展示上的顛倒。（Bourdieu，1979：133-155）。

一、空間的語詞建構

我們在語詞中有許多對空間的描述用詞，這一類用詞是基於我們對空間的感受所建立起來的用字，且透過空間的相對性賦予意義。諸如遠近、大小、上下、高低等等，都是透過空間的比較而建立起相對應的內容。單純對空間的物理性描述其實缺乏可理解的意義，例如「從A點到B點距離是5公里」這樣的描述，或「投手板到本壘板的距離是大約18.44公尺」。如果加上參考值，如前述的空間第二義，或賦予此空間意義，如「「從A點到B點距離雖然是5公里，但升幅達千分之30」，「投手板到本壘板的距離是因為投手技術進步，所以慢慢拉長至大約18.44公尺」，此時空間的存在就有其特定意義。

這種空間語詞的建構，基於其相對性可能產出相反狀態的內容，這種相反可以呈現在同一個區域內的不同地點，也可以在同一個地點的不同時間，或是對立於整個地理位置的空間建構。好萊塢電影《關鍵少數》（Hidden Figures）中的女性科學家雖然已經踏足進入最核心的計算空間，但在解決生理需求的廁所空間上卻仍被迫要去到遙遠的指定地點。她的身分與空間使用是顛倒的：因為生理需求的解決是一個人的基本尊嚴。

二、顛倒空間的範例

在如何的場所／場合，也就是如何意義下的空間內，對相同事物的理解也不一樣。這使得空間作為一個文本，提供我們可以理解其內（物理意義上之）相對物。因為作為背景的存在，空間對其中所有的使用者以及存在在那裡的物理客觀存在，所產生和接受的意義都具有強制力。實際中發生的情況是：作為背景的空間，其特定範疇被從社會角度劃分為場域，也就是特定團體的特定意義可被凸顯的場域，例如無障礙空間，或性別專用空間。這是因為社會衝突對縱聚合體系施加壓力，而後者運用自己的缺陷去整合這種壓力。（R. Hodge＼G. Kress，75）

這就是Pierre Bourdieu所舉出範例的背景：柏柏人（Berbers）傳統房屋中以方位標示男女的對立，以門檻為界形成顛覆世界，並已主樑與橫樑交錯表示的社會意識形態。柏柏人屋子的範例證明，性別規則在不同的社會中會採取不同的形式，共通的是起中介作用的轉換都在，且充滿困難。然時間與空間不同，因為空間可避讓但時間無法。柏柏人白天——夜晚對比於男人——女人和房子內——外＼高——低之間的關係，在行動上的差別。這在男主外女主內的範例上都可適用。建築範例標示出權力進入的可能，空間符號成為一種社會語言＼規則統治的寬鬆樣式。若再加上時間的因素，則可使原本空間的結構被顛倒。

空間與顛倒空間的概念

Bourdieu在論文中提供我們空間顛倒的範例。這種空間顛倒讓我們注意到空間——身分——權力間的關係。我們以下以三張圖表來說明Bourdieu對空間的描述與說明。

1. 根據R. Hodge \ G. Kress（2012：72）簡化Bourdieu的原圖來看，柏柏人的房屋可區分為兩個部分：

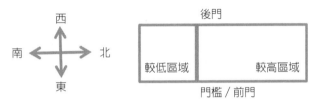

2. 對於這種房屋與方位的概念，Bourdieu建構起時間與空間上的對比結構：男人／女人、白天／晚上，屋內／屋外。我們在下圖（Bourdieu，1970：152）可以看到屋內外的對立性，屋內還包括乾燥／潮濕之間的對立。

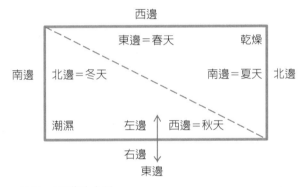

上圖根據Bourdieu，1970：152修改中譯

3. 我們可以將這種顛倒／雙重空間放入猶太信仰的聖殿中，其結果類似：

聖殿入口：東邊 東邊是尊貴的方位	聖殿內部	至聖所 最神聖的空間	與東邊 相對

猶太人的方位中，東邊是最尊重的方位。例如據說猶太人相信彌賽亞再臨時，會從耶路撒冷東門（金門）進入。根據這樣的方位，我們可以注意到聖殿的顛倒空間：

1. 聖殿入口為東邊。按照身分與性別不同，各有可以進入的聖殿區域。
2. 聖殿最內部為至聖所，為聖殿最尊貴所在，唯有大祭司一年一次進入。
3. 至聖所在內部空間上最為聖潔，但方位上卻離聖潔入口最遠，從而形成Bourdieu所提出的空間相對。

UNIT 6.7
空間與權力：圓形監獄

圖解符號學

　　當我們討論空間與權力之間關係，應該提到英國哲學家Jeremy Bentham與他設計的環形監獄（Panopticon，有可稱為圓形監獄或是全景監獄）。環形監獄是空間與權力之間關係重要的範例，日後影響到許多建築設計的功能與理念。

一、邊沁與環形監獄

　　說到英國哲學家Bentham，我們通常想到他倫理學效益主義（Utilitarianism）的主張，以及立遺囑要求在自己過世後，將屍體防腐並放置在倫敦大學學院（University College London）展示，紀念他對教育貢獻的特殊要求（不過頭部因為防腐不易現以蠟像取代）。在空間——權力的關係上，Bentham關於環形監獄的主張對後來的研究影響頗深。

　　1785年，Bentham從英國出發前往俄羅斯探望親兄弟，並在1786至1788年間於俄羅斯停留了兩年。在俄羅斯停留期間，Bentham在書信中逐步勾勒出環形監獄的概念。環形監獄概念成形的期間，他也因為自己兄弟的幫忙，得以觀察監獄裡工人的工作與生活情形。Bentham在回到英國後才完成他關於環形監獄的主張。不過這個主張在生前似乎並未為大眾所熟悉。而且相當可惜的是，環景監獄概念的實行，Bentham有生之年未曾見到。1799年他已獲得政府支持，預備一塊土地準備實踐他的理念，卻因地主及當地貴族的反對作罷。最終整個計劃案最後在1812年轉移給了英國王室。

二、環形監獄的空間與權力

　　Bentham的環形監獄是一種巨大的圓形監獄。監獄的中央有一座中央監視塔，圓形的外圍則是一間一間的監獄。環形監獄是Bentham效益主義的實踐：一方面，Bentham主張這種監獄應該採取契約制，以提升投資者的意願與利益。Bentham計算後相信，這種監獄的開銷會比同時期其他類型監獄更為便宜，管理上也更為容易。管理上的容易則是因為環形監獄可透過最少數的管理人員來控制龐大的囚犯人數——這是Bentham原本的目的，即解決「如何用更少人力來管理更大的監獄」這一問題。因為監獄中央有一全景監控高塔，所以看守者不用永遠都在值班，僅需要有效安排人力輪班即可。加上整個監獄是圓形的，更容易讓衛用最簡單及輕鬆的方式隨時注意到囚犯的動靜。

　　有沒有人監視其實不重要，因為環形監獄空間分布的設計，目的在讓囚犯「以為」有人在監視自己。囚犯雖然不確定有沒有人正在監視自己的行為，但透過中央高塔的監控，讓囚犯內化這種不一定存在的凝視，最後讓囚犯產生「自我監管」的效果。根據Michel Foucault的解釋，環形監獄推翻了封閉、剝奪光線與隱藏的功能。在這樣的監獄中，每個人都有自己的光線，都被守衛監視著，但卻無法透過牆壁與其他人溝通，消除了集體效應。（釋仁，2021）空間在環形監獄內變成一種透過整體空間分配權力的符號，並且因為不同空間的所在，從而規定了每個人應有的權力內容。

環形監獄的概念與現代應用

環形監獄平面圖：建構起空間——權力的關聯性

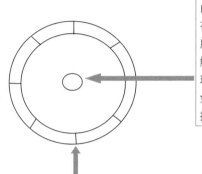

中央控制塔
在此守衛可以輕鬆監視周圍所有犯人。邊沁的目的在於解決「如何用更少人力來管理更大的監獄」這一問題。如此一來可以用最少的人監控最大多數的犯人。

1. 環形監獄的四圍：犯人居住的空間。
2. 監獄的四周分割為適當數量的牢房，每個犯人有單獨居住的空間，犯人之間彼此無法相通，可避免人犯討論作出違反規定的行為。
3. 傅柯認為，環形監獄避開了封閉、剝奪光線與隱藏的功能：
   (1) 封閉：犯人——守衛之間是非封閉的，可以直視。
   (2) 剝奪光線：過往監獄陰暗潮濕，環形監獄採光良好。
   (3) 隱藏：人犯之間無法隱藏祕密，可避免犯罪的計畫。

環形監獄的兩大功能

1. 節省開銷 (1) 邊沁為管理者提出：以監獄內囚犯當作勞工的想法，可透過囚犯的勞力轉換進行工作，以增加監獄的收入。 (2) 後世監獄管理也可看到這樣的做法。好萊塢電影中也常出現類似的監獄犯罪手法，像是《絕命尬車》（Death Race）中監獄利用犯人賽車的直播，賺取廣告收入。	2. 管理方便 (1) 環形監獄可利用最少數的管理人員來控制龐大的囚犯人數。 有沒有人監視不重要，環形監獄空間分布的設計，目的在讓囚犯「以為」有人在監視自己，最後讓囚犯產生「自我監管」的效果。

環形監獄對後世產生的影響

對邊沁自己	「空間——權力」之間的影響，可見到他將這種概念推廣到遊民身上。例如街友們應該被統一集中管理，每日給予適當的勞務工作賺取自己的生活費，某些特質的人必須另外集中。
對空間利用	強調權力——身分的機構，透過類似的區隔建構出可以被監視體系。例如學校的校園、現代的監獄、還有醫療院所。

UNIT 6.8
監獄空間的權力建構

Bentham環形監獄的建構，後來被Foucault提出並專門加以討論。Foucault在討論監獄空間的權力建構時，說明全景監獄如何透過運作機制建立起囚犯對自身的控制，從而建構起對權力的分配與運作。

一、作為被權力塑造的主體

Foucault認為，個人的存在是一種作為社會制度、話語和實踐中被控制的社會主體。個人雖然是一種主體，但主體或是人的概念都是現代知識推論機制下所產生的結果，所以我們需要進一步推論得出其中的權力機制，也就是人如何透過制度化的空間，包括學校、醫院、工廠或軍隊被權力建構為主體。這些建構的手段包括時間表、監控的行為、對服從的獎勵、對反抗的懲罰、為提高效率而產出的標準規範、以及各種透過分割或區別建立起來的檢視或測驗。不論是學生、工人、軍人都受到這些規範塑造，包括囚犯也相同。（劉放桐等，2006：435）

在此前提，Foucault在《規訓與懲罰：監獄的誕生》（*Discipline and Punish: The Birth of the Prison*）中提出他對監獄空間的權力理解：這種理解不是犯罪學式的，或是矯正教育類別的，而是空間符號式的認知。然而在理解Foucault對監獄空間符號意義的賦予前，我們需要先理解Foucault是透過如何方式建構起與監獄相關的每一個零件：那些透過權力的階層化所建構，讓身體得以順服的每項物件。這種理論建立在我們對於身體掌控的技術上。

二、身體的訓練

Foucault認為，我們的身體可以透過時間順序與空間分配得到檢核與順服的訓練。透過一整套連續性的活動將針對時間權力的建構建立為可能的結果，為此，身體是一種可以做為組合為力量的零件。任何一個獨特身體在訓練後將成為一個我們可擺放、移動或連結其他身體的項目，只是身體作為零件需要透過規訓而組合為各樣時間系列的組合產物。（Foucault，2020：312-319）

除了時間，Foucault也提示我們，空間的使用與身體的規約之間彼此有關。（Foucault，2020：272-286）身體的規訓要求封閉：包括明顯的禁閉，或是較不明顯的修道院所呈現的寄宿模式；也有以強制力量進行的關閉狀態，例如軍隊或營區設置的辦法。現代公司行號的OA隔間與打卡上下班可被視為開放式的封閉，透過時間規範與有限的空間讓職員遵守公司的規約或要求。透過解析空間，從而建立對每個人定位的尋找，輔以獎勵及懲罰的規定控制每個個體。若是對建築上原本不受限的多用途或功能性坐落的規則，則透過規定加以規範。特定的位置不僅是為監控來說的必要設置，也是為阻斷危險而給出的界定，從而創造出有用的空間。

這種透過空間給予身體規訓中的所有項目都可互換，因為重點不在於空間本身，而在於針對安排方式進行的技術。空間作為一種定位方式，可以個別化身體，從而「不是身體在某處」而是身體被配置在某處。例如教室座位的安排，是透過如何的理由（身高或是分數）來進行調動的可能（多久換一次位置）。

對身體的規訓與對空間的作用

依據Foucault的說法，我們可以透過規訓控管的身體製造出四個個體性類型＝擁有四項特徵的個體性：

特徵	來源	動用技術
單間式的	透過空間配置的作用	表格
有機的	透過活動的編碼	演練
創生的	透過時間的累積	練習
組合的	透過力量的組合	戰術

上述內容意謂著：建構的藝術＝戰術應用被定位的身體、被編碼的活動、被形塑的才幹、以及讓各種力量結果通過計畫的組合方式被增強的機制，成爲規訓實踐的最高形式。（上表根據Foucault，2020：318所整理）

 從身體到空間的應用

上述對身體的區分，涉及空間的應用。而整個社會的空間在這個意義下可被視爲巨大牢籠，或是受到限制的空間：

1. 整體建立起一套緩慢、連續且不易被察覺的漸進過程。
2. 這些懲戒按照自己的管道招收屬於自己的犯法者，並完成一套精進的作業。這個系統從過往的監獄，到現在從學校到社會，建構起每個人的身分與對正常的定義。
3. 這個系統讓懲罰權力合法且自然，在司法內部是法律，在法律外部則是規訓。Foucault提到這裡被產生出一種「監懲金字塔」的概念。
4. 這種監懲系統允許標準進入到我們生活中，是由合法與自然、規定與建構交相混合。結果是我們生活中到處都有被標準化的權力。
5. 社會監懲組織既確保對身體的掌控，又同時繼續進行觀察。
6. 我們的社會因此成為一種新的全景監獄，過往在監獄內的機制如今透過新的方式被應用生活中。這些產生的新客體繼續強化的標準化權力。

Foucault，2020：549-562

 與檢查間的關係

空間的區隔可以方便檢查作用的運作。對Foucault來說，檢查的作用配合空間的運作下具有以下功能：（Foucault，2020：355-364）

1. 在權力運作中顛倒可見性的經營方式：規訓中權力是被隱藏的，真正顯露出來的是那些受到檢查的對象。
2. 檢查將個體帶入一種檔案的場域：檢查將個體鑲嵌進可被累積與登錄的系統內。
3. 在各種檔案技術支援下檢查將每一個個體變成個案。

UNIT 6.9
監獄空間與身體規約

監獄與我們前面所提到關於身體處罰的概念有一差異性在於：其對公眾來說是不透明的空間，所以與刑罰——效果——再現——記號與論述的整個系統其實不相容。雖然比較早期的監獄透過對身體的控制產生刑罰，並依輕重分為坐牢、拘禁以及地牢（並透過孤獨、光線剝奪與食物限制強化），但Foucault仍是透過空間——權力——規訓的角度理解監獄空間。

一、監獄作為懲罰空間的意義

監獄作為懲處的空間，首先建立在剝奪自由這個簡單形式上，在裡面每個人都是平等的，且根據時間進行刑罰的量化。透過全教育的約束讓受刑人得以被掌控從而對其身體的應用從新編碼。其透過空間建構的規訓表現在：

1. 空間上的隔離，使受刑者與外在世界或一切犯罪產生隔離，透過孤獨讓受刑者產生悔恨，這是一種強制性個體化的實現結果。

2. 在這個被隔離的空間中，受刑者需要透過勞動改造方式重新給予他們身體適應規訓的過程。這個過程加諸層級結構與監視系統，使監獄成為一部機器，囚犯——工人成為機器內的齒輪與產品。

3. 監獄在此成為對懲罰的微調機器，一種特定的機制。為此，懲罰與獎勵機制被應用在監獄內，且透過空間區域的區隔進行身分確定與流動。（Foucault，2020：434-454）

不論如何，監獄被視為一種規訓權力運作的特有機制，而Foucault也注意這種透過空間的懲治在成效上引發的批評：許多研究顯示，監獄作為隔離或懲治的空間並未帶來真正對犯罪的防範，反而成為組合犯罪的起點。針對此點雖有反駁，反駁的理由卻也始終相同。Foucault認為這與監獄系統的作用有關：因為其將論述、建築、強制規則、科學主張、現實的社會效果、以及烏托邦、矯正犯罪者方案及鞏固犯法狀態的所有機制全部整合在一起。（Foucault，2020：499）

二、監獄空間的變形

監獄作為懲治並非僅限於固定的監獄。Foucault提到，十九世紀曾出現過一種從滾動監獄角度來設計的囚車。（Foucault，2020：484-487）這種囚車類似於全景監獄，囚車沿中央走道被均分為六個單間，讓犯人面對面坐著，並通過對腳的束縛限制囚犯的行動。每個單間沒有對外窗戶，只有面對走道的門上開有兩個格子，一個用來放食物，另一個用以監視囚犯。門的設計與窗戶的斜度可以讓警衛輕易監視每一個囚犯，聽見他們所說的話；與此同時，囚犯之間無法彼此說話交談，甚至在每個人被送至所屬的目的地之過程中，囚犯間都不會打到照面或知道誰在自己身邊。Foucault提到這種移動式全景監獄在規訓的效果上非常顯著，因為沒有可以睡眠的方式，缺乏的食物，以及只能閱讀倫理規訓的書籍，囚犯在下車時非常順服：一趟72小時的押解過程宛如一場規訓的酷刑。

Foucault理論在教育哲學方面的應用

因為Foucault對權力、規訓以及空間的理解，有學者將其應用在教育哲學的領域，並且被列於後現代教育哲學的領域範疇內。

> 作為基礎，規訓有兩種意象：
> 1. 封鎖式規訓，以空間作為阻絕的邊界從而暫停時間。
> 2. 機械式規訓，透過功能布署來提升權力的運作

規訓機構透過空間使用獲得擴散

規訓功能的反轉	規訓功能的擴散	規訓機構的國家化
過往用於移除危害群體作用的，現在被用以提升個體的可能用途，可以說這是從消極轉向積極的過程。	規訓機構數量的增加讓機制去機構化，並增加外部監視作用。學校的功能得以擴張。	從宗教體制內轉向國家權力方面，例如集中化的警察權利或教官的功能，並將整個社會建構成感知場域。

因此，規訓是一套權力宰制的類型，
並建構起紀律成為空間運作的作用。（Foucault，2020：390-404）

紀律的起點	紀律的應用
指如何布屬空間中的人們，技術包括： 1. 封閉的空間，在圍起來的受限區塊內進行。 2. 空間內需要分配機制，以利封閉空間內執行紀律，這意味相對應的組織人員。 空間需要功能上的劃分，不但有明確的監督或區隔，還可再創造出有用空間。 3. 上述各種紀律因素可以互換，讓身處此一空間內的人們隨著不同因素更換自己所在的位置。	指顯示出權力問題，包括對其應用或挑戰都屬之。 透過對紀律的布署，也就是運作區別的作用，先是區分正常不正常，後是矯正與懲罰不正常的那些。

> 根據上述基礎，以下以葉彥宏（2019：252-257）為例
> 說明Foucault理論如何與教育哲學結合。

> 依據Foucault，權力的基本命題為：
> 1. 權力是由無數個不對等或動態關係的交互作用，並非是可以獲得、擁有或分享的某物。
> 2. 權力來自關係內部並在其中產出權力，而知識與權力彼此含蘊。
> 3. 權力關係是一種複雜且變動的網路，並非單純統治者——被統治者的二元對立。
> 4. 權力具有非主觀的意向性，權力長期被運作後難以被確認源頭。
> 5. 權力運作關係中永遠伴隨著抵抗。

1. 權力問題蘊含主體的問題，也就是自我與他人間的關係。所以教育的作用在於：關係倫理學的呈現，即在自我實踐與社會團結的教育目標間，指引出倫理、政治與美學的實踐可能性，即透過教育之手段目的對個人陶冶所在。
2. 此點可在Foucaul理論中獲得證明監獄看起來就像工廠、學校、軍營與醫院，而所有這些也都反過來像是監獄。（Foucault，2020：419）

UNIT 6.10
學校內部的權力要件

我們在前面提到（環形）監獄對當代空間分布的影響，這使得空間本身成為一種符號的作用。例如醫療院所的空間分配：在大型醫療院所中，病房樓層的空間配置與邊沁的環形監獄空間結構相似。如此空間配置，可達到最省人力與最快處理的效果。「護理站——病房」的空間結構，在空間的意義上與「中央監視塔——牢房」的結構相似，只是權力分配上有所差異。

同樣的權力結構，在學校校園內其實也相同。校園以圍牆做為疆界，建構出特殊權力結構的場所，甚至得以將此權力凌駕於法律之上。在校園內，校規的存在強化學校的特殊權力，並透過學生對自我身分的認同而不斷強化（此點與環形監獄讓囚犯自我監視的效果類似）。這些特殊規定規範學生的身分，並透過特定符碼強化學校的權力。這種權力／權威／知識的關係，並會因為階層化秩序而更加穩固。這種秩序與階層可劃分為行政與教育兩個系統，以及老師——學生兩種階層。即便在教師的階層裡，也有另外的階層差別。這些階層類似於世俗政治權力，被複製於校園內，特別在開會的層級、獲得的資訊、決策與預算決定的權力上更為如此。舉例來說，若學生與學校行政人員發生衝突時，是以校規處置而非以法律方式進行；學生在學校內的停車權益與教職員不同，或受到更不公平的對待。這些常見且習以為常的內容，其實都是校園獨立權力疆域所建構出來的特定權力符碼。（莊文瑞，1997：202-204；黃鼎元，2021）

我們可以制服為例：制服是對一間學校學生身分的認定，且制服不只包括衣服，還包括鞋子與襪子的顏色，以及書包／背包的款式（甚至是背的方法）。穿制服對學校而言，或許可以維持一定程度的秩序：包括可以讓學生專注在念書上，或是認同學校辦學宗旨的方法——對於制服與權力間的關係，早年還涉及髮禁問題。這些代表學校權力的符碼，在近幾年受到挑戰：包括廢除髮禁，以及在制服／體育服穿著的時機上，甚至進一步能否有不穿制服的自由等。制服作為學校權力的符碼，唯一不會有爭議的，是原則上可以透過制服穿著判斷學生的歸屬，於維護校園安全上相較性容易。

除了這種與學生直接相干的符碼外，校規也規範出學生在校作息，甚至是生活方式的相關內容。一個學生從進學校開始，就受這些權力規範：包括（在有選擇的情況下）從哪裡進入學校，早自習或是打掃的時間，每一節課上課時長與休息時間。更進一步，學生應該學習的科目及內容，下課時間什麼可以玩或什麼是禁止的活動內容，都在學校透過校規進行的權力規制中表現為特定的規範。

除了校園本身所具備的權力符碼外，政治權力也透過特定符碼進入校園內，並表現為特定符碼。例如過往教科書指定使用國立編譯館的版本，或是校園內的教官、銅像等等，都可被視為政治權力透過教育呈現在校園內的特定符碼。這些符碼我們習以為常，因為這些代表權力的符碼在學校空間——教室空間的關係上，呈現彼此複製的關係。

校園內的權力符碼

校園因為符合邊沁環形監獄的概念，故其中包括相關（政治）權力代表符碼。

〈機關學校團體懸掛國旗國父遺像先總統蔣公遺像蔣故總統經國先生遺像暨元首玉照辦法〉	
第1條	機關學校團體懸掛國旗國父遺像先總統蔣公遺像蔣故總統經國先生遺像暨元首玉照依本辦法辦理。
第2條	機關學校團體之禮堂、會議廳（室）及集會場所之正面牆壁應正懸國旗一面，其下懸掛國父遺像。
第3條	先總統蔣公遺像懸於國旗及國父遺像之對面牆壁。
第4條	蔣故總統經國先生遺像，懸於國父遺像右方牆壁，元首玉照，懸於國父遺像左方牆壁。
第5條	僑團懸掛國旗國父遺像先總統蔣公遺像蔣故總統經國先生遺像暨元首玉照，比照前三條規定辦理。但遇有公開集會必須懸掛僑居國國旗及該國元首玉照者，依外交部之規定辦理。
第6條	本辦法自發布日施行。

該法於1948年10月8日頒布，並於2002年7月1日（禮拜一）廢止
條文中空格為原始條文所有，非作者加添

 現改由〈國旗國父遺像及元首玉照懸掛要點〉所取代

該法為2002年6月26日（禮拜三）頒布，2008年5月20日修正

〈國旗國父遺像及元首玉照懸掛要點〉
一、各級政府機關（構）、公立學校懸掛國旗、國父遺像及元首玉照，依本要點規定辦理。
二、各級政府機關（構）、公立學校之禮堂及其他集會場所之正面中央應懸掛國旗，其下懸掛國父遺像。 下列政府機關（構）除依前項懸掛國旗及國父遺像外，並於國旗及國父遺像對面懸掛元首玉照： ㈠ 外交部。㈡國防部及所屬各機關（構）、部隊及學校。㈢僑務委員會。㈣行政院新聞局。㈤各國際航空站。㈥駐外使領館、代表處、辦事處、其他外交部授權機構（以下簡稱駐外館處）及其他政府機關駐外機構。
三、僑團懸掛國旗及國父遺像，由駐外館處或駐外人員轉知其比照本要點規定辦理。但公開集會必須懸掛僑居國國旗及該國元首玉照者，依外交部規定辦理。
四、各級政府機關（構）、公立學校辦理國際性或兩岸交流活動或會議，懸掛國旗、國父遺像或元首玉照，應依相關法令規定辦理。必要時，由各該活動或會議主管機關徵詢外交部或行政院大陸委員會意見辦理，不得有損及國家尊嚴之情事。
五、民間機構、團體及私立學校懸掛國旗及國父遺像，得比照本要點規定辦理。

條文來源：內政部全國法規資料庫

UNIT 6.11
教室的權力符碼

根據前文R. Hodge \ G. Kress所言，關於空間作為符號的指稱，這種概念與一般對教室權力的建構有關。教室所具有的結構，可以反映特殊權力機關場所中對知識——權威間的權力建構。

首先我們注意到，教室在學校的空間分隔是一種孤立的狀態，雖然每間教室的隔壁都是教室，但比鄰而立的教室之間卻透過門窗的分野從而建立起這種孤立狀態。此時不論門窗關閉與否，都可以建立起教室內人員在精神與心理上的疆界化。疆界化的目的在於使教室內的學生，從身分上認定自己屬於此空間場域，並且具有服從於授課或教學權力之義務，已讓自己成為教育權力上的被支配者。疆界化也讓教師視自己為此教育空間內的權力支配者：雖然這種權力支配與知識專業性多少也有關係。老師——學生在教室內的身分，包括支配者／受支配者之身分建立就是依據教室空間所建構，並且透過校園圍牆的再疆界化，進一步再強化身分與角色的認同。這種角色認同，在教室結構建構出的中心化概念，也就是整間教室的權力中心所在位置，並且透過教室內不同符碼再一次強化。

教室作為每個學習場的標準配置，雖然在尺寸大小、課桌椅擺設方式、採光程度、以及教室門窗位置上有所不同，但這些差異性卻不會讓人無法清楚分辨出自己所在的地點就是教室。教室內的特殊結構，包含空間上與其他教室或是外在校園空間的隔離、教室內課桌椅的安排與數量、講台的設計與擺設、講桌置放與黑板的位置等，都可以透過教室作為一個「整體」而形成一定的特定結構，並強化了教室的權力中心。

我們以教室內的符碼為例：通常課桌椅被安排成相同朝向黑板的方向，且井然有序。這種井然有序在高中（含）以下透過學校清潔比賽強化，若在大專院校則將此規定由比賽方式轉變為生活公約型態。課桌椅之所以擺放於相同方向，讓學生得以正面朝向講桌與黑板，是因透過面對之方向以象徵符號建構起授課教師在知識上的權威。透過講桌與講台之設計，其高度上的落差，讓所有學生必須將視線投射往教師位置所在——反過來所有學生也在教師的視野內。這種權力的集中是透過高低落差的產生加以建構。

教室的權威總是透過學校校園的獨立性與封閉性得到建構上的封閉；教室權力的中心化後，諸多教室內的設施也被轉換為權力宰制的符碼，且配合著整體教育制度、與校園內被認定為理所當然的制度與符碼產生差異。例如我們前一節所提到，校園內曾經被要求懸掛國旗與元首玉照，甚至一度延伸至需將正副元首印製於畢業紀念冊上。此外，校規、上下課時間、放假天數的多寡、或是特定節日的紀念性也呈現出這種透過符碼強化權力的運作。這種權力／權威／知識的關係，隨著嚴謹的制度化而更為穩固，而且任何進入此權力宰制體系的個體，都必須遵守校園內制訂規範的內容：在此我們注意到身分與權力在空間場域中的交錯關係，這種關係呈現在「老師與學生應該要有自己的樣子」。（莊文瑞，1996；黃鼎元，2021）

校園──教室的權力符碼

學校透過圍牆建構起空間區隔，並依此維繫校園內的特殊權力結構。這種權力結構可透過各縣市「市立高級中等以下學校校園場地開放使用管理辦法」得到證明。除了透過圍牆建立起空間──權力的關係外，校園／教室內也有其他符碼可做為權力的象徵符號。

符碼	意義
教室空間	不同教室透過空間的區隔，形成屬於自己班級的世界，建構起各自班級文化或「班風」。
門窗	與整齊劃一的課桌椅原則上呈垂直狀態，透過區隔使學生必須專注於教室內的權力中心。
黑板	作為知識專業的象徵符號，類似符碼包括教室裡的電腦與電腦連線的投影設備。
講桌講台	類似邊沁環形監獄的中央控制塔之作用，具有資格＝被認可的人才可以站在此處，並透過使用黑板（與相關代表知識專業電子產品類之符碼），強化授課教師的權力中心。
姿勢	授課教師站著，班級學生坐著。雙方姿勢以高──低表現出權力落差，並且以姿勢重現邊沁環形監獄之結構。
任命	班級內的幹部任命，雖然可能採自願／（民主）選舉的方式，但最後還是需要由老師（或導師）肯定態度。老師或導師有時仍具有推翻的權力。
班規	雖然大部分班級是在校規的前提下再訂規定，但各班班級的班規仍有不同。
制服	穿制服通常被認為是威權的象徵，並建構起「制服＝威權」極其反面不穿制服＝自由。此處產生正反雙方不同主張： 1. 穿制服＝服從權威。威權式教育的體制下，制服可以做為階級壓迫的工具。 2. 不穿制服＝讓一個學生擁有對自己負責的目標。 制服的主要作用應該是下述兩者：首先是區分「我們」與「他者」間的關係（我們可以用維持差異來描述），其次定規出我們的權利與義務（我們可以用獲得權益加以指稱）。

空間／教育哲學關係

有鑑於空間與權力之間的關係，一些打破空間疆界的教育理念被提出。例如人本主義的教育哲學中「開放的教室」之主張，目的在打破傳統教室的空間僵化，以利提供新的學校與教育經驗。雖然還是一個有形的教室，但是教室內桌子分布與空間規劃都與傳統教室不同。老師在此不再是知識權力的專制或宰制，而是陪伴的角色。老師的角色不在控制學生，而是促使他們自由選擇或追求有興趣的學問。這樣的教室空間裡，學生是依據自己的感覺進行工作而不是順從別人的期待，老師應該學著體會學生的個別差異。（Knight，2020：125-6）

城市空間的符號問題

城市符號學（urban semiotics）是基於社會符號學，城市空間、建築與規劃作為符號以探求其內在意涵的一種研究，對於都市空間使用、規劃或更新的發展可以產生有意義的探究。由於此領域涉及範圍與領域較大，本書作為概論性討論，僅以Timothy Shortell / Jerry Krase的論文〈地點、空間、身分：全球城市中城市地方語言的空間符號學〉（Place, Space, Identity: A Spatial Semiotics of the Urban Vernacular in Global Cities）與Jasenka Cakaric的論文〈城市空間的符號學範式〉（Paradigm of the urban space semiotics）為例，概略說明此領域對空間符號的思考與探究。

一、城市空間的意義建構

一座城市在我們的語言中有其特定代表內容：不論這個指稱是好是壞，或者來自誤解或意義重構。例如羅大佑〈鹿港小鎮〉和林強〈向前走〉兩首作品對臺北有不同的描述，即為不同解讀主體對同一空間符號意義的理解。但是一座城市作為一個空間符號，其建構的的過程是逐漸累積，且富有歷史意義的結果：我們可以Saussure的歷時性概念來理解一座城市本身作為符號的意義轉變，也可以對其中一個特定部分進行歷史演進的考察。

城市空間的環境是一個符號系統，其允許內在的住民透過空間規劃、藝術或建築等不同方式：這些解讀可以是以物理結構的方式對一座城市加以理解，評估其景觀是否清晰易讀。都市空間符號若以一個一個的典範來理解時，是從想像過渡到現實，從無限多種可能性規劃出符合規畫需求結果的符號產物。唯有居住在這座城市

裡面的住民才有足夠經驗為這些建構與非建構的結果提出合理的聯繫。

二、有意義的空間與身分的保持

每個都市有自己空間使用的方式，但這些空間的使用也會受到城市住民及其建築方式的影響而產生改變。即便只是一般人，也可以在生活過程中改變空間的使用意義。空間的使用受到住民／規劃者雙方面的影響，從而產生都更、拆遷等對空間符號進行改變的實踐。所有居住地的景觀都是受建構的社會環境，是住民們所使用的「居住空間」，因此在其中可以發現族群自我身分認同的意義與符號：包括視覺的、有意義的代碼、在衣服與食物上所表達的獨特文化習慣。這種現象在臺灣過往可於眷村中看到，或在特定的「○○街」（韓國街、五分埔）發現。這種現象過往容易因歷史因素（如戰亂、移民）產生，現在則因全球化的緣故，使得身分對空間意義的保持產生變化。

各種不同地區的景觀，是基於全球化、都市化與住民移入的力量，建構出一個城市風貌。當人離開自己了自己原本的住處，他們會將過往的文化淺移默化移入新的居住地點：這種移入並非立即性改變，而是在生活中重新建構出原本屬於他們的文化內涵。在任何城市中，新搬入的居民會透過不同方式融入移入的城市，既保持著自己的文化，又與在地住民結合。Timothy Shortell / Jerry Krase透過大量照片的比對證明，即便經濟階層相較弱勢的族群，也可以透過他們的存在以及這樣存在樣貌賦予社會空間意義上的豐富性，在外地空間建立屬於自己的本土內涵。

影響城市空間符號的因素

　　為城市空間賦予意義的可能因素有許多，以下以Jasenka Cakaric的研究為例，說名從四個面向討論城市空間符號受到影響的可能性。

創造——文化學的文脈	城市空間結構設計過程原則上遵循了符號學的文化典範，並允許其設計過程中進行必要的調整。這種調整預設在城市空間理解的情況下對文化進行多重編碼。在實際實踐與城市空間結構互相融合的多重因素影響下，城市空間盡可能透過可普遍性的方式呈現出對住民需求的滿足，並在將城市空間視為一種符號性的文化景觀時，決定了其對其中住民生活各層面的影響。因此，當城市空間及環境作為一種城市文化模式的語言隱喻時，其可作為一種新的文化模式，透過視覺——審美內容呈現出符號文化景觀的關係，並將這種對人類行為及其環境關聯性的設計應用在實際生活當中。
社會、政治與意識形態關係的影響	城市空間作為一種文脈，能夠反映設計者與實踐者對於人或空間的態度，並可以透過這樣的方式塑造人類行為，甚至給出政治上的承諾。所以我們可以將當前所在的城市空間，視為社會、政治和意識形態意義在地理位置上的濃縮，並透過建築物的相對位置、命名以及空間使用方式加以理解。城市的空間是意識形態、政治、社會和文化影響的表達場所，其意義通過聯繫於這些要素對城市空間符號學意義的隱喻而得以顯露出來，從而表明人作為一個社會性的主體，如何在物質的城市中體驗並解釋符號，建立社會關係的文化表徵。
經濟的影響	經濟對城市的發展，尤其空間的開發、價值與意義有其強烈影響，例如熱鬧區域的轉移。在當代全球化的經濟浪潮下，城市也受到這種影響力的干預，尤其城市規劃、建築建構與環境轉型過程中，不同建物的外觀作為符號就表現某些空間內住民的經濟趨勢。為此，城市空間的設計，作為社會、經濟和文化環境的共同框架，可與源於盈利願望的私人氛圍有關。一個例證及為蛋黃區與蛋白區的區分。
不同族群的影響	城市空間是由住民（甚至個人）主觀或客觀地賦予意義的地方，所以對這個城市在物理意義上的體驗能夠與人群活動彼此協調。這裡涉及到現實空間——想像世界間的差異，例如對旅遊者來說特定節慶可以代表這個城市住民族群對物理空間的使用。但另一方面，特定族群在分享城市空間時是否產生族群間價值義的衝突，也是城市空間意義架構的挑戰。尤其在公共空間私有下的情況下，當不同監督機制介入對空間分配或決定意義時，可能造成社會群體邊緣化，或城市空間的價值分層。新產生的社會秩序在空間的使用權力上清楚劃分人群身分（例如有錢人與窮人、原住民與新住民、可進入與不可進入）。為此，城市空間的符號意義不僅僅是由物理結構（例如建築）所構成，而是由不同的社會實踐（例如身分與鉅及）所決定。

上表根據Jasenka Cakaric（2017）論文所整理。

UNIT **6.13** 空間的正義問題

從前一節關於城市空間的討論,我們注意到其空間的使用與意義會基於不同住民而產生改變。但物理空間是有限的,如何在其空間使用上取得平衡並顧慮到所有住民的需求,即成為空間正義問題:此即為我們在6.2所提對空間討論的第三義內容。

一、正義的概念

空間正義的問題涉及對正義概念的界定。「正義」是一個內涵豐富但意義複雜的概念,為了討論上的方便,我們在此以「Aristotle——Thomas Aquinas模式」所討論的正義概念作為基礎。(黃鼎元,2013)在Aristotle那裡,空間屬於自然哲學的範疇,屬於依附體之一;而正義屬於倫理學的領域。若我們以Aristotle關於倫理學中那種中庸核心概念作為基礎,那麼正義實踐就應該符合中庸的概念。依此論點,我們可以將其應用在對空間使用上的討論,並透過目的論的概念對正義論的使用。到了中世紀,正義的概念是人之所以為人在道德上重要而且不能被忽視的一個部分,是屬於四樞德之一。尤其在Thomas的哲學體系,正義之作為屬於倫理中德行之一部,屬於實踐智慧之一種。其目的在於將道德的普遍真理應用在生活中的個別事物上,以滿全人的善願與正當目的。義德就其本身來說在於敦促人之意志去實踐個人應得之物。(潘小慧,2003)應得之物蘊含著前面所提恰如其份之概念:因為為此主體於其本分內可得之內容。上述論述對後論空間正義的實踐有若干程度的重要性。

二、空間正義的實踐問題

上述的討論我們可以以「恰如其份」作為對整體空間分配的基本原則:恰如其份意謂著一種中庸的形式。若依據正義最基本兩項形式,分配正義與交換正義的概念來說,交換正義預設著價值上的恰如其份,分配正義則意謂著每個人按適當比例得到應有之那一份。以上的理論雖然合理,但在實際的實踐中卻並非我們所想像的那麼容易。即便要從恰如其份的概念作為空間正義的基礎出發,空間使用上的若干問題會被特別凸顯。舉例來說,紅綠燈燈號的等待秒數,就整體空間通行權利來說,雖然可能是合理規劃(此處我們暫時排除因應特殊狀況所產生的特殊規劃,如交通顛峰時間由員警依據路口狀況進行實際狀況調整),但用路人可能會認為特定路口等待時間過久,並因涉及個體對長短感受性差異所產生情緒性感受。

因此,空間正義在實際實踐上會因為幾項緣故產生矛盾衝突:

1. 同一地區住民與規畫者間對空間意義賦予落差產生的差異:物理意義的空間既然是固定的,對於空間及其意義之間的重疊就造成空間在第二義與第三義改變時的矛盾狀況,其呈現方式為支持與反對間的對抗。

2. 如前所言,城市會有文化陌生人的移入,文化陌生人對空間的使用與原本住民間的差異也會產生空間與意義間在實踐方面的認知差別。

3. 固定空間中既要容納人群又要包含自然,在人類使用與自然生態維護的過程中產生意義的矛盾對立,具體呈現為開發與非開發上的對立。

空間的意義與正義的問題

左頁所提到關於空間正義上的矛盾問題，以下進一步說明與舉例

1. 空間意義賦予的落差	都市在發展過程中產生屬於自己的記憶，並以特定物理結構作為符號加以承載。但在發展過程中，空間均有因應實際需求產生重構或重組的可能。矛盾衝突即發生於此處重組過程內。 臺灣過去常聽聞的土地爭議案件，多與此處有關。例如發生在苗栗的大埔徵收案，發生在臺北士林的文林苑都市更新爭議，以及發生在臺南的臺南市區鐵路地下化計畫。這類抗爭只要在城市發展過程中都有碰到的可能，例如日本的成田機場問題：成田市三里塚地區反對與抗議的「三里塚鬥爭」至今仍在持續。
2. 文化陌生人的移入對空間意義的改變	當都市接收新的文化進入，新文化並未被專門規畫在特定區域（例如早年眷村，或將撤退軍民安置於○○新村之類的作法），而是緩慢進入並被帶入背景文化符號時，空間的意義可能產生原有住民未曾想到的實踐方式。例如臺鐵臺北火車站車站大廳中聚集並席地而坐的外移移工。
3. 相同空間內同時包容人與自然之間的對立	人類在開發空間的過程中不可避免產生與自然環境及生態的衝突，在破壞棲息地的過程中，產生人類中心主義對世界的理解結果，如印度查姆帕瓦特之虎攻擊236人，或日本北海道三毛別棕熊襲擊事件。

範例：寵物友善空間

眷養寵物的家庭同時具有上述三種狀態對空間的需求

3. 相同空間內同時包容人與自然之間的對立	在都市眷養動物，需要同時兼顧社會群體、飼主與非飼主需求。這種對立特別表現在犬隻吠叫引發的爭議上。
2. 文化陌生人的移入對空間意義的改變	臺灣在2020年已出現寵物比人類小孩多的情況，此類擁有寵物者以「毛小孩」稱呼寵物，並形成另一類文化族群：此即對原本住民而言的文化陌生人。為此，若開放適當比例性的空間給予飼主與寵物即為對空間使用意義的改變，從人的使用轉為動物的使用。
1. 空間意義賦予的落差	寵物友善空間除了權利上要求外（例如要求按比例給予寵物搭乘大眾交通運輸的權利），並期望人類居住所在能給予動物與寵物一定程度上的活動空間，以利寵物活動。此外，部分都市空間被規畫作為寵物可散步公園，或被設置為流浪動物收容場所。這些對空間的使用即為空間意義賦予的落差——尤其對動物有敵意的住民。

UNIT 6.14
指向未來的空間

空間可以承載過去的記憶（例如在城市空間內留下特定過往建築），或作為使用者當下與其他存在者間的意義產生。空間相同可以承載意義以作為對未來的指稱。於現世來說例如建築藍圖或都市更新，於宗教上則可指向末世或超越的聖界。

一、指向未來的意義

空間建築及意義的比對，可以透過照片今昔對比得出內容：我們常見到同一地點的老照片，或是對某個地點提出規劃的藍圖。就此來說，空間的第一義確實是透過第二義而產出第三義：那是相同的空間，但因為其上物件或符碼（例如建築物的改變與重建）所以產出新的意義詮釋。為此，現在空間上的物件能夠被用以指向未來，即便其尚不存在或還未有所改變。在此，空間成為一種可承載與未來意義相關的符號載體，並同時具有實際與抽象兩個層次。實際的部分，是作為土地的物理環境與意義，其以物理方式確實存在在那裡；抽象的部分，則是作為可能被改變而上不存在的物件，以概念方式存在於我們的認知內。這樣的描述是物理世界轉變為周圍世界的一個範例。

二、作為範例：聖經中的分地行為

現存舊約聖經中，有許多地方提及對空間的描述，不論是神聖建築空間，或是地理環境空間。其中最為特別的，出現在《以西結書》40-48章的經文——詳細內容請參考右頁——這段經文描述先知以西結在異象中看到聖殿與土地分配的內容。

關於這段經文在眾多解釋的理論中，有一種認為其內容遙指未來以色列人復興時，從對聖殿、國民（國家）乃至對整個土地的再詮釋與再理解。

支持這段經文作為未來藍圖的學者，常以其中所記載的各種尺寸與地理空間環境作為支持的理由。例如其中關於從聖殿中所流出的河流部分，從耶路撒冷算起2,000公尺之所在開始需要游泳，這意味著這條活水江河與耶路撒冷目前的整體地形與地質彼此配合可能性甚低——因此其中一種理解是空間的重新改變與分配。有的文獻，如《阿立斯體亞書信》（*Letter to Aristeas*），相信在耶路撒冷的環境下確實存在地理意義上的巨大水脈：該書信的作者提到，在那裡不但有湧流不斷的水，彷彿從活泉湧流而出，還有美妙得難以形容的地下水庫，在聖殿地基的一千碼範圍之內，有無數的水道從水庫流出，最後將在海邊匯合；這些往下沖的水流借著水壓和衝力，可以洗淨宰殺祭牲時所流出的大量血水。該作者聲稱，他在城外約800公尺處還看到可以儲水的水庫，並且可以聽到眾水匯聚時所發出的聲響。

這樣的描述嚴格來說是不可能的：因為那裡確實沒有這種水脈的存在。如果我們考慮到宗教內水作為潔淨的符號（參見4.15），那麼這條河就具有象徵意義：因為舊約聖經中，河流／河水作為福分的流出是一種被通用的象徵符號。為此，這個空間上橫空出世的河流，既可以在空間上指向未來，又可以在教義上指向新的生命。

空間作為指向未來的符號

根據《以西結書》40-48章，先知以西結以一整段對地理與宗教建築的文字描述未來的可能性：

40：1-4引言：被擄第25年，先知被引領觀看聖殿＝神的同在	
主軸一：以空間表達更新	**主軸二：以空間表達聖潔**
40：1-42：20新的聖殿 40：4-27外院 40：28-47內院 40：48-41：26聖殿與至聖所 42：1-14南北兩側三層聖屋 42：15-20整體面積	43：1-12 神的榮耀重返聖潔的聖殿
43：13-27 新的祭壇及啓用	44：1-31 君王、利未人（拿細耳人）與祭司過聖潔的生活 ＝不可重複過往罪惡
45：1-8新的分別爲聖之地	45：9-24聖潔的律例與子民 45：9-12聖潔的量器＝公平 45：13-17聖潔的供物 45：18-46：13聖潔的節期 46：14-18聖潔的條例 46：19-24聖潔條例的實例：屋子
47：1-12新的活水江河 這裡有聖殿下湧出，經祭壇下方流出恩澤萬民	47：13-35a聖潔的國度 47：13-23新國度的地界 48：1-29各支派的分地 48：30-35a城門上的支派名稱
48：35b-c 結論：歸神爲聖，屬神子民	

其中這一整區按照南北地界進行12支派的分配與整個土地安排

若是按照表面字義計算，整個聖殿比今日耶路撒冷全城面積更大，即便只爲祭司與利未人所保留的土地也大於今日的巴勒斯坦。所以一種可能的解釋爲千禧年耶穌基督再臨後的巴勒斯坦，地形地貌已全然改變的結果。所以此處記載並非建築藍圖，建地的問題應也不應以現在的實際地理環境做思考背景。除聖殿所處的地形已然改變外，河流的出現也在於表明地形地貌甚至地質不再相同，因爲包括現在所謂的死海也將產生改變。

符號倫理學

•••••••••••••••••••••••••••••••••••• 章節體系架構 ▼

UNIT 7.1
符號倫理學的基礎

符號倫理學的概念在上世界80年代已經被提出，但這個詞（semioethics）最早是於2003年由Susan Petrilli與Augusto Ponzio所提出。他們提出的目的是為了一種研究方式加以命名。他們注意到，現在已經進入全球化的時代，任何人只要有所決定就必然影響到其他人的命運，而且做為一個人不可以也不可能對他人命運視若無睹。因此，我們需要一種新的研究方式或態度，能夠處理在全球化視野下人類如何透過符號的應用，達成關懷生命的目標。在這個意義上，符號倫理學並不是以自身為目的的學科，而是一種研究中的視角或是傾向。（Petrilli \ Ponzio, 2013：169）

一、符號倫理學的基礎

符號倫理學的被提出是根據符號學最根本意義而有。我們在第一章曾提到，Sebeok透過希波克拉底斯對病徵的研究，建立現代對符號學的理解與認知。如果仔細考究希波克拉底斯對病徵的研究，我們會發現有兩個重要的意義：（Petrilli \ Ponzio，2013：169-170）

1. 對病徵的研究橫跨過去（這病是如何發生的）、現在（診斷當下的徵狀為何）與未來（應該如何診治）。

2. 根據第一點，符號與生命之間具有關聯性：在希波克拉底斯那邊是病徵與生命間的健康關係，在符號學內則是指符號活動與生命健康間的交疊作用。所以當符號倫理學被認為與維繫這個星球整體生命的生命健康上有關時，它不僅是恢復符號學作為病徵學實踐的古代意義，也是作為一般符號學研究這個世界的內容。在此角度，符號學即為符號倫理學。

我們現在所討論的符號倫理學是Petrilli／Ponzio及John Deely說明地球（甚至宇宙）的指號作用而成。Deely提出兩個符號倫理學成立的前提，第一個是關於人類定義的改變，第二個則是全球化視野下的符號意義。

二、第一個前提：人類定義的改變

我們在這一節先說明：第一個前提，即對人類定義的改變。Deely提示我們，人類的定義最早是從古希臘哲學家Aristotle開始，他為人給出的定義，即我們所熟悉「人是有理性的動物」，後來被沿用到中世紀，以及對符號學有重要影響的班索特著作中。到了Descartes，人被視為一種應為能應用理性所以能夠思維的存在物；這樣的定義到了Kant那裡又翻轉為觀念論的概念，強調事實的樣貌是我們心智結構所構成的。可是這樣的定義已遠遠不足以處理人類與符號間的關係，所以Deely認為人類首先應該是符號動物，因為人類是唯一不僅應用符號且知道有符號存在，甚至可以賦予符號意義的動物。但是更進一步，當人類認識自己能透過心智及理性使用符號，並能認知這種認識結果將透過指號作用影響到人類自己，以及人類自身以外的生命時，人類就成為符號倫理動物。因為不論人類願不願意，都必須肩負起這種對因為使用符號而在全球化（甚至對宇宙中的存在物）下，產生影響的實際結果。

符號倫理學的基礎之一：人類定義的改變

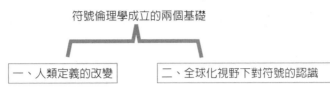

與符號學相關的人類定義發展可整理爲下表

定義	定義的內容
人是有理性的動物	由古希臘哲學家Aristotle所提，後來成爲中世紀（甚至現代）最著名的定義之一。在此基礎，以下等式得以成立：「人類作爲一種動物＝有智慧的動物＝普菲利歐斯之樹的有理性動物＝中世紀所謂會推理動物」。 中世紀從Thomas Aquinas——Poinsot這一路對邏輯、文字與符號的理解，都根據此一定義作爲討論基礎。
人是一種能應用理性而能思維的存在物	由Descartes提出，此定義是根據他在探討清晰明確知識時，根據「我思故我在」所提出的內容。然而因爲我思故我在產生心物二元難題，此難題日後在康德那裡獲得解答且產出關於人的不同定義。（黃鼎元，2021：144-149）
人是一種事實樣貌由心智結構構成的存在	Kant透過觀念論的理解，進行知識論上的哥白尼革命，將認識能力的條件放置於人的心靈內。
人是使用象徵的動物	由Cassier提出，強調人類使用符號與象徵開拓自身的存在價值。
人是一種符號動物	人類是唯一不僅應用符號且知道有符號存在，甚至可以賦予符號意義的動物。符號學呼喚出人類對世界與事物定義的天性。（Deely，2012：244）
人是一種符號倫理動物	由Petrilli／Ponzio提出。符號不只是地球，還包括宇宙，因爲符號動物正將地球以外空間擴展爲自己的生命世界，建構起覆蓋全球的指號過程。（Deely，2012：254）

John Deely認爲「人類作爲理性動物不代表人類就是符號動物」，理由是：

1. 符號動物的理智獨特性在於能把握事物之間的關係，且不認爲那是碰巧發生。
2. 符號動物能通過把自身認同的關係引進周圍世界，讓周圍世界變成自己的生命世界。
3. 符號動物成立的先決條件：是一種能分辨不同對象和事物的理性動物。（Deely，2012：251-252）

UNIT **7.2**
全球化視野下的符號學系統

符號倫理學要能成立，除了人類定義的改變外，第二個前提則是全球化所導致人類無法獨善其身，因為任何符號的產生及運用都可能造成其他物種（甚至包括對於地球）的傷害。

一、全球化的意義

我們通常是從文化以及政經角度理解全球化的影響。當我們的整個世界都在溝通與交流的過程中，符的分析就不能只是短視近利，或不考慮全球的範圍而建構關於符號的理論模型。但是溝通本身也帶有風險，這種風險也可能回頭破壞溝通及交流。這種破壞包括透過簡單用詞，或詞不達意的符號，從而產生的「不可溝通性」。我們可以將之理解為符號訊息過度簡化，或是意義的削弱。但溝通理論在此有時也被批評為過於簡化溝通過程中，生物參與其中的複雜性：我們所看到的全球化溝通交流有可能只是基於理性而被表象化的結果。所以，當符號倫理學強調全球化時，要求以他人的思考與地位來理解他人的思維，也就是透過對話的方式在彼此之間的對話關係中產生理解。這種理解預設著「溝通──主體」間的關係，因為人的存在，就是溝通／言說／思想表達的總和。而當我們要溝通時，又預設了我的存在，即讓身體作為體驗的邊界與意識的體現。

在這種溝通的前提下，人的理性與感性是同時進行溝通的作用。過往我們強調溝通中的理性，並認為感性可能妨礙溝通及交流。為此，符號倫理學提出母親意識（mother-consciouness），以強調對於意義的認識。

二、母親意識

在符號倫理學的理論中，母親意識是與父親理性（father-reason）彼此相對。這種「父親──母親」對比於「理性──感性」的關係，在過往男女兩性對立間時常被提到。但是當我們處在全球化的情況下，在溝通的需求下，我們同時使用理性與感性兩方面獲得符號的意義。之所以提出這樣的理解，是因為Victoria Welby指出，意義發生的產生過程與對意義解釋的兩種基本認知形式之間差異究竟何在？（雖然她以父親與母親做為對比，但其實她所表達的意義跨越性別差異。）意義發生的產生過程與對意義的解釋其實嚴格來說密切相關。

Welby在使用母親意識時，是指意識的產生和批判能力的由來。她另外也使用「母親的機智」（Mother-wit）來表達我們在擁有或被喚回直覺前之認知條件。不論母親意識或母親的機智，都在於表達人類做為群體所特有的一種能力，是超越世代的「種族知識」，也是人類所共有的智慧產物──因為從歷史或社會的角度來看，婦女通常是這種智慧產物的傳遞者。這種母親意識也強調邏輯思維中，符號扮演的主導性角色。

總而言之，溝通當中所使用的符號，不再只是人類自己使用的語詞。在全球化的前提下，生命與生命之間彼此互相影響。這種互相影響也證明了整個世界作為一種溝通系統所表現的複雜性。這種複雜性可以從Deely所提出的四層符號學架構看出，而他所提出的架構也成為建構符號倫理學的基礎。

符號倫理學的基礎之二：全球化視野下對符號的認識

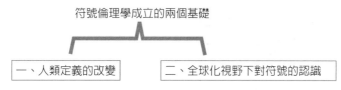

符號倫理學成立的兩個基礎

一、人類定義的改變　　　二、全球化視野下對符號的認識

全球化概念中對母親意識的強調以及對比於父親意識

父親意識	母親意識
理智的	感受的
被委託於男性管理的知識	被交付給女性傳遞的智慧
理性辯證	感性的愛
認知能力	體會意義

強調母親意識同時涉及符號在實踐上的理想與現實兩個層面，因為符號能被合理與正確的認知有賴於在現實生活中的歷時性與共時性內容。這種區分是為了凸顯符號運作上的 全球性 。

 全球化的牽一髮動全身，可以透過SDGs（聯合國永續發展目標）作為例證。

1. 消除各地一切形式的貧窮。
2. 消除飢餓，達成糧食安全，改善營養及促進永續農業。
3. 確保健康及促進各年齡層的福祉。
4. 確保有教無類、公平以及高品質的教育，及提倡終身學習。
5. 實現兩性平等，並賦予所有婦女權力。
6. 確保所有人都能享有水及衛生及其永續管理。
7. 確保所有的人都可取得負擔的起、可靠的、永續的，以及現代的能源。
8. 促進包容且永續的經濟成長，達到全面且生產力的就業，讓每一個人都有一份好工作。
9. 建立具有韌性的基礎建設，促進包容且永續的工業，並加速創新。
10. 減少國內及國家間不平等。
11. 促使城市與人類居住具包容、安全、韌性及永續性。
12. 確保永續的消費與生產模式。
13. 採取緊急措施以因應氣候變遷及其影響。
14. 保育及永續利用海洋與海洋資源，以確保永續發展。
15. 保護、維護及促進領地生態系統的永續使用，永續的管理森林，對抗沙漠化，終止及逆轉土地劣化，並遏止生物多樣性的喪失。
16. 促進和平且包容的社會，以落實永續發展；提供司法管道給所有人；在所有的階層建立有效的、負責的且包容的制度。
17. 強化永續發展執行方法及活化永續發展全球夥伴關係。

17項指標項目之翻譯乃依據中華民國行政院國家發展委員會之中文翻譯

UNIT 7.3
物理指號作用

四層指號結構的建構見於Deely在《符號學基礎》（*Basics of Semiotics*）書所提出的內容，該結構可以證明全球化視野下，溝通與交流的複雜性。因為使用符號的，不只有人類，還包括大自然與動植物。四層指號結構指從物理、植物、動物乃到人類，每層次都有屬於自身物種對符號使用及指號作用之內容。Deely認為，符號及其作用與存在間具有一致性。這四層指號作用的差異並非是物種上的差異，而是在於符號傳遞過程中有無（明確）接收者，以及根據符號所產出之意義建立的程度。

一、物理指號作用的基礎

物理指號作用（physiosemiosis）指我們所處的物理宇宙，其自身帶有指號過程，並具有朝向目的前進的符號作用。或許有人對此產生疑惑：我們的宇宙究竟以如何指號作用產生符號？這種指號作用有兩個（根據Peirce之論點所提出的）基礎：

1. 若根據Peirce所言，現存的物件是從它未來存在的實現存在的意義。

2. 即便沒有接收者，符號的作用依然以潛在方式存在。Peirce曾為說明符號的作用，產生所謂「棄卒保車」（Sop to cerberus）狀況：因為Peirce希望他人可以明白指號作用內容，所以還是提出符號接收者的概念。但事實上，Peirce在討論中以明示，物理符號指稱作用本身就是對宇宙的宏大構思，而且傳遞者——接受者雙方不一定必須是人，甚至不一定需要是有生命的存在者，因為指號作用的重心在接收行為。如果符號的存在本身並不需要人類的認知\經驗活動唯存在前提，那麼即便不具生命的存在者也具有指號作用，只是這種指號作用預設對於符號理解的不同方式。

二、物理指號作用的內容

根據Poinsot——Deely對物理指號作用的理解，物理指號作用的特點為：（Deely，2012：126-129）

1. 符號的潛在性遍布整個大自然，而不只是有生命存在者的專利。在物理指號作用的過程中，符號並非不存在，而是以潛在方式存在。

2. 因為這種指號過程是潛在的，所以存在方式先於認知生命。既然其存在先於認知生命，就不受限於實現互動中的反應與被反應關係。

3. 關於符號可作為前瞻之內涵，其預告的作用如下：

   ⑴ 特定物體的互動中。超出並高於從互動中產生的因果關係，都會使身處此符號作用內的對象，依其自身本質對行為提出詮釋或曲解的意義。

   ⑵ 在對象和詮釋項之間，會因符號作用產出表象關係，這個關係在未來可能產生變化。

根據物理指號作用，物理的宇宙有一超出並高於個別物體的互動宏觀建構過程，這個過程的發生具有方向與目的，並傾向於建立起使潛在符號指號作用日益接近現實的條件。

物理指號作用

根據Deely的說法（Deely，2012：117-130），物理指號作用與宇宙整體有關。

基本前提

符號的指號作用不一定需要接收者，而是可以潛在方式進行符號指涉

宇宙作為巨大的符號系統

1. 我們所處的宇宙應該被視為一個完整符號系統。
2. 系統內各物件的關係：一方面彼此衝突，一方面個別物件是依據其內在性質進一步規定與其他物件之間的互動。
3. 整個系統是依據符號性質而建構起的完整潛在符號網絡＝宇宙作為完整符號系統無處不受潛在符號作用因果性產生的影響。
4. 整個宇宙的範疇與關係能被確定，是因為其中的符號作用依賴了因果性。

作為基礎：Peirce對符號的理解

1. 定義：任何一個被B所規定的A，A在規定著C的同時使得C間接地被B所規定。
2. 「棄卒保車」的問題：因他擔心大眾無法理解他所設想到關於物理符號在世界中的指稱作用，所以還是預設符號是「某個人」掌握\施加的結果。
3. 作為修正：指號作用不一定需要接收者，可以潛在方式存在。

所以符號的定義可以是

任何一個被B所規定的A，A在規定著C的同時使得C間接地被B所規定。（Peirce的定義）＝當B規定A，A由於被B規定而規定C時，C在被A直接規定時也被B以媒介方式規定。（Deely的定義）

1. 作為範例：遺傳科學。遺傳代碼可被視為人與動物所使用傳遞信號的系統中，最為根本的原型，若我們嘗試理解這種個系統網絡時，我們或許能理解生命的定義。
2. 「潛在」意謂符號在此有傳遞出來，只是缺乏接收者與溝通的訊息。

為物理指號作用定位

1. 物理指號作用是四層符號系統\符號倫理學的基礎，因為物理指號作用在日後預備環境從而引起生命層次與認知生命層次。
2. 物理指號作用具有邁向生命世界的重要性。演化說的論點並非演化本身，而是透過過往關注某物未來實現上的意義。
3. 是一種根本但隨機性的間歇作用：因為此階段符號充滿全世界。

UNIT 7.4 植物指號作用

植物被認為具有指號作用，可稱為植物指號作用（phytosemiosis）。其與植物具有生命有關。根據Peirce對符號與指號作用的理解，若指號作用與符號不必具有接受者，那麼當植物面對外在世界時也相同會有我們所說的符號：不過並非單純生物上的刺激——反應關聯，而是植物為維繫生命存續所產生的符號三元關係。

一、不是單純生命反應的指號作用

植物有生命是一不爭的事實，Deely認為植物的出現與整個宇宙的物理指號作用有關：在物理指號作用中，宇宙被預備為能讓未來生命出現的整體場域，這種準備可以被稱為合目的性（或者要聯想為演化說也並非不可）。植物就是這種生命出現的第一步；而在所有指號作用中，有生命的指號作用與物理指號作用確實不同。植物基於外在刺激產生反應是植物指號作用的一種，但不能被認為就是植物指號作用的全部。Deely認為，這種狀態與一般生命／個別植物在實際面對生命時的反應有關。過往這種反應可透過Aristotle——Thomas Aquinas對生魂（anima）的解釋，因為生魂作為生命創造的一種能力，首要工作是有計畫地使用生命能力繁衍自身種族。（Deely認為這是Thomas Aquinas在《亞里斯多德論靈魂註釋》*Commentary to De Anima*第347節中提出的說明。）這種反應到了現代則可透過基因與遺傳學而理解，即通過基因譜系的傳遞與適應，植物得以一代又一代的在這個生命的世界裡繁衍下去。（Deely，2012：130-135）

二、植物指號作用的內涵

植物指號過程實質上涵蓋了植物與植物之間，以及植物與動物之間的所有符號作用，只是指號過程的起源是在植物這一端。我們稱phytosemiosis為植物指號作用，其實更嚴謹來說應該是討論植物生命的符號學，也就是討論植物如何適應這個遍滿生命的世界，從而發展出生命的作用。Krampen（1981：187-209）認為關於植物生命的符號學有兩種可能的定義：

DF1：該學科被設想為一種可被獨立探索的領域，且與動物或人類符號系統等量齊觀，用以顯示植物符號作用的特殊性。

DF2：該學科作為整體符號系統的其中一環時，植物符號學能被包括在動物符號學的領域內。

Deely並不認同上述DF1，因為那將使不論植物指號作用或植物生命的符號學都得面對特定意指的作用，但事實上我們不確定植物的某些生命反應是否具有和人或動物相同的意指行為。所以Deely認為，植物生命的符號學應該具有以下兩面向：（Deely，2012：136-139）

1. 植物生命以潛在的符號指稱作用為特點，這種特點在物理符號的指稱中已經可以看到。

2. 人類應當也可以在具有明顯秩序性的地方，看到那些無處不在的符號指稱作用。一開始雖然是物理與植物這類貌似無接收者的符號傳遞，但既然宇宙是以符號為中心，則符號指稱作用就在整個自然界潛在的起了符號指號的作用。

植物指號作用

> 植物指號作用：生命出現後對整個世界的反應及作用
>
> 基礎
>
> ↕ 支持
>
> 物理指號做作用：指號作用作為生命出現的預備
> 是一種生命的合目的性

　作為基礎／支持，Deely認為無生命的物理世界依賴偶然事件實現它的未來取向，即預備生命指號作用的出現。進入有生命階層的指號作用，則是將偶然事件轉向並實現於未來。

植物指號作用的兩個範例

範例一：樹葉的形狀可被視爲是能指，雨滴及在其上滑落的路線可視爲所指。

範例二：Krampen的範例

　　植物——製造動物＼人類需要的氧氣——動物＼人類

　作為對應物　　　生命法則　　　　　肺部作用與呼吸

由此產出

> 植物指號作用＝ 植物生命的符號學

根據Krampen（1981）植物生命的符號學有兩個定義

> DF1：該學科被設想為一種可被獨立探索的領域，且與動物或人類符號系統等量齊觀。
> DF2：作為整體符號系統的其中一環時，植物符號學能被包括在動物符號學的領域內。

Deely對Krampen兩個定義的修正（Deely，2012：138-140）

針對第一個定義	針對第二個定義
宇宙被Deely稱為「以符號為中心」的系統。所以，我們可以把Aristotle「靈魂為某種方式的萬物」強化為「萬物都是某種方式的符號」。	雖然要將植物符號學與動物＼人類符號學等量齊觀確實有其困難，若將植物符號學視為基本原理，此等級就有一系列不可化約的區域，且都在最後一個層級內實現化。

推出結論

物符號學＝植物生命＋動物生命＋人類生命三種生命存在的共同放置

229

UNIT **7.5** 動物指號作用

動物具有辨識符號的能力，這個論點比前面兩個層次（物理指號作用與植物指號作用）容易理解。動物與人類在符號應用的差別在於：動物雖然與人類相同具有符號的指號作用，但唯有人類可以創造符號並建構符號的意義。

一、有意義的世界

我們身處在物理世界中，但物理世界並不等於可以被我們認識及理解。Deely以「外在世界的謬誤」稱呼這個現象：我們的思維不具空間性，而我們意識到的世界卻並非外在於我們的思維。雖然外在物理世界實際存在且不受人類的影響；但在人的意識中，物理世界被認識的方式卻會因人而異，因為人類意識中物理世界不僅僅只是一個物體，更是一個能夠被認識的對象。你看到一隻黃金獵犬，你可能會覺得那是一隻好大的狗；但筆者養過黃金獵犬，對這種狗的體型已經習慣了，不會覺得黃金獵犬體型有多大。黃金獵犬是一個客觀物理世界的存在，但是因為我們認識方式上不同，產生了不同的意義。（Deely，2012）

人類可以嘗試認識大自然，人的存在是一種去理解對象的過程。對動物來說也一樣，動物（與人類相較之下）的有限心智相同幫助動物理解外在世界，因為動物若對周圍世界有認識便無法生存下去——他們無法覓食、繁衍或避難。當動物認識環境時，他們的認識是基於生存產生的選擇而非為了理解意義而產生的認知。環境在這裡又回過頭來造就動物的認識能力，所以「動物之所是」與「激發動物認識的環境之所是」兩者之間有基礎關聯性。

二、動物的實在論

上面這種「動物認識能力——環境」間的關係，被Deely稱為動物的實在論（Deely，2012）。動物的實在論與知識論的實在論有關，但是將認識主體放在動物身上。動物的感官能夠提供動物所需要，那些與周圍環境相關的準確信息，並使動物能知覺到賴以建立生命延續的基礎。動物的實在論提供動物兩種不同符號作為指稱：

1. 只存在於意識或思維中的關係。
2. 既存在於自然也存在於動物意識中的關係。

我們以獅子捕食獵物為例，第一種符號可以指稱獅子獵捕獵物時，獅子獵捕與獵物逃難的天性本能；第二種則關係到獵捕的動物及奔跑時的空間動線。不論獵捕或逃難都需要建構起根據相關位置產生的往左或往右，可是不論往左或往右所涉及的空間移動意識會要求移動中的任何一方保持在認知關係的系統內，以便知道自己身在何處而非胡亂移動，否則無法狩獵成功或無法逃脫成功都關係到生與死的差異。這裡不論獅子或獵物，他們的認知雖然涉及物理現實，但他們認識到的內容卻又不能完全等於或歸結為物理現實，因為他們已將意識中的關係補充到物理現實上。所以動物雖然沒有理性，但可以物質的產生心智關係，也就是動物雖然知道運用符號卻不知道有符號的存在。

讀者可能會認為，我們這裡的詮釋好像是把人類心智運作能力投射到動物身上了。但是人類既然是符號的動物，那麼人類以外的動物又相同具有（有限的）認知能力，那麼動物自然與人相同具有對符號認識的能力，只是不如人類可以表達或創造而已。

動物對符號的認知

對動物與符號的基礎理解為：

1. 動物的實在論研究「動物認識能力——環境」間的關係，因為動物感官能夠提供動物所需要，那些與周圍環境相關的準確信息，並使動物能知覺到賴以建立生命延續的基礎。
2. 動物雖然知道運用符號，卻不知道有符號的存在＝動物不知道也無法創造符號的意義。
3. 動物使用符號關係到生命的安危與延續。

動物的實際狀態

動物生活在物理世界，並將環境中的種種狀況轉換為動物所理解的周圍世界。
對動物來說，周圍世界有三種可能性。

| 此物＝應尋求的對象 + | 彼物＝應避免的對象 − | 其他＝應安全忽略 ○ |

以狗為例，根據Turid Rugaas（2006），狗在面對周圍世界時會因為人類可能給予的動作而產生壓力下的安定忽略訊號。安定忽略訊號是狗的肢體語言，表達情緒或給予警告。所以「人——狗」之間形成「給予壓力的動作符號——反應安定忽略的動作符號」。

人類可能給予的壓力（○）	犬隻會有的安定忽略訊號（−）
人以高姿態彎腰面向狗 第一次見面就抱狗與親狗 長時間眼神交流 過度靠近狗的臉 人與人在狗面前大聲爭執 家裡的大吼大叫 突然像狗衝過去 訓練時間過長 把狗緊緊抱在懷裡 限制狗的行為	把眼神移開或把頭撇開 打哈欠、舔鼻頭 猛烈的搔癢 刻意以身體介入兩個爭執對象之間 翻身、緩慢行走 邊走邊漏尿 甩動身體或伸懶腰 搖動尾巴 定住身體不敢動

上述訊號（符號）還需要考慮這隻狗在特殊情況下（文脈）為何如此進行（意義）？這裡可以注意到，我們在前面所提到的符號學三角形被應用在對狗行為的理解上。

雖可透過強化與減弱幫助動物理解行為與意義間的關係
但動物只是受制約，而非主動產出對動作／符號的意義

正強化＝作對給獎勵	正減弱＝做錯給予懲罰
負強化＝作對不給處罰	負減弱＝做錯不給獎勵

UNIT **7.6**
人類指號作用㈠

在Deely的指號層級中，人類無疑是符號使用能力上最為完整的動物。不論人類或是動物，都與物理環境相對，從而開展出把世界視為客觀的意義。但人類與動物的不同在於，人與人之間還開展出主體際性並展現出自身的超主體性。

一、物理世界轉變為周圍世界的意義

不論是動物或是人，我們周圍的物理世界就是我們所處的生命世界，同時也是我們的周圍世界，以及在物理意義上的客觀世界。當人類（以及動物）看待自己身邊的世界時，事物不再只是我們所看到的存在樣貌而已，而是依照動物看來之所是的樣貌而存在。所以周圍世界對我們來說，總是經驗的創造物，是以關係編織起來的網絡。但是在這層關係網絡中，關係永遠以超越主體性的方式存在，只有部分是以主體際性的樣貌存在。因此，我們與周圍世界間的關係一定符合符號學三角形的三元性，即「符號──對象──詮釋項」之間的關係，所以我們與周圍世界永遠是符號關係的。這種符號關係並不排除因果性互動的二元關係仍繼續存在著。

為此，作為對象與作為事物之間的區別在於不只是有沒有進入到我們的意識內，被我們意識甚至認識到，而是在一個事物是否在語詞使用中成為我們意指的對象，或是成為意指項。我們的感覺與思想在此意義下都是認知活動，我們也無法省略這種關於「動物──周圍物理環境間物體」的二元互動。在此意義下，所有活動都屬於符號關係。（Deely，2012：267-268）

二、周圍世界的意義

對Deely而言，周圍世界的意義因為我

們能夠認知外在世界而變的重要。他引用中世紀的拉丁哲學系統作為證明：在這樣的認識理論基礎上，能被認識的對象或存在都是客觀的存在，這些客觀認知還包括我們無法或還未認知到的實存物──唯一的差別在於，能被我們認識的，才是存在於理智內的心存物。將此用於我們對周圍世界的認識時，基於社會結構化後的綜合體，這些被經驗到的，或被認知的現實，其實都以我們是誰（包含我們如何認知）作為最初的基礎。

因此，雖然我們活在一個物理性質上客觀的環境或空間內，但透過認知產出的周圍世界卻是與物理環境有別的客觀世界。我們的周圍世界同時包括那些實際存在的與那些在我們心智中存在的。人類透過自己的經驗形成符號學的網絡：對此，Deely透過蜘蛛網的比喻告訴我們，我們經驗所形成的符號學系統（脈絡），就跟蜘蛛網上絲線一樣，每條絲線間同時存在著依賴或不依賴心智的客觀樣貌，但卻也形成公共現實，每個人都需要與之產生關聯。（Deely，2012：270-274）

我們可以透過想像自己的房間來理解Deely的說法。我們的房間是一個客觀物理存在，但唯有在這個房間是屬於自己的，這個房間才會被帶入特定的意義內容，從而成為對我們有意義的周圍世界。我們可用另外兩個例證來做為比較：第一個例證是旅館的客房，雖然都是可以居住的地方，但入住旅館所具有的陌生感可以解釋為那還不是被賦予意義的周圍世界。第二個例證是情歌歌詞的內容，尤其在提到失去另一半的房間時，透過某些形容詞強調（空蕩蕩的、寂寞的）周圍世界意義的改變。

主體際性與超主體性

我們在這一節提出一個讀者可能覺得陌生的名詞「主體際性」，在繼續往下討論之前，我們需要先解釋幾個名詞的內容。

主體性 subjectivity	主體性是西方外來詞，我們在使用上同時包含以下意義： 1. 指個人的同一性／身分，與他者與他群乃是相對立的。 2. 獨立性：個人或群體乃獨立自持，是自足而不依賴的。 3. 自律性：個人或群體為自身立法的能力，與他律性相對立。 4. 主觀性：與客觀性相對立，以自身意識為出發點認識的特定視角。 （吳豐維，2007：64）
主體際性 intersubjectivity	根據Alex Gillespie和Flora Cornish，主體間性至少有以下的定義： 1. 人們在對於彼此共享的對象上有一致的定義； 2. 人們在同意與否或理解誤會上的彼此認同； 3. 人們關於彼此意向性、感受和信念的歸屬； 4. 關於他人隱含的外顯意向性傾向行為的認知； 5. 彼此在情境中的互動； 6. 在共享或理所當然的背景預設中的同意或爭議； 7. 各種人際關係存在的可能性。（Alex \ Flora，2010）
超主體性	在Deely的用法中，，強調唯有「關係」才是實存事物的唯一存在樣態。這種樣態可以在我們心靈認知內被完整不變的而且只有透過關係才能完整構成。找關係是我們所稱經驗＝周圍世界符號網絡中的純粹客觀組成。那些虛構的實物，像是名偵探福爾摩斯，雖然是心靈的對象（不具現實存在），但作為公共對象的實存卻是以關係的樣態之一而建構，是我們根據實存物的時際個體經驗所形成。虛構的對象作為模仿的存在，是主體性所不是的東西。 超主體性強調這種「人──關係」間的存在，因為關係的存在雖然基於主體但又超越主體。一對母女之間的關係，可以基於兩人活著而存在；但即便兩個人都離世了，在我們心中她們的母女關係還是存在著。

主體際性對符號研究的重要性

1. 主體際性的研究，很大得力於胡賽爾（Edmund Husserl）。一開始是因為胡賽爾處理笛卡兒在《沉思錄》中所討論主體間之關係。主體際性對於客觀的建構能有助益：「主體──客體性」間的對立可以透過主體際性，在他人的經驗中建立起可被共享的聯繫：此點對哲學有極大幫助，因為不論知識論或形上學方面，都需要命題的客觀確立。特別在知識論的「他人心智」問題上，主體際性能夠提供客觀的需求。

2. 主體際性能夠幫助我們處理不同思想團體間的經驗差異，從而解決個人認知與普遍認知間的差異性。我們能確定的是，思維在某方面既不是完全個人性的，也不是完全普遍化的。我們的認知乃受到思想團體的影響從而建構。上述每一個思想團體就是一個符號或價值系統，所以透過主體際性可以讓我們注意到個人在使用符號上如何受到社會團體的影響。

UNIT **7.7**
人類指號作用(二)

我們在前一節討論人類透過認知作用，將物理世界轉變為自己的周圍世界，其中指號作用讓我們可以為存在的物件賦予詮釋項及其意義。因為人類可以為自己生存的世界賦予意義，因此人類指號作用成為符號倫理學成立的基礎。

一、人類內心世界的意義

人類有充足的經驗，並透過這些經驗，在關係的意義下，把環境事物的主體特性包括在認知過程內，並連同於獨立產生內心世界特質之關係（也就是周圍世界）建構出一個有別的內心世界。雖然我們這邊提到「經驗」，但所謂經驗還是與許多依附於經驗卻不等於經驗的內容相關。經驗雖然基於客觀世界，但不依賴於經驗活動事物的主體性與主體際性。經驗如同建立起人類與外在事物間的關係，而Deely也認為「內心世界──周圍世界」和周圍世界內部超主體性關係網絡，超越在具體境況上。他提出一個有趣的例證：恐龍遺骨不等於恐龍。一塊恐龍遺骨在考古學家或古生物學者手中，確實等於恐龍；但在收藏者或商人手中，這塊恐龍遺骨的作用等同於價格或商機。這種事物在不同的人手上產出不同作用的範例，正是符號學三角形中，三元關係的驗證。為此，當一種特定關係形成時的情況，規定了關係本身是實際存在對象，還是僅存在於我們心靈中。社會性的建構之所以能夠使現實不限於一無所有的實存物，基礎為指號過程所預設的可能性。

二、從人類認知符號形成符號倫理學的前提

Deely認為超主體性是讓實際存在之物，以及心靈對象之物可被指號作用用以驗證符號作用的先在可能性。符號的作用在實存之物與心靈對象之物間可以互相切換，而且在符號的三元性上也能維持不變。

根據Deely所提出的四層指號作用，在生命出現前的宇宙，雖然有符號與對象，但只存在潛在的詮釋項。雖然是潛在的，但也足以支持並引導物理因果關係朝向生命出現前進。當生命出現後，生命的作用使符號的第三元成為實際的，只是這個時候的詮釋項還只是主體際性的關係。動物的出現，使詮釋項不再只是潛在性的，而是成為既客觀又物理的。這裡我們一直強調的第三元（或是第三價，第三性），是指指號作用造成的現實性雖涉及可被我們認識的對象，但那個對象本身卻不能夠直接感知，因為那個對象建立在關係上。所以其前提是可以理解但無法直接感知之關係的超主體性存在。只有Sebeok所說，天生具有語言能力\理解力的人類動物才能知道符號，也是在這個意義上，人被再次強調是一種符號的動物。為此，超主體性雖是主體際性的預設條件，但超主體性卻不等同於主體際性。之所以不同，是因為那是作為關係特殊存在之不可省約的核心本質。主體際性的關係僅在某些條件下才能存在，但這些條件不能規定所有那些出現卻尚未成為主體際性的超主體關係的情形。關係的存在，使得作為存在中一種特異性的關係，能夠為符號學提供超越主體性──客觀性、內──外、自然──文化的立足點。

從符號學到符號倫理學的過程

> 關係的存在＝作為存在中一種特異性的關係，為符號學提供超越
>
> 主體性——客觀性
>
> 內——外
>
> 自然——文化　　　　　　　　　　　　　的立足點

作為前提，引導出

指號過程作為「潛在的——關係的」特殊性

> 最早是宇宙大爆炸時，溝通已經成為可能的。
>
> 關係從宇宙大爆炸時期的最小存在已經形成變成生命世界的重要存在。

> 物質日漸複雜後形成我們所見星辰系統，強化關係的重要性。
>
> 在人類層面，通過社會形成的運作，使人類生命和個體存在成為可能。
>
> 依存關係不僅在純粹實存物間成為現實，群體個體間也形成指號網絡。

產出三個結果

1. 從實際存在對象的角度看待的關係，將產生任何存在的最末微＝最小存在，是一切實在存在中最難被認識的，因為這些不接受任何內容，也因為知覺只給我們相關事物的認知，而未給我們與之迥異的關係。	2. 有限存在還包括無生命物、生命物、動物、符號動物到符號倫理動物，或有限存在不可省約為實存物，則其最高實現是在人類生存和生命的客觀世界中的物質創造物＝周圍世界＝生命世界（強調指號動物≠符號動物）。	3. 關係此時使（符號）倫理學成為人類的完滿生存，認識到人類不僅對自己的行為負有責任，而且對於構成地球的物理環境的現實的全部物自體本身負有責任，因為做為整個生物圈一部分的符號倫理動物維繫於這個環境。

獲得結論

1. 對符號學的意識帶動人類責任轉變，因為人類既知道有符號且知道符號活動＝認識到指號作用遍滿自然界。
2. 過往人類責任在文化方面，並強調每個人應為自己行為負責，或設想個人的社會地位及其連帶責任。
3. 「大自然作為整體」的全新構想產生於獲得符號意識之後，這種意識將倫理道德視為一種基本的指號過程現象。

UNIT 7.8
誤解符號的人類

雖然人類可以使用符號，但Deely認為人在使用符號的過程中發生了認識上的錯誤。這個錯誤讓符號研究走向符號論（semiology），而非發展爲符號學（semiotics）。最明顯的發展錯誤是，哲學家們將語言研究當作符號學的全部。這個錯誤在於：雖然人類希望在最大限度範圍內解釋指號作用的運作，卻產生認爲只有人類才會生產與運用符號的錯覺，或是以爲符號只會文化領域裡發生作用。（Deely，2012：274-281）

一、爲何符號論會先於符號學發展？

Deely認爲，符號論是指從上世紀60年代以後，將Peirce理論排除在外的研究。這些研究雖然以人類文化領域內的符號作用爲對象，但這些研究還是受限於從索緒爾以來所規定的條件。Deely認爲1963年當Sebeok提出動物符號學之後，對符號的研究才從符號論轉向符號學，我們才算對符號（及符號的構成與作用）有了眞正的理解。

Deely認爲Saussure的思維導致符號論在討論「符號是什麼」與「什麼作用形成符號」的問題時，，是以人類文化爲中心並以人類語言爲方向。結果形成兩個錯誤的前提：

1. 元指號過程只會發生在人類文化與語言的領域內。
2. 要能進入並理解符號領域，除了透過語言外沒有其他途徑。換言之，只有透過（人類）語言才會有研究任何符號的可能性。

二、錯誤的方向：以語言學代替了所有的符號

由於符號論先於符號學的開展，Deely認爲符號學家接著便以語言學代替符號研究的眞正方向：關於Deely所謂語言學不能取代符號研究的兩個理由，我們將說明列在右頁。以語言學取代符號研究產生的結果是，把我們的客觀世界，也就是我們的周圍世界，省約爲一般性的物理環境。這樣子的省約忽略了我們經驗中的客觀世界作爲物種特有世界的意義。因爲在我們認識外在世界時，這種認識是基於那些「依賴於心智的對象」與「獨立於心智的關係」所交織構成，而且這樣的交織過程總是在變化過程中，所以我們才會對外在事物不斷產生意義與在認知。

這種認識的根基來自人類的學習以指號作用爲基礎，指號作用能把我們的周圍世界加以改變。原本的周圍世界是這樣的一個世界，即不分對象與事物的純粹物理對象世界。但指號作用能將這樣的世界改變爲生命世界，也就是一個讓人類可以理解能夠探索，並透過提問「事物何以如此」再從中獲益的世界。Deely以科學及科學提出的客觀性爲例，作爲純粹物理對象的周圍世界，與可以理解並給出意義的生命世界之間的差別，就是「無法被歸結爲我們能經驗之對象——可經驗的對象」間的不同。前者能被我們的心智歸結爲人與物之間互動的網絡，並能建立起符號研究所需要的眞正認知條件：研究符號本身的存在或作用需事先確定一個超出並高於存在（實存物，即我們還沒經驗到的世界）與非存在（心內物，即我們已經理解並賦予意義的對象）間的立足點。

語言學為何不能等同於符號學？

問題起點

爲何符號研究如此盛行，但符號論卻未能提供更爲廣大的研究視野？

Deely提出以下兩個說法

問題一 **不當依賴索緒爾**		符號論的研究依賴索緒爾能指＼所指這種根深蒂固的符號思考方式，結果形成兩個錯誤的前提： 1. 元指號過程只會發生在人類文化與語言的領域內。 2. 要能進入並理解符號領域，除了透過語言外沒有其他途徑。換言之，只有透過（人類）語言才會有研究任何符號的可能性。 此處的預設前提是「語言＝語言溝通具有常識的根基」，並從而認為： ⑴ 語言是人類特有的溝通能力，且能使文化不同並高於動物。 ⑵ 語言被認為，即便不是符號的唯一表現，也是符號最主要的表現。 這兩種看法的問題是：在真正指號過程的研究中，認為全部符號作用（僅）存在於語言和人類文化的看法，只是人類符號學的幻覺而已。
問題二 **語言學** **本身** **不適合**	**Q1語言的** **指號作用** **為何？**	Deely認為，如果「人類指號過程」首先被當作是一種指號過程，那麼「首先」的意思不僅僅是邏輯順序上的優先，還包括物種特有之物的內容，所以以語言溝通也會變成首先的意義。這種想法預設從溝通所需要的元指號過程這個層次來看，要充分參與人類物種所特有的周圍世界（或所謂文化環境），語言是必須的入門或門戶，但是把語言分析當作哲學實質是現代哲學的錯覺。但Deely引用Tzvetan Todorov指出：少作為主體的人類（或動物），語言符號也無法成立。
	Q2語言分 **析不適合** **做為研究** **哲學獨立** **方法的原** **因為何？**	Deely認為語言詞意義在使用上常有兩種謬誤： 1. 鵝媽媽童謠的謬誤：簡略就設定某詞彙A代表某一特定意義。 2. 維根斯坦的謬誤：認為語詞僅是一種語言裡運用的展現。 不論對語詞設定或詞彙的用法，其實都服務於被探索對象的性質，以及如何通過探索此對象在與我們的關係，還有因為心智關係網絡間交互作用後的結果。這種結果使對符號的解釋或作為語言中的應用，與當代符號學的理解大有出入。

Deely建議的解決辦法

採用Peirce的論點：「第三性的真正形式是一種三元關係，存在於一個符號、其對象和做出詮釋的思想之間，後者本身就是一個符號，構成了一個符號的存在樣態。」，或是參考Poinsot：「三元關係是一個符號本身的和形式的理由。」

—— 引文來自Deely所引，2012：274-281

UNIT **7.9**
符號真正作用

至此，我們可以思考符號的真正作用究竟為何？符號通常被認為是一種意義的載體，或是可以指稱某個對象。Deely提示我們：在Augustine那裡，符號是物質的對象。在中世紀哲學那，符號普遍被認為是某種心理狀態，與前文所提到心靈認知的對象有關。到了近代哲學，尤其在Saussure及Peirce之後，符號的三元關係，認為物質對象或心理狀態在代現另一物時占據了最前沿位置才使之成為符號。

一、符號與符號載體的差別

根據Peirce，我們通常所說的符號應該是意指作用的「符號載體」（而非單純只是意義的載體）。但是對符號的自身存在來說，符號卻是一種三元關係。如果缺少這種三元關係，那麼一般生活意義中，那些可以被看見、聽到或是觸摸到的事物就不再是符號。Peirce在此區分兩個不同的項目：

1. 一般意義的符號。
2. 但若要詢問符號的意義，那麼應該是透過純粹溝通中介而能起作用的三元關係。

上述兩者間的差異在於，作為關係的符號是溝通活動的中介，這樣的符號本身是超主體性的；符號載體（也就是我們一般所謂的符號）不一定就能夠成為中介，因為這樣的符號（載體）在客觀傳達超主體存在時，還具備主體性的存在。符號傳達所傳達的東西，是使之成為能夠做或將要做的事。一個做為符號載體的特定代現物，正是由於履行符號的功能。

二、符號的真正內容

我們所習慣認為的符號，對Peirce——Deely來說，應該被正名為「符號載體」。一個符號載體意義上的符號，可能會被錯誤的歸類在某一種物體，或被錯誤的認為具有特定物質特性及其因果能力。物質的符號、形式符號、以及「作為基點體現符號關係的心理載體」三者之間是不同的，這些都因為執行了符號的功能，所以適合擔任溝通的中介。之所以符號載體最終仍然不是符號（本身），是因為我們只是將指號過程的代現物用於意指關係上而已，即便符號載體自成一個物質個體，但在規定著指號過程本身的因果性以外，也帶有其他別樣的因果性。

作為符號的符號不是一個改變被傳遞物的載體，只是完成了傳遞的功能而已：此點可被理解為「關係」。「作為一種中介，符號主要是一種三元關係，連接起規定他的對象和他規定的詮釋項。與對象的關係是被動的，因為是施加在符號上之作用所導致，但對象不受影響。與詮釋項關係是主動的，規定詮釋項但不受影響。」通過符號從對象項詮釋項傳遞的某物是一個形式，而不是一個個體之物。從一物傳送至另一物的一個形式不必消失，因為其存在是一個「謂詞」般的存在；並且，一個形式的存在以一個條件句式的真值為其內容。所以，符號中的形式也許會／也許不會有實體的體現，然而必然有表象性的體現，這種表象性的體現就是被傳遞的形式，而符號在詮釋項上產生的效果類似於對象本身在有利情況下能產生的效果。

（Deely，2012：282-292）

符號的作用在學理上產生的實質問題

Deely在討論符號倫理學時提出了「符號的準謬誤」這個概念。此概念是指：符號作用是生命的一項單純功能。其預設前提為：
1. 指號過程＝生命的致因與條件
2. 沒有符號就沒有生命＝把符號作用視為與生命世界相同外延

根據Deely的說法，以下對符號倫理學理論的理解為真：
1. 「人擇原則」：宇宙對符號動物之生存並非漠然，而是依循達到自我意識的方式和路線發展，通過提供維持這種生命形式所需的條件達成自我意識。
2. 把宇宙理解為一個指號和進化整體來看可能是新的，但在Thomas Aquinas那裡已經出現（在他的《駁異大全》卷三可見），見S自然朝著通過指號過程的最高形式維持生命進化。
3. 物質的宇宙傾向於為出現生命物而準備，生命物也朝向符號動物而發展。

結論：就符號的三元關係而論，符號本身的存在並不採取某一生命物的實物形式，構成符號存在本身的東西是微妙關係網絡的一部分，若無此關係網絡，實物——生命物既不會出現也無法存活。但這將產生學理上的問題：

Sebeok的困難	Peirce的不足
1. 如果沒有生命就沒有符號的推論是正確的嗎？在Sebeok那邊似乎答案為是的。 2. 然而指號作用不僅為生命現時和實際生存不可或缺者，且是生命在物理宇宙內先是有可能產生，後又實際產生的主要初始條件。Deely似乎相信，包括其他星球，也會有自然界產生的獨特生命形式進化，最終引導出能辨識符號＝符號動物的出現。	1. 「意向性＝內在合目的性」，偶然或許能干預及改變，卻無法改變：個體在自然中的每一次有限互動都傾向於隨時間推移累積成果，其中包括偶然干預的不可見性，從而使整個宇宙朝向我們可稱呼為「隨時間成長」發生遷移。因此，這個宇宙是一種達爾文式的宇宙。 2. Peirce的問題在於：他並未區分「有效能的＝因果性的」和「強制性的＝目的性的」的差別。

 Deely對上述兩問題的修正與理解

1. 如果仍將符號視為載體，那麼符號就不再是符號，因為在其他場合或語境中，三元關係中處於前緣的代現物可以佔據符號關係中所統合另外兩個位置（不論是意指項或詮釋項），不論是向其或其意指那個意指項的第三方。所以符號的存在是一種潛在非實顯的三元關係，且代現物作為眾多對象中之一物與物理環境互動導致這種存在。
2. 人類把越來越複雜的生命系統引入實存且日益增加的符號活動中，從而展示出自己充分和真正的形式。這種產生的意識，帶來一種首次出現在有限宇宙中的責任：一種對於產生這種特殊意識動物物種未來的責任，且原則上能延及所有其他動物物種，因為這種責任根植於一種知識，進而採取使文明和文化形式與這些要求相適應的措施，否則整個人類生命繁榮所繫和整個行星的生物指號過程，都將難逃毀滅的厄運。

UNIT 7.10
建立符號倫理學

如果根據Deely所提的人類後現代定義，人類的新定義就是符號動物，人類天性的定義乃是依據種屬差異而產出。但是符號學作爲一門伴隨符號的存在之認識而來的知識，且這種作爲存在論相對項的存在超越感官知覺，所以把人類稱爲符號動物不僅恢復思維之物種屬的和動物的部分，同時承認思考力發生於和完全取決於一個更廣闊的符號作用語境——爲此我們可否定以動物爲中心世界爲完全客觀存在的幻想，因爲對動物而言，物理現實並非客觀性、客觀世界或周圍世界之一部分。（Deely，2012：242-246）根據Deely，符號倫理學的建立賴於以下兩個前提：

一、作為影響未來的指號過程

符號主要表現在人類思想的方式之一是：引導我們的日常生活。符號作用作爲一種未來施加於現在的影響發揮作用，而且過去的意義也受未來的這種影響。這種指號作用的角色在於，未來對現時潛在的影響，同時也能改變過去的相關性。這種關係導致螺旋的發展，所以未來不只取決於現時且促進現時以不同於先前方式利用其取之於過往的資源。

二、指號過程內部的符號倫理學過渡

人類動物的符號學能力將科學的可能性，引入生命世界這種因爲語言和語言溝通產生改變的世界內。當我們身處生命世界內，我們能夠研究並且指出，事物在自身主體性中的存在之道，以及其構成的原理。但是這些認識的前提都在於符號（這

裡讓我們聯想到Cassier對科學進展的理解）：沒有符號參與其中並產生作用，則意識無法作用；如果要能產生理解，我們必須將主體際性與超主體性（關係）加以區分。Deely強調：意識（以及理解）對於人來說是重要的，人的意識幫助人類產生對世界的理解，而且在理解過程中還可超越感官經驗的限制。也正因爲意識的緣故，人作爲一種符號動物就無法逃避自己的責任。因爲我們終我都依靠符號，但根據前面的推論，符號並非（可知的）符號載體而已，更是「可通過思想而知覺理解的三元關係」。因爲這種對符號的理解，Deely才會認爲，唯有人類動物不僅僅使用符號還能夠知道符號的存在。也因爲只有人類知道符號的存在，人類才不可避免地擔負起符號倫理動物的身分，以及對符號倫理學責任的承擔。

三、符號倫理學的建立

至此，人類被賦予新的定義，一種依靠不可感知載體但卻能確切使用符號的動物。符號學的研究也產生新的意義，不再只是討論符號載體及如何指涉的過程，而是對符號存在本身如何在指號作用中被理解加以研究。人類作爲符號動物的獨特性在於，能理解生命與知識如何通過指號作用表現出生命的過程。只有人類可以理解這種過程，並賦予這種過程相對應的意義，這也使得人類這樣的生物一出現，也就是當獨特的人類指號過程一出現，便開始延續並且承擔這種生命成長的責任。（Deely，2012：293-297）

Deely對符號理論發展的反省

根據Deely所提示（2012：256-258）

符號發展在學理上經歷以下幾個重要的轉折與階段

Aristotle	開始將思辨知識與實用知識區分對立，但當他從客觀條件而非符號去思考，且放在一個具體結構不變的宇宙框架內思考時，雖然在當時合理但代價卻是徹底錯誤。因為他區分出兩種知識，忽略其實彼此融合與合作： 1. 思辨知識指涉意識對象，認為人類思想和行動沒有影響。 2. 實用思想與此相反，實用知識全因對象出自人類信念和行動等客觀現實。
Thomas Aquinas	站在亞里斯多德前進，推論出實用思想取決思辨理性並以思辨理性為衡量，實用思想領域會隨思辨理性理解加深擴大，從而影響物理存在構成的周圍環境。他想到能使人對其有所作為的原則性道理，但他也仍跟亞里斯多德相同，是從客觀條件方面構思出思辨理智與實用理智的分別。
Poinsot	到了Poinsot的《論符號》出現才發現符號作為預設條件的作用。他認為實用性思維作為特殊領域，人類從其中能憑藉信念和行動有所作為，因而成為倫理學＼倫理知識的基礎。但其來源，不論有效性或關於事務的思辨性知識，以其作為互動個體內在物理構成為根據，這就是多瑪斯「思辨理智通過延伸變為實用」的概念。
Peirce Sebeok	人類以外的動物也知道對象和實際為符號載體對象，但是不在意對象和事物間的差異，所以在與外在世界打交道時無法把此差異變為意識因素。人類動物是那種能意識到特定情況下對象是不是符號載體之分，甚至會誤把符號載體當作符號，把單純對象誤當事物。
Deely Petrilli	從符號動物的產出：人類動物不但開始意識到對象和事物間的差異，且進一步意識到符號載體和三元關係——對象的世界的預設條件＼物理環境中動物福祉不可或缺者——的符號本身的存在之間的區別。對任何特定物種來說，此物理環境僅部分和某方面被對象化。理性動物——倫理學作為承擔實用之責，符號動物——符號倫理學承擔起從理性邁向合理之責。不單是作為生物生命形式之一，且生物圈和整個地球環境之存在均與此有關。

在此意義下，所有動物都是實在論者，但人類動物的特殊性在於可以親身談論這種實在論的經驗。為此，唯有人類可以觀察與討論世界，甚至關注真理的存在。按此角度，符號學的工作將轉變如下為——

A.人類動物在知識領域的義務＋B.在更高的符號意義上重建＼恢復過往哲學被當代哲學損害的理解內容＝人類不可在知識上短視近利，人類也不可因開發而不顧其他物種。因為人類作為符號動物是唯一具備倫理意識的動物。

Deely，2012：246-247

UNIT 7.11
從符號學到符號倫理學的範圍與拓展

符號倫理學的目的，在於建構起一種新的人文主義。這個學科按照Petrilli在2004年所發表論文〈符號倫理學、主體性和交流：一種爲了他者的人文主義〉（Semioethics, subjectivity and communication.For the humanism of otherness）的說法，並未有想要建立起最終目標或是方法論上嚴謹的工作內容，甚至沒有建立起所謂特定公式或對此一學科內容的理論模型。爲此，若說在「符號倫理學──一般科學」間要建立起什麼特別的對立層面，符號倫理學不算是一種特定規範或意識形態，更應該符號倫理學是一種對特定刻板觀念、規範和意識形態的批判或是一種針對不同類型價值的考察與批判。（Petrilli，2004）

一、來自傳統的思考根基

Petrilli似乎並不認爲自己是首先獨創這些理論的。她舉出例證，說明符號倫理學的基礎根植於從Peirce──Sebeok以來的哲學傳統。在二十世紀上半葉，Charles Morris已經在《意指與意義》（*Signification and Significance: A Study of the Relations of Signs and Values*）中向我們展示透過批判性的重構，建構起符號學的根基。在Morris那裡，他將符號學與認知科學盡可能建構爲三重結構：例如他嘗試結合的是「邏輯實證論──行爲經驗主義──實用主義」，從而認爲符號的三種類型爲「對象──人──其他符號」，此三種類型的關係則包括「語意學──語用學──語法學」。

二、符號倫理學的範圍

Morris的例證讓我們看到，符號倫理學是人類批判能力的展現，能讓我們在看上去不存在與符號相關證據的地方，找到與指號作用的網絡內容。符號倫理學在研究上竭力開展物種間的存在關聯，透過揭露含意與物種間的聯繫，尋找到指號作用發揮之所在。符號倫理學不是在既定的價值體系內嘗試證明已經（被科學）證明的答案，也不是在已經知道總和的價值體系內驗證可被推論而得的結果。符號倫理學是依據符號學的邏輯推論，並在這個已經全球化的世界中討論指號作用及其結果。Petrilli甚至認爲，符號倫理學超越了受到限制的整體性。因爲當我們討論所謂整體性時，此一詞彙還是預設著區隔與邊界。但符號倫理學既然已經以整個地球的生物圈爲基礎，並探討我們所知宇宙的指號作用，那麼當符號倫理學將整體作爲研究對象時，其作用就在於讓我們明白，我們以爲生物符號學有高有低是一種人類中心主義式的錯覺，從而理解不同符號間指號作用對話及參與的條件，以及這些對象間的主體際性爲何。

爲此，當符號倫理學思考符號涉及範圍時，所謂符號的範圍遠比人類文化範圍還要更廣。如果我們以Deely的四層符號指號作用架構來理解；或是思考Sebeok所認爲符號學領域與生活領域其實重疊的想法，我們就可以明白符號的領域包含生物與無生命對象的所有領域，也是人類生活的基礎，以及人類必須採取某些行動以保障延續的範圍。

符號學推廣至符號倫理學的領域拓展

符號學對人類身分的揭示	
作為優點，符號學證明人類生活與文化的一切都包含符號。 從全球視野來看，凡具有生命的存在事物都應用符號及指號作用。	符號學與文化、社會等體系連結於一起，使人注意到價值體系對符號的影響，以及人類的責任問題。

推導出

作為這個星球上（以及目前已知宇宙裡）唯一能使用符號且理解符的存在者，「符號動物」提出人類在根本上不可避免的責任＝人類必須對這個星球承擔生命責任的能力。

在此前提下，人類基於自己的身分須專注於不同的工作。

作為人類：	對符號學者而言：
1. 我們必須在不強調人類為與核心價值的前提下，思考人類的責任與新的人文主義。 2. 人類在此不可能置身事外，因為人類就是符號學的動物。人類必須尊重其他生命圈獨一無二的指號特性。	符號學者當然承擔同為人類的責任。但基於他所受的專業訓練，符號學者對於人類與自然間的指號作用應當更為關注，且發展與倫理相關的認知，以便當人類作為符號動物在抉擇時，得以提供對符號材料的理解。

　　所以符號倫理學的範圍：

1. 討論不同物種間彼此的差異性，如何在指號作用上彼此互通。
2. 暗示每個人類的選擇都與整體地球環境有關＝整個地球環境都是符號倫理學的範圍。

　　既然範圍與整體地球環境有關，則必須從我們今天的位置開始作為起點。

　　建議的方法： 1.從對符號＝現況的分析與質疑開始。 2.從歷史與社會學的角度對共時性加以思考以產生合適的溝通關係。

符號倫理動物的角色
1. 盡可能以最為廣闊的視野，使自己成為當今世界上實際存在的責任者。
2. 人類必須理解自己身為具有倫理的動物，如何將符號的應用聯繫於維護人類乃至於整個地球的生命。
3. 這種責任的特殊性在於，雖然所有存在物均有指號作用的使用，但因為人類具有對事物存在之特殊意識＝可以理解事物的存在及其樣貌，並依此編織出整體符號的網絡關係。

　　作為範例：全球暖化

1. 全球暖化作為符碼，表達出人類作為符號動物，若只利用周圍環境卻不顧及被使用對象之性質，整體生態可能陷入危險甚至毀滅。
2. 只有人類可以理解全球暖化的意義，其表示人類作為指號動物＝符號倫理動物並非取代人類作為符號動物。
3. 符號倫理動物是符號動物的衍生，且唯有在理解符號作為探索自然的與人文的之間不同路徑，才會使我們發展出與之相關聯的責任。（Deely，2012：244-245）

UNIT 7.12
關於符號倫理學的結語：這是一種如何的學問？

經過上面的討論，我們可以為符號倫理學提出結論：究竟什麼是符號倫理學？符號倫理學希望自己成為一種如何的學科？

一、符號倫理學是一種新的人道主義

Petrilli認為，符號動物存在，以及符號倫理學的建立，是一種新形式的人文主義。（Petrilli，2013：12；Petrilli \ Ponzio，2013：173）。符號倫理學之所以可被認為是一種新的人道主義形式，是基於過往對人的存在之討論。符號倫理學不僅僅只是多元文化的角度，更是從嚴格的生物符號學，幫助人類自己超越對自身的理解。因為符號學不論從歷時性或共時性，都讓我們注意人際網絡的擴展，以至於一方面我們注意符號的生物領域雖與人類生活領域重疊，另一方面這樣的領域又遠比人類生活領域的範圍還要更為寬廣。

不論Deely或Petrilli都認為，符號倫理學的提出可算為人類的第三次哥白尼革命：第一次哥白尼革命是天文學的，第二次則是Kant知識論的，第三次則是對人類自身存在理解的，也就是從一個（生命與世界的）整體重新思考相互依存的問題。

二、符號倫理學強調人在地球上的地位

人類是地球上相當獨特的生物，因為人類具有理性，能應用身邊資源，讓自己生活的更好。但是當人類把自己當作地球唯一的主角，或將自己的權力過度擴張，讓自己變成地球的主人後，便產生出人類中心主義及其衍生的問題：這是另一個符號倫理學被提出的前提。符號倫理學的提出，可以修正人類中心主義的問題：因為過往倫理學以人類為實踐核心，倫理與道德的落實僅與人有關，其他動物則無。符號倫理學重新強調人類的身分地位，倫理道德不只應用在人身上，還包括人類使用符號時對世界的理解與影響。符號動物的身分意味人類是一個行動者，需要對生命負起責任——此生命不只人類自身，還包括其他參與在指號作用中的各式存在。

三、符號倫理動物的意義

Deely也有類似上述第二點的主張。（Deely，2012：297-298）倫理學作為哲學的基本學科，以及人類實踐道德的依據，過往是從個人行為承擔責任的角度理解人類的行為，而將指號過程特點與根源隱藏在各家學說理論內。倫理學其實蘊含著元指號過程，也就是在我們認知符號，並且認知到我們認知符號，以及我們的認知是依賴符號時，同時接受了一但我們採取行動就必然承擔後果這一事實。人類的文化其實也是一種生物的現實，也需要物理環境的存在，以及人類自己將這樣的物理環境轉變為周圍的生命世界。所以人類所承擔的，不只是個人行為的後果，也是所有生命作為指號行為結果的責任。在此意義下，人類從符號動物轉變為符號倫理動物，倫理學也將轉變為符號倫理學；因為我們的文化世界若脫離整個生物世界就會瓦解，一如語言脫離動物指號過程就不成語言一般。

符號倫理學的意義與限制

符號倫理學做為第三次哥白尼革命的比較：

第一次	哥白尼的出現，將過往的地動說，透過科學與數據的證明轉變為日心說。此為第一次哥白尼革命。
第二次	Kant在知識論上產生的革命，將知識論的主客對調，強調認知主體的存在與能力。此被稱為知識論的哥白尼革命，也屬第二次哥白尼革命。
第三次	符號倫理學將人類的周圍世界與生命連結，以人類的特定建構能力（也就是語言）賦予人類與其他動物不同的能力及責任，從而建構現實世界與各種意義的世界。人類的周圍世界不只是歷史與社會的產物，更是與整個地球生命相連結的存在樣貌。

符號倫理學可以被視為是人類重新定義自我，定義自我與環境間關係的一種思維方式。但是，符號倫理學的發展真的可能嗎？

符號倫理學發展上的限制與問題	
問題一 是否仍為人類中心主義？	符號倫理學仍然是以人類為中心的思維，雖有全球化視野但仍以人類為主，賦予人類特定的能力、價值與責任。此點雖然符合對人類此一物種能力上的理解，但仍是換湯不換藥的人類中心主義思維。
問題二 符號究竟自何而來？	符號倫理學將符號的存在視為理所當然，並認為所有存在物，不論有無生命，都有使用符號學三角形的潛能，只是有無被接受的差別。此立場預設符號與意義，但對於符號的起源未能解釋。符號的使用如同突然迸出的狀態，但為何對單一符號能指稱或具有意義則未能加以說明。
問題三 符號與符號載體如何區分？	Deely與Petrilli雖然正確理解Peirce傳統，並通過這樣的傳統，引用Sebeok的理論，重新定義了符號的內涵為物與人之間的「關係」，或怎為詮釋項的意義，但如此理解太過學術性以致一般人不易理解，也與一般人對符號的理解相去甚大。此種堅持可能產生學術與知識上的傲慢。 我們也因為這個緣故注意到，雖然早在上世紀80年代此概念已被提出，但直到如今發展上仍受限制：甚至讀者可能敏銳注意到，本章絕大多數都是引用Deely與Petrilli之作品加以討論，因為更多的研究並未朝向此方向發展。
問題四 沒有方法論的方法論？	符號倫理學雖然期望自己不是一套刻板印象，或不是一種SOP的公式流程，但事實上還是有其需要建構的方法論或思維內容。從上述討論中我們還是可以看出某些特定方法論，但這些卻不是符號倫理學所期望的。

參考資料

　　關於符號學的研究及著作相當多，我們在此僅列出部分參考資料提供讀者參閱。

中文部分

1. 丁建新（2019），〈作為社會符號的「反語言」〉，上海語言學通訊，網址：http://www.yidianzixun.com/article/0LxkAQ5R。
2. 李幼蒸（1996），〈理論符號學導論卷一：人文符號學〉，唐山出版社。
3. 李幼蒸（1997），〈理論符號學導論卷二：語意符號學〉，唐山出版社。
4. 李幼蒸（1997），〈理論符號學導論卷三：哲學符號學〉，唐山出版社。
5. 李幼蒸（1997），〈理論符號學導論卷四：文化符號學〉，唐山出版社。
6. 林信華（1999），《符號與社會》，臺北市：唐山出版社。
7. 洪振方（2000），〈建構主義〉，國家教育研究院教育大辭書網路版。網址：https://terms.naer.edu.tw/detail/1307359/。
8. 吳瑞誠、徐誠德（2002），《神學的故事》，（原作者：Roger E. Olson）。臺北：校園出版社。
9. 吳豐維（2007），〈何謂主體性？一個實踐哲學的考察〉，《思想：4》，63 – 78。
10. 唐小林、祝東主編（2012），〈符號學諸領域〉，成都市：四川大學。
11. 莊克仁（2017），《圖解社會科學》，臺北市：五南出版社。
12. 莊文瑞（1997），〈校園的知識／權力分析〉，《東吳哲學學報，2》，東吳大學哲學系。
13. 陳明珠（2008），〈符號學研究的反身自省：返回符號體系的思考〉，《圖書資訊學研究》，2（2），17-38。
14. 馮俊、高宣揚等（2005），《後現代主義哲學講演錄》，商務印書館。
15. 黃鼎元（2020），《知識論》，五南出版社。
16. 黃鼎元（2021），《圖解知識論》，五南出版社。
17. 黃鼎元（2021），〈誰的知識權力？以團體偏執解讀陰謀論次文化的符號現象〉，臺北：輔仁大學第六屆郎尼根與當代思潮學術研討會。
18. 黃鼎元（2013），〈對於空間正義概念的探討〉。
19. 黃鼎元（2004），〈托名戴奧尼修斯肯定之途與否定之途於其煉、明、合三道中的應用〉，《大葉大學通識教育中心研究與動態》，213-232。
20. 潘小慧（2003），《德行與倫理——多瑪斯的德行倫理學》，臺北：哲學與文化月刊雜誌社。

21. 趙毅衡（2012），《符號學》，臺北：新銳文創。

22. 趙毅衡（2019），〈論聚合系列文本——一個普遍的文化符號學問題〉，《四川師範大學學報》，46(1)，110-115。

23. 劉兆林（2009），〈洛克的語言觀及其影響〉，《外語學刊》，146(1)，5-8。

24. 劉放桐（2000），《新編現代西方哲學》，人民出版社。

25. 關永中（1997），《神話與時間》，臺北：臺灣書店。

26. 關永中（1994），《神秘經驗知識論及其三大型態》，臺大哲學評論：17。33-41。

27. 關永中（2002），《知識論(一)——古典思潮》，五南出版社。

28. 關永中（2006），〈道德的切慕、洞察與歸化——郎尼根體系的開放性延申〉，《哲學與文化》，390。3-20。

29. 關永中（2006），〈超越的切慕、洞察與歸化——兼論十字若望對郎尼根體系能有的補充與啓發〉，《哲學與文化》，390。21-63。

30. 關永中（2011），《郎尼根的認知理論：《洞察》卷一釋義》，輔大出版社。

31. 釋仁（2021），〈邊沁：環形監獄設計師，效益主義始創人〉，香港01。網址：https://hk01.onelink.me。

32. Barthes, R.（1997），《神話學》，（許薔薔、許綺玲譯）。桂冠圖書。

33. Barthes, R.（1999），《符號學原理》，（王東亮等譯）。新華書店。

34. Barthes, R.（1998），《流行體系卷一：符號學與服飾符碼》，（敖軍譯）。桂冠圖書。

35. Barthes, R.（1998），《流行體系卷二：流行的神話學》，（敖軍譯）。桂冠圖書。

36. Berstein, B.（2007），《階級、符碼與控制第三卷：教育傳遞理論之建構》，（王瑞賢譯）。聯經出版事業。（原著出版於2003年）

37. Berstein, B.（2006），《階級、符碼與控制第四卷：教育論述之結構化》，（王瑞賢譯）。巨流圖書公司。（原著出版於2003年）

38. Berstein, B.（2005），《教育、象徵控制與認同：理論、批判與研究》，（王瑞賢譯）。學富文化事業。（原著出版於2000年）

39. Blockman, J. M.（1987），《結構主義》，（李幼蒸譯）。谷風出版社。

40. Copleston, F.（1988），《西洋哲學史卷二》，（莊雅棠譯）。黎明文化事業。

41. Copleston, F.（1998），《西洋哲學史卷三》，（陳俊輝譯）。黎明文化事業。

42. Cobley, P. & Jansz, L.（2009），《視讀符號學》，（許磊譯）。安徽文藝出版社。（原著出版於2001年）

43. Cobley, P. Ed.（2013），《勞特利奇符號指南》，（周勁松、趙毅衡譯）。南京大學出版社。（原著出版年：2010）

44. Derrida, J.（1998），《言語與現象》，（劉北城等譯）。桂冠圖書公司。

45. Dupré, L.（1996），《人的宗教向度》，（傅佩榮譯）。幼獅文化事業。（原著出版於1972年）

46. Eco, U.（2006），《符號學與語言哲學》，（王天清譯）。百花文藝出版社。（原著出版於1984年）

47. Frazer, J. G.（1991），《金枝（上）》，（汪培基譯）。桂冠出版社。

48. Frazer, J. G.（1991），《金枝（下）》，（汪培基譯）。桂冠出版社。

49. Foucault, M（2020），《監視與懲罰：監獄的誕生》，（王紹中譯）。時報出版社。

50. Freud, S.（2020），《夢的解析》，（呂俊，高申春）。五南出版社。

51. Greene, J.（1992），《瓊斯基。（方立、張景智譯）。桂冠出版社。

52. Hawkes, T（1988），《結構主義與符號學》，（陳永寬譯）。知識產權出版社。

53. Hall, S.（2010），《這是什麼意思？符號學的75個基本概念》，（郭珊珊譯）。全國百佳出版社。（原著出版於2007年）

54. Hodge, R. & Kress, G.（2012），《社會符號學》，（周勁松、張碧譯）。四川教育出版社。（原著出版於1988年）

55. Kaufman, G.（2004），《面向奧妙——構造論神學》，（黃勇譯）。道風書社。

56. Lewis, C. S.（2016），《對知識和評價的分析》，（江偉月等譯）。社會科學文獻出版社。（原著出版於1946年）

57. Lévi-Strauss, C.（2000），《神話學：裸人。（周昌忠譯）》，時報文化。

58. Lévi-Strauss, C.（1998），《神話學：餐桌禮儀的起源》，（周昌忠譯）。時報文化。

59. Lévi-Strauss, C.（1994），《神話學：從蜂蜜到煙灰》，（周昌忠譯）。時報文化。

60. Lévi-Strauss, C.（1992），《神話學：餐桌禮儀的起源》，（周昌忠譯）。時報文化。

61. Locke, J.（2020），《人類理解論》，（關文運譯）。五南出版社。

62. Pals, D. L.（2005），《宗教的七種理論》，（陶飛亞等譯）。上海古籍出版社。（原著出版於1996年）

63. Ricoeur, P.（1995），《詮釋的衝突》，（林宏濤譯）。冠桂出版社。

64. Saussure, F.（2019），《普通語言學教程》，（高名凱譯）。五南出版社。

65. Tarasti, E.（2012），《存在符號學》，（魏全風等譯）。四川教育出版社。（原著出版於2011年）

66. 大橋昭一，竹林浩志（2018），〈「組織の新しいとらえ方——組織記号論をめぐる諸論調——」〉，『和歌山經濟評論』。39(2)。59-79。DOI：10.19002/AN00071425.392.59

圖解符號學

67. 大橋昭一（2018），〈「組織記号論」と「批判的記号論」：最近における記号論拡大の２つの方向」。『關西大學商學論集』〉，62(4)。157-185。

68. 大橋昭一（2018），〈記号論とは何か 「観光記号論」の礎石構築のために一。和歌山：和歌山大学学術リポジトリ〉，http://repository.center.wakaya-ma-u.ac.jp › public。

69. 大橋昭一（2015），〈ブランド理論の記号論的展開過程一近年における記号論立脚的ブランド理論の特色一。關西大學商學論集〉，60（2），59-79。大阪：關西大學。

70. 齋藤俊則（2007），〈「教師教育における記号論の重要性」〉，From: http://webcache.googleusercontent.com/search?q=cache:dNgo3Ov7Fw0J:web.sfc.keio.ac.jp/~tsaito/papers/SSS2007.pdf+&cd=10&hl=zh-TW&ct=clnk&gl=tw

71. 溝口彰子（2016），《BL進化論：男子愛可以改變世界！日本首席BL專家的社會觀察與歷史研究》，（黃大旺譯）。麥田。

英文部分

1. Andi Muhammad Syafri Idris., *History of Semiotics.*, From: https://osf.io/9kc84/download/?format=pdf.

2. Afisi, O. T. (2020), *The Concept of Semiotics in Charles Sanders Peirce's Pragmatism.*, From: https://www.researchgate.net/publication/343167191

3. Aksana, N. eld. (2009), *Symbolic interaction theory.,* Procedia Social and Behavioral Sciences 1 (2009). 902-904.

4. Barthes, R. (1972), *Mythologies.,* New York: Noonday Press.

5. Bourdieu, P. (1970) The Berber House or the world review., *Social Science Information*, 1970(9). 151-170.

6. Carter, M. J. & Fuller, C. (201), *Symbolic Interactionism.*, From: https://www.researchgate.net/publication/303056565., DOI: 10.1177/205684601561

7. Cassirer, E. (1953)., *Philosophy of symbolic forms*, Vol.1-3. Trans. By Cassirer, E. & Manheim, R. New Haven : Yale Univ. Press.

8. Cassirer, E. (1966)., *Philosophy of symbolic forms*, Vol.4. New Haven : Yale Univ. Press.

9. Champagne, M. (2012), <John Poinsot On Why Mental Signs (Presumably) Can Never Fully Resemble Their Objects.>, From: https://www.researchgate.net/publication/327390798

10. Cakaric, J. (2017) Paradigm of the urban space semiotics., *Facta universitatis-series Architecture and Civil Engineering*, 15(2): 167-178., DOI:10.2298/FUACE160517012C.

11. Deely, J.(1990), *Basics of Semiotics.,* (6rd ed.) Indiana: Indiana University Press.

12. Deely, J. (2005), < 'The Semiotic Animal'>, 取自：https://pdfs.semanticscholar.org/d6 74/93fc42f99b028dd1cd52bab60e5b1a14fc5c.pdf.

13. Deely, J. (2010), *Semiotics Seen Synchronically: The View as of 2010.,* Chinese Semiotic Studies: 2010(12)., DOI: 10.1515/css-2010-0205.

14. Deely, J. (2015), *From Semiosis to Semioethics.*, From: https://www.researchgate.net/ publication/283535093. DOI: 10.1007/978-94-017-9404-6_36

15. Douglas, K. M.; Sutton, R. M.; Cichocka, A. (2017), <The Psychology of Conspiracy Theories.>, *Current Directions in Psychological Science*, 26(6). 538-542.

16. Douglas, K. M. elt. (2019). Understanding Conspiracy Theories., *Political Psychology*, 40(1). 3-35. DOI: 10.1111/pops.12568

17. Dionysius, the Pseudo. (1987)., *Pseudo-Dionysius: The Complete Works.,* Trans. by Colm Luibheid. New York: Paulist Press.

18. Dupré, L. (1981), *The Deeper Life: An Introduction to Christian Mysticism.,* New York: The Crossroad Publisjing Company.

19. Eliade M. (1991)., *Images and Symbols.*, New Jersy: Princeton University Press.

20. Eliade M. (1987)., *The Sacred and The Profane: The Nature of Religion.,* New York: Harvest Book.

21. Else, L. (2010). A meadowful of meaning., *NewScientist*, 8(21). 28-31.

22. Eco, U. (1984)., *Semiotics and the Philosophy of Language (Advances in Semiotics).*, Indiana University Press; Reprint,

23. Foucault, M.(1979), *Discipline and Punish.*, New York : Vintage Books.

24. Gillespie, A.; Cornish, F. (2010). Intersubjectivity: towards a dialogical analysis., *Journal for the Theory of Social Behaviour.*, 40 (1): 19-46. Doi:10.1111/j.1468-5914.2009.00419.x. hdl:1893/2576.

25. Gaines, E. (2006), <Communication and the Semiotics of Space. Journal of Creative Communications 1(2).>, 173-181. DOI:10.1177/097325860600100203.

26. Gvoždiak, V. (2012) John Searle's Theory of Sign., *Organon F*, 2012:1.

27. Guillemette, L; Cossette, J. (2006), *The Semiotic Process and the Classification of Signs.*. From: www.signosemio.com/eco/semiotic-process-and-classification-of-signs. asp

28. Guillemette, L; Cossette, J. (2006), *Deconstruction and différance.*, From: www.signo-semio.com/eco/semiotic-process-and-classification-of-signs.asp

29. Hall, E. (1963) A System for the Notation of Proxemic Behavior., *American Anthropologist.*, DOI: 10.1525/AA.1963.65.5.02A00020.

30. Halliday, M. A. K. , Language and society , London: Continuum, 2007.

31.. Halliday, M. A. K. (2008). Anti Language (1976)., *Language and Society.*, Contunuum.

32. Innes, D. K. (2008), <The Old Tesrament Wilderness in Ecological Perspective: A Christian Investigation.>, From: https://webcache.googleusercontent.com/search?q=cache:c0UKOi1x4kQJ:https://jri.org.uk/wp-content/uploads/2021/02/THE-OLD-TESTAMENT-WILDERNESS-IN-ECOLOGICAL-PERSPECTIVE-D-K-Innes.pdf+&cd=1&hl=zh-TW&ct=clnk&gl=tw

33. Jie, Z.(2015), cThe Development of Linguistics and Its Prospects.>, *Sino-US English Teaching*, 12(8), 596-601. DOI:10.17265/1539-8072/2015.08.007

34. Kull, K.(2009), <Biosemiotics: To Know, What Life Knows.>, *Cybernetics and Human Knowing*, 16. 82-88.

35. Kull, K. (2015), <A hundred introductions to semiotics, for a million students A hundred introductions to semiotics, for a million students: Survey of semiotics textbooks and primers in the world.>, *Sign Systems Studies*, 43(2/3). 281-346. DOI: 10.12697/SSS.2015.43.2-3.09

36. Lagopoulos, A. & Boklund-Lagopoulou, K.(2014) Semiotics, culture and space., *Sign, System Studies*, 42(4). 435-486.

37. Lonergan, B. (1957)., *Insight: A Study of Human Understanding.*, London: Longmans, Green & Co.

38. Lonergan, B. (1971)., *Method in Theology.*, Darton Longman & Todd Ltd.

39. Lonergan, Bernard. (1985)., *A Third Collection: Papers By Nernard J. F. Lonergan, S. J..,* New York: Paulist Press.

40. Marsden G. M.(1980), *Fundamentalism and American Culture.*, New York: Oxford Press.

41. Marusek, S. (2012) Lawnscape: semiotics of space, spectacle, and ownership., *Social Semiotics*, 22(4). 447-458.

42. Magnus R. (2010), <Time-plans of the organisms: Jakob von Uexküll's explorations into the temporal constitution of living being.>, *Sign Systems Studies*, 39(2/4). 37-57.

43. Mead, G. H. (1972), *Mind, Self, and Society.,* Chicago: The University of Chicago Press.

44. Meier-Oeser, S. (2003), <Medieval Semiotics. Stanford Encyclopedia of Philosophy.>, From: https://plato.stanford.edu/entries/semiotics-medieval/.

45. Murphy, J. B. (1991)., <Nature, custom, and stipulation in the semiotic of John Poinsot.>, *Semiotica.*, 83-1/2. 33-68.

46. Nöth, W. (1995), *Handbook of Semiotics.*, Indiana University Press.

47. Ogden, C. K. & Richards, I. A. (1923), *Meaning of Meaning: A Study of the Influence of Language Upon Thought and the Science of Symblism.,* New York: Harcourt, Brace & World Inc.

48. Parsaee. M.; Parva M.; Karimi B. (2015), < Space and place concepts analysis based on semiology approach in residential architecture: The case study of traditional city of Bushehr, Iran.>, *HBRC Journal*, (2015) 11, 368-383.

49. Peirce, C. S. (2021), *On a New List of Categories.*, From: https://en.wikisource.org/wiki/On_a_New_List_of_Categories

50. Peirce, C.S. (1977), *Semiotics and Significs.*, Ed Charles Hardwick. Bloomington I.N.: Indiana University Press.

51. Petrilli, S. (2014), *Sign Studies and Semioethics: Communication*, Translation and Values. Berlin: Walter de Gruyter.

52. Petrilli, S. (2004), < Semioethics, subjectivity and communication: For the humanism of otherness.>, *Semiotic Studies.*, 148-1/4. 69-92.

53. Prooijen J. ; Douglas K. (2017), <Conspiracy theories as part of history: The role of societal crisis situations.>, *Memory Studies:*, 10(3). DOI: 10.1177/1750698017701615.

54. Reynolds, Larry T., and Nancy J. Herman-Kinney. 1958(2003)., *Handbook of Symbolic Interactionism.,* Walnut Creek, Calif.: AltaMira Press.

55. Ricoeur, Paul. (1967)., *The symbolism of evil.*, New York : Harper and Row.

56. Roger, B. (2013), *On signs (Opus maius, part 3, chapter 2).*, Trans. By Maloney, T.S. Toronto : Pontifical Institute of Mediaeval Studies.

57. Rossolatos, G. ed. (2015), *Handbook of Brand Semiotics.*, Kassel: Kassel university press.

58. Rugaas, T. (2005), *On Talking Terms With Dogs: Calming Signals.*, Washington: Dogwise Publishing.

59. Salas, V. M. (2014) Poinsot, John., *Encyclopedia of Renaissance Philosophy.,* DOI 10.1007/978-3-319-02848-4_123-1

60. Serpe, R. T. & Stryker, S. (2011), <The Symbolic Interactionist Perspective and Identity Theory.>, From: https://www.researchgate.net/publication/227038933., DOI: 10.1007/978-1-4419-7988-9_10

61. Sebeok, T. A. (2001), *Signs: An Introduction to Semiotics.*, University of Toron to Press

62. Searle, J. R. (2020), <Semiotics as a Theory of Representation.>, *Theory and Criticism of Social Regulation*, 1(20). DOI: 10.7413/19705476017.

63. Searle, J. R. (1976), < A classification of illocutionary acts.>, *Language in Society*, 5(1). 1-23.

64. Shepler, C. M. F. (2018), *The Moral Semiophere: Locke's Philosophy of Liberal Semiotic Communities.*, <A Thesis Submitted to the Faculty ofDorothy A.>, Schmidt College of Arts and Letters. From: https://www.fau.edu/artsandletters/philosophy/pdf/christophersheplerhonorsthesis2.pdf

圖解符號學

65. Shortell, T.; Krase, J. (2010), *Place, Space, Identity: A Spatial Semiotics of the Urban Vernacular in Global Cities.*, From: https://www.researchgate.net/publication/228147762_Place_Space_Identity_A_Spatial_Semiotics_of_the_Urban_Vernacular_in_Global_Cities

66. Tsotra, D.; Janson, M. & Cecez-Kecmanovic, D. (2004)., <Marketing on the Internet: A Semiotic Analysis.>, *Proceedings of the Tenth Americas Conference on Information Systems.*, 4210-4220.

67. Uexkiill. J. V. (2010), *A Foray into the Worlds of Animals and Humans: with A Theory of Meaning.*, Minneapolis: University of Minnesota Press.

68. Vehkavaara, T. (2002), <Why and how to naturalize semiotic concepts for biosemiotics.>, *Sign Systems Studies*, 2002:1. 1-14.

69. Vehkavaara, T. (2003), < Development of Peirce's classification of sciences-three stages>, 1889, 1898, 1903. From: https://www.researchgate.net/publication/224982312_Development_of_Peirce's_classification_of_sciences_-_three_stages_1889_1898_1903

70. Yakina, M. H. A. & Totua, A. (2014), < The Semiotic Perspectives of Peirce and Saussure: A Brief Comparative Study.>, *The International Conference on Communication and Media 2014*, (i-COME'14), 18-20 October, Langkawi, Mayasia

71. Yanushkevich, I. (2014)., <Semiotics od Social Memory in Urban Space: The Case of Volgograd (Stalingrad).>, *(IJCRSEE) International Journal of Cognitive Research in Science, Engineering and Education*, 2(1). 43-50.

參考資料

國家圖書館出版品預行編目資料

圖解符號學／黃鼎元著. －－初版.－－臺北
　市：五南圖書出版股份有限公司，2022.09
　　面；　公分
　ISBN 978-626-317-846-5（平裝）

1.符號學

156　　　　　　　　　　111007274

1XMS

圖解符號學

作　　　者— 黃鼎元

發 行 人— 楊榮川

總 經 理— 楊士清

總 編 輯— 楊秀麗

副總編輯— 黃惠娟

責任編輯— 魯曉玟

封面設計— 王麗娟

出 版 者— 五南圖書出版股份有限公司

地　　　址：106台北市大安區和平東路二段339號4樓

電　　　話：(02)2705-5066　　傳　　真：(02)2706-6100

網　　　址：https://www.wunan.com.tw

電子郵件：wunan@wunan.com.tw

劃撥帳號：01068953

戶　　　名：五南圖書出版股份有限公司

法律顧問　林勝安律師

出版日期　2022年 9 月初版一刷
　　　　　2023年11月初版二刷

定　　　價　新臺幣370元

經典永恆・名著常在

五十週年的獻禮——經典名著文庫

五南，五十年了，半個世紀，人生旅程的一大半，走過來了。
思索著，邁向百年的未來歷程，能為知識界、文化學術界作些什麼？
在速食文化的生態下，有什麼值得讓人雋永品味的？

歷代經典・當今名著，經過時間的洗禮，千錘百鍊，流傳至今，光芒耀人；
不僅使我們能領悟前人的智慧，同時也增深加廣我們思考的深度與視野。
我們決心投入巨資，有計畫的系統梳選，成立「經典名著文庫」，
希望收入古今中外思想性的、充滿睿智與獨見的經典、名著。
這是一項理想性的、永續性的巨大出版工程。
不在意讀者的眾寡，只考慮它的學術價值，力求完整展現先哲思想的軌跡；
為知識界開啟一片智慧之窗，營造一座百花綻放的世界文明公園，
任君遨遊、取菁吸蜜、嘉惠學子！